ANONYMA

# Eine Frau in Berlin

## Tagebuchaufzeichnungen vom 20. April bis 22. Juni 1945

Mit einem Nachwort
von Kurt W. Marek

Weltbild

Besuchen Sie uns im Internet:
*www.weltbild.de*

Genehmigte Lizenzausgabe für Verlagsgruppe Weltbild GmbH,
Steinerne Furt, 86167 Augsburg

Umschlaggestaltung: Kathrin Kanstinger, Ettlingen
Umschlagmotiv: AKG, Berlin
Gesamtherstellung: Clausen & Bosse GmbH,
Birkstraße 10, 25917 Leck
Printed in Germany
ISBN 3-8289-7561-5

2007 2006 2005 2004
Die letzte Jahreszahl gibt die aktuelle Lizenzausgabe an.

## Vorwort

In drei dicht beschriebenen Schulheften liegen die Aufzeichnungen der Verfasserin aus der Zeit vom 20. April bis zum 22. Juni 1945 vor. Ab Juli 1945 schrieb sie für einen Menschen, der ihr nahestand, diese Hefte auf der Schreibmaschine ab. Dabei wurden aus Stichworten Sätze. Angedeutetes wurde verdeutlicht, Erinnertes eingefügt. Lose Kritzelzettel fanden ihren Platz an gehöriger Stelle. Es entstanden auf grauem Kriegspapier 121 engzeilige Maschinenseiten. Jahre später kamen sie Bekannten der Schreiberin zu Gesicht, darunter dem Schriftsteller Kurt W. Marek (C. W. Ceram), welcher die Meinung vertrat, daß hier über das persönliche Erlebnis hinaus ein Zeitdokument vorliege. Er übergab den Text einem Buchverleger in New York. Dieser brachte im Herbst 1954 eine Übersetzung heraus. Im Sommer 1955 folgte die britische Ausgabe. Es erschienen seither Übersetzungen ins Schwedische, Norwegische und Holländische, ins Dänische und Italienische, ins Japanische und Spanische, ins Französische und Finnische.

Die verständnisvolle Aufnahme ihres Berichtes in so vielen Ländern, dazu ihr Vertrauen in die heilende Kraft der seither verflossenen Zeit ließen die Schreiberin auch einer deutschsprachigen Ausgabe zustimmen. Aus Gründen menschlichen Taktes wurden im Manuskript alle Eigennamen und zahlreiche Einzelheiten verändert oder vertauscht. Daß die Schreiberin anonym zu bleiben wünscht, ist wohl jedem Leser begreiflich. Ihre Person ist ohnehin belanglos, da hier kein interessanter Einzelfall geschildert wird, sondern ein graues Massenschicksal ungezählter Frauen. Ohne ihre Aussage wäre die Chronik unserer Zeit, die bisher fast ausschließlich von Männern geschrieben wurde, einseitig und unvollständig.

**Chronik, begonnen an dem Tag,
als Berlin zum ersten Mal der Schlacht
ins Auge sah.**

## Freitag, 20. April 1945, 16 Uhr

Ja, der Krieg rollt auf Berlin zu. Was gestern noch fernes Murren war, ist heute Dauergetrommel. Man atmet Geschützlärm ein. Das Ohr ertaubt, es hört nur noch die Abschüsse schwerster Kaliber. Eine Richtung ist längst nicht mehr auszumachen. Wir leben in einem Ring von Rohren, der sich stündlich verengt.

Zwischendurch Stunden von unheimlicher Lautlosigkeit. Plötzlich fällt einem der Frühling ein. Durch die brandschwarzen Ruinen der Siedlung weht in Schwaden Fliederduft aus herrenlosen Gärten. Der Akazienstumpf vor dem Kino schäumt über von Grün. Irgendwann zwischen den Alarmen müssen die Schrebergärtner gebuddelt haben, denn bei den Lauben an der Berliner Straße sieht man frisch umbrochenes Land. Nur die Vögel mißtrauen diesem April; unsere Dachrinne ist spatzenleer.

Gegen drei Uhr fuhr am Kiosk der Zeitungsfahrer vor. Es lauerten ihm schon zwei Dutzend Leute auf. Im Nu verschwand er zwischen Händen und Groschen. Gerda vom Portier ergatterte eine Handvoll »Nachtausgaben« und ließ mir eine. Gar keine richtige Zeitung mehr, bloß noch eine Art Extrablatt, zweiseitig bedruckt und ganz feucht. Im Weitergehen las ich als erstes den Wehrmachtbericht. Neue Ortsnamen: Müncheberg, Seelow, Buchholz. Klingt verdammt märkisch und nah. Ein flüchtiger Blick auf die Westfront. Was gehen uns jetzt die an? Unser Schicksal rollt von Osten heran und wird unser

Klima ändern, wie es einmal die Eiszeit tat. Warum? Man quält sich mit unfruchtbaren Fragen. Ich will jetzt nur den Tag sehen, die nahen Aufgaben.

Um den Kiosk herum überall Gruppen von Menschen, käsige Gesichter, Gemurmel:

»Nein, wer hätte das gedacht.«

»So'n bißken Hoffnung hat wohl jeder noch jehabt.«

»Auf uns kommt's nicht an, wir sind Neese.«

Und, in bezug auf Westdeutschland: »Die haben's gut. Die haben's überstanden.« Das Wort »Russen« spricht keiner mehr aus. Es will nicht über die Lippen.

Wieder oben in der Dachwohnung. Mein Zuhause ist sie nicht. Ich hab keins mehr. Wohl war auch die möblierte Stube, die mir weggebombt wurde, nicht mein. Immerhin hatte ich sie im Lauf von sechs Wohnjahren mit meiner Lebensluft erfüllt. Mit meinen Büchern und Bildern und den hundert Sachen, die man um sich häuft. Mein Seestern vom letzten Friedenssommer auf Norderney. Der Kelim, den Gerd mir aus Persien mitgebracht hatte. Die verbeulte Weckeruhr. Photos, alte Briefe, die Zither, meine Münzen aus zwölf Ländern, die angefangene Strickerei – all die Andenken, Häute, Schalen, Ablagerungen, der warme Trödel gelebter Jahre.

Jetzt, wo alles weg ist und mir nur ein Handkoffer mit Kleiderkram bleibt, fühle ich mich nackt und leicht. Weil ich nichts mehr habe, gehört mir alles. Zum Beispiel diese fremde Dachwohnung. Das heißt, ganz fremd ist sie nicht. Wohnungsinhaber ist ein ehemaliger Kollege von mir. Ich war des öfteren hier zu Gast, als er noch nicht einberufen war. Wir tätigten zeitgemäße Geschäfte miteinander: seine dänischen Fleischkonserven gegen meinen französischen Kognak; meine französische Seife gegen die Strümpfe, die er über Prag bekam. Ich konnte ihm noch eben meine Ausbombung mitteilen und bekam Erlaubnis, hier einzuziehen. Zuletzt hat er sich aus Wien gemeldet, wo er bei einer Zensurstelle der Wehrmacht saß. Wo er jetzt ist –? Jedenfalls sind Dachwohnungen wenig gefragt. Außerdem regnet es durch, da die Ziegel zum Teil zertöppert sind oder weggepustet.

Ich finde keine Ruhe hier oben, trabe immerfort durch die drei Räume. Systematisch habe ich alle Schränke und Schübe nach Brauchbarem abgesucht, das heißt nach Eßbarem, Trinkbarem, Brennbarem. Leider fast nichts gefunden. Da hat die Frau Weiers, die hier saubermachte, wohl vorgearbeitet. Jetzt gehört alles allen. Man ist nur noch lose mit den Dingen verbunden, unterscheidet nicht mehr klar zwischen eigenem und fremdem Besitz.

Eingeklemmt in einer Schubladenritze fand ich einen Brief an den Wohnungsinhaber. Ich schämte mich, daß ich ihn las, und las ihn doch. Ein verliebter Liebesbrief, hab ihn im Bad weggespült. (Noch haben wir die meiste Zeit Wasser.) Herz, Schmerz, Liebe, Triebe. Was für ferne, fremde Wörter. Offenbar setzt ein verfeinertes, wählerisches Liebesleben regelmäßige, ausreichende Mahlzeiten voraus. Mein Zentrum ist, während ich dies schreibe, der Bauch. Alles Denken, Fühlen, Wünschen und Hoffen beginnt beim Essen.

Zwei Stunden später. Das Gas brennt mit sterbendem Flämmchen. Seit Stunden stehen die Kartoffeln darauf. Die armseligste Schnapskartoffel im Land, sie zerfällt zu Matsch und schmeckt nach Pappe. Eine davon hab ich halb roh geschluckt. Seit heute früh schon stopfe ich mich voll. Hab bei Bolle die hellblauen Milchmarken eingelöst, die Gerd mir zu Weihnachten geschickt hat. Es war höchste Zeit. Die Verkäuferin schöpfte schon aus schräg gehaltener Kanne und sagte, nun komme keine Milch mehr nach Berlin. Das heißt Kindertod.

Gleich auf der Straße trank ich ein paar Schluck ab. Füllte mir daheim den Magen mit Griesbrei und schickte einen Brotkanten nach. Theoretisch bin ich so satt wie lange nicht. Praktisch quält mich tierischer Hunger. Vom Essen bin ich erst richtig hungrig geworden. Bestimmt gibt es dafür eine wissenschaftliche Erklärung. Etwa, daß Speise die Magensekretion anregt und die Säfte verdauungslustig macht. Und wenn diese dann richtig in Schwung kommen, ist der kleine Vorrat schon wegverdaut. Dann grollen die Säfte.

Beim Kramen in den kümmerlichen Buchbeständen des Hausherrn (ich fand auch die leere Kladde dort, in die ich jetzt schreibe) klappte ich einen Roman auf. Englisches Adelsmilieu, darin etwa folgender Satz: »... warf einen flüchtigen Blick auf ihre unberührte Mahlzeit, erhob sich und ging ...« Ich war schon zehn Zeilen weiter, als ich magnetisch angezogen zu dem obigen Satz zurückkehrte. Ich las ihn wohl ein dutzendmal und ertappte mich dabei, wie ich mit den Nägeln über die Buchstaben kratzte, als könnte ich die unberührte Mahlzeit – sie war vorher genau beschrieben worden – aus dem Schmöker herauskratzen. Verrückt sowas. Beginn eines leichten Hungerwahnsinns. Schade, daß ich darüber nicht in Hamsuns Roman *Hunger* nachlesen kann. Selbst wenn ich nicht verbombt wäre, besäße ich das Buch nicht mehr. Vor über zwei Jahren ist es mir in der U-Bahn aus der Einkaufstasche geklaut worden. Es war in eine Buchhülle aus Bast eingeschlagen. Offenbar ist es von dem Dieb für eine Lebensmittelkartentasche gehalten worden. Der Arme! Muß der enttäuscht gewesen sein! Übrigens eine Story, die Hamsun gefallen würde.

Heute morgen beim Bäcker ging das Gerede: »Wenn die kommen, holen sie alles Eßbare aus den Häusern. Die geben uns nichts. Die haben ausgemacht, daß die Deutschen erst mal acht Wochen hungern sollen. In Schlesien laufen sie schon in die Wälder und graben nach Wurzeln. Die Kinder verrecken. Die Alten fressen Gras wie die Tiere.«

Soweit die Vox Populi. Man weiß ja nichts. Kein *Völkischer Beobachter* liegt mehr auf der Treppe. Keine Frau Weiers kommt und liest mir zum Frühstück die fetten Schändungsbalken vor. »Siebzigjährige Greisin geschändet. Ordensschwester vierundzwanzigmal vergewaltigt.« (Wer zählte da mit?) Das sind so die Schlagzeilen. Sollen sie etwa die Männer Berlins anstacheln, uns Frauen zu schützen und zu verteidigen? Lachhaft. Tatsächlich werden dadurch nur weitere Tausende hilfloser Frauen und Kinder auf die Ausfallstraßen gen Westen gejagt, wo sie dann verhungern oder durch Bordbeschuß krepieren dürfen. Beim Lesen kriegte Frau Weiers immer ganz runde, glänzende Augen. Irgend etwas in ihr genoß die Greuel. Oder ihr Unbewußtes freute sich, daß es sie nicht traf. Denn Angst hat sie, und weg wollte sie unbedingt. Hab sie seit vorgestern nicht mehr gesehen.

Das Radio ist seit vier Tagen tot. Wieder mal merkt man, was für zweifelhafte Sachen uns die Technik beschert hat. Sie haben keinen Wert an sich, sind nur bedingt wertvoll, so lange man sie irgendwo einstöpseln kann. Brot ist absolut. Kohle ist absolut. Und Gold ist Gold, in Rom oder Peru oder Breslau. Dagegen Radio, Gasherd, Zentralheizung, Kochplatte, die ganze große Bescherung der Neuzeit – sinnloser Ballast, wenn die Zentrale versagt. Wir sind zur Zeit auf dem Rückmarsch in vergangene Jahrhunderte. Höhlenbewohner.

Freitag, schätzungsweise 19 Uhr. Hab schnell noch eine letzte Fahrt auf der Straßenbahn gemacht, Richtung Rathaus. Wummern und Rollen, pausenloses Gewitter der Geschütze. Kläglich schrie die Schaffnerin dagegen an. Ich fraß die Gesichter der Menschen ringsum. Es steht alles darin, was niemand ausspricht. Wir sind ein Volk von Stummen geworden. Bloß im vertrauten Keller sprechen die Menschen noch miteinander. Wann werde ich wieder mit der Bahn fahren? Ob überhaupt je? In dem Zeitungsblatt steht, daß ab morgen die Fahrausweise der Stufen I und II, mit denen sie uns die letzten paar Wochen gepiesackt haben, ungültig werden – daß bloß noch Inhaber der roten Karte von Stufe III die Verkehrsmittel benutzen dürfen. Also einer von vielleicht vierhundert, also keiner, also Schluß.

Kalter Abend, trockene Wasserhähne. Immer noch kochen meine Kartoffeln auf dem winzigen Gasflämmchen. Ich kramte so herum, füllte Erbsen, Graupen, Mehl und Kaffee-Ersatz in Tüten, die ich in einem Karton verstaute. Wieder ein Stück Kellergepäck mehr zu schleppen. Hab alles nochmals aufgeschnürt, als mir einfiel, daß ich das Salz vergessen hatte. Ohne Salz kann der Körper nicht bestehen, wenigstens nicht für lange Zeit. Und auf lange Kellerhaft müssen wir uns wohl einrichten.

Freitag, 23 Uhr, im Keller, bei Petroleumlicht, mein Schreibheft auf den Knien. – Gegen 22 Uhr fielen hintereinander drei oder vier Bomben. Gleichzeitig heulte die Sirene los. Es heißt, daß sie nun mit Handbetrieb geht. Kein Licht. Im Finstern treppab wie seit Dienstag. Man tappt und rutscht. Irgendwo schnarrt ein kleiner Handdynamo und wirft Schattenriesen auf die Wand des Treppenhauses. Der Wind bläst durch die zerbrochenen Scheiben und klappert mit den Verdunklungsrollos, die keiner mehr herabläßt – wozu auch?

Füße schurren. Koffer ecken an. Lutz Lehmann schreit »Mutti!«. Der Weg führt über die Straße zum Seiteneingang, dann Stufen abwärts, durch einen Gang, über ein Hofquadrat mit Sternen darüber und dem Hornissengesumm der Flugzeuge. Nochmals Stufen abwärts, Schwellen, Gänge. Endlich, hinter einer zentnerschweren, mit zwei Hebeln verschließbaren, gummigeränderten Eisentür unser Keller. Amtlich Schutzraum geheißen. Von uns Höhle, Unterwelt, Angstkatakombe, Massengrab genannt.

Ein Wald von Stämmen, nur roh entrindet, stützt die Decke. Selbst in dieser eingesperrten Luft riechen sie harzig. Der alte Schmidt, Gardinenschmidt, quatscht allabendlich von statischen Berechnungen, nach denen der Balkenwald auch dann standhalten soll, wenn das Haus herunterkommt. Das heißt, wenn die Trümmermassen in bestimmten Fallwinkeln und Gewichtsverhältnissen stürzen. Der Hauswirt, der das ja wissen müßte, kann uns nicht Rede stehen. Er hat sich nach Bad Ems abgesetzt und ist bereits Amerikaner.

Das Kellervolk hier im Haus ist jedenfalls überzeugt, daß seine Höhle eine der sichersten sei. Nichts Fremderes als ein fremder Keller. Ich gehöre nun seit fast drei Monaten dazu und fühle mich trotzdem noch fremd. Jeder Keller hat andere Tabus, andere Ticks. In meinem alten Keller hatten sie den Löschwassertick. Allerorten stieß man sich an Kannen, Eimern, Töpfen, Fässern, in denen eine trübe Brühe stand. Trotzdem ist das Haus wie eine Fackel heruntergebrannt. Die ganze Löschbrühe wäre soviel gewesen wie einmal hineingespuckt.

Frau Weiers hat mir erzählt, daß in ihrem Keller der Lungentick grassiert. Sobald die erste Bombe fällt, beugen sich alle vornüber und atmen ganz flach, wobei sie die Hände gegen den Leib pressen. Irgend jemand hat ihnen gesagt, das verhindere Lungenrisse. Hier in diesem Keller haben sie den Mauertick. Alle sitzen sie mit dem Rücken gegen die Außenmauer. Bloß unter der Luftklappe ist eine Lücke in der Reihe. Bummst es, so kommt der Tüchertick hinzu: Alle winden sich ein bereitgehaltenes Tuch um Mund und Nase und verknoten es am Hinterkopf. Das hab ich noch in keinem Keller gesehen. Ich weiß nicht, wogegen der Lappen helfen soll. Aber wenn es ihnen guttut –!

Sonst das übliche Kellervolk auf den üblichen Kellerstühlen, unter denen vom Küchenstuhl bis zum Brokatsessel alle Typen vertreten sind. Die Leute: groß- und kleinbürgerlich gemixt mit proletarischen Einsprengseln. Ich schaue mich um, notiere:

Die Bäckersfrau voran, zwei feiste rote Bäckchen unterm Lammfellkragen. Die Apothekerswitwe, die einen Samariterkurs absolviert hat und manchmal hier unter den anderen Frauen auf zwei zusammengestellten Stühlen die Karten legt. Frau Lehmann, Gatte im Osten vermißt, die Kissentüte mit dem schlafenden Baby im Arm und den schlafenden vierjährigen Lutz, dessen Schnürsenkel lang herabbaumeln, auf dem Schoß. Der junge Mann in grauen Hosen, mit Hornbrille, der sich bei näherem Zusehen als junges Mädchen entpuppt. Drei ältliche Schwestern, Schneiderinnen, die wie ein schwarzer Pudding dahocken. Das Flüchtlingsmädel aus Königsberg/Ostpreußen in seinem zusammengestoppelten Plunder. Der verbombte, hier eingewiesene Schmidt, Gardinengrossist ohne Gardinen und trotz seines hohen Alters pausenloser Schwätzer. Das Buchhändler-Ehepaar, das etliche Jahre in Paris gelebt hat und des öfteren halblaut miteinander französisch parliert ...

Soeben hab ich zugehört, wie eine vierzigjährige Frau, in Adlershof verbombt und hier im Haus bei ihrer Mutter untergeschlüpft, von ihrer Ausbombung erzählte. Eine Sprengbombe hatte sich in Nachbars Garten gewühlt und auch ihr Haus, Frucht aus Gespartem, in Kleinholz verwandelt. Dabei war ihre ausgemästete Sau bis hoch hinauf in die Dachsparren geschleudert worden. »Die war nicht mehr zu genießen.« Auch das Nachbarsehepaar hatte dran glauben müssen. Zwischen Haustrümmern und Gartendreck hatte man die beiden zusammengesucht – was man eben fand. Es war ein schönes Begräbnis gewesen. Ein Männerchor der Schneiderinnung hatte am Grab gesungen. Zum Schluß allerdings ging es durcheinander. Die Sirenen heulten in das Lied von Gottes Rat hinein. Holterdiepolter mußten die Totengräber den Sarg hinunterlassen. Man hörte den Inhalt darin rumpeln. Und nun die Pointe, die Erzählerin kicherte schon im voraus in ihre bis dato wenig komische Geschichte hinein: »Und stellen Sie sich vor – als die Tochter drei Tage danach im Garten rumwühlt und guckt, ob noch was zu brauchen ist, da findet sie doch hinter der Regentonne wahrhaftig noch 'nen Arm vom Papa.«

Etliche haben kurz gelacht, die meisten nicht. Ob sie den Arm nachbegraben haben?

Weiter, die Kellerrunde. Mir gegenüber, in Decken eingewickelt, ein fiebrig schwitzender älterer Herr, Kaufmann von Beruf. Ihm zur Seite seine Gattin, die hamburgisch s-pitz s-pricht, und die achtzehnjährige Tochter, ausgerechnet S-tinchen gerufen. Dann die kürzlich eingewiesene Blonde, die keiner kennt, mit ihrem ebenso unbekannten Untermieter Hand in Hand. Die mickrigen Postrats a.D. – sie stets und ständig mit einer Beinprothese im Arm, einem kunstvollen Ding aus Nickel, Leder und Holz – eine unvollständige Pietà. Der einbeinige Sohn dazu liegt – oder lag, man weiß ja nichts – in einem Breslauer Lazarett. Gnomenhaft im Sessel kauert der bucklige Doktor chem. von der Limonadenfirma. Dann Portiers, bestehend aus Mutter, zwei Töchtern und einem vaterlosen Enkelsohn. Und Erna und Henni aus dem Bäckerladen, die nicht mehr nach Hause fahren können und nun beim Meister wohnen. Der schwarzlockige Belgier Antoine, der den Bäckergesellen mimt und was mit der Henni hat. Die hinterlassene Wirtschafterin des Hauswirts, die allen Luftschutzvorschriften zum Trotz einen ältlichen Foxterrier im Arm hält. Ich selber: blasse Blondine, stets im selben zufällig geretteten Wintermantel; in einem Verlag angestellt, bis dieser vorige Woche seinen Laden schloß und den Angestellten »bis auf weiteres« freigab.

Dazu noch der und jener ohne Farbe. Wir sind der Schamott, den weder Front noch Volkssturm haben wollten. Es fehlt der Bäckermeister, der als einziger im Hause die rote Fahrkarte III hat und damit auf sein Laubengrundstück gefahren ist, um sein Silber zu vergraben. Es fehlt Fräulein Behn, Postangestellte, unverehelicht und dreist, die eben hinaufgeflitzt ist, als gerade keine Bombe fiel, um das heutige Zeitungsblatt zu holen. Es fehlt eine Frau, die zur Zeit in Potsdam weilt, um dort sieben beim großen Angriff umgekommene Angehörige zu beerdigen. Es fehlt der Ingenieur vom dritten Stock mit Weib und Sohn. Er hat vorige Woche einen Lastkahn bestiegen, der ihn mitsamt seinen Möbeln sicher über den Mittellandkanal nach Braunschweig bringen soll, wohin sein Rüstungsbetrieb verlagert worden ist. Alle Kräfte drängen ins Zentrum. Dort muß ein gefährlicher Menschen-Überdruck entstehen. Falls nicht auch dort schon die Amis sind. Man weiß ja nichts mehr.

Mitternacht. Kein Strom. Am Balken über mir blakt die Petroleumlampe. Draußen dickes Gebrumm, anschwellend. Der Tüchertick tritt in Tätigkeit. Ein jeder windet sich das bereitgehaltene Tuch um Nase und Mund. Ein gespenstischer Türkenharem, eine Galerie halbverhüllter Totenmasken. Nur die Augen leben.

## Samstag, 21. April 1945, 2 Uhr nachts

Bomben, die Mauern schwankten. Meine Finger zittern noch am Füller. Ich bin naß wie nach schwerer Arbeit. Früher aß ich im Keller dicke Butterbrote. Seit ich ausgebombt bin und in der gleichen Nacht beim Bergen Verschütteter half, laboriere ich an meiner Todesangst. Es sind immer die gleichen Symptome. Zuerst Schweiß ums Haar, Bohren im Rückenmark, im Hals sticht es, der Gaumen dörrt aus, und das Herz klopft Synkopen. Die Augen stieren auf das Stuhlbein gegenüber und prägen sich seine gedrechselten Wulste und Knorpel ein. Jetzt beten können. Das Hirn krallt sich an Formeln, Satzfetzen: »Geh an der Welt vorüber, es ist nichts ... Und keines fällt aus dieser Welt ... Noli timere ...« Bis die Welle sich verzieht.

Wie auf Kommando brach fiebriges Schwatzen los. Alle lachten, überschrien einander, rissen Witze. Fräulein Behn trat mit dem Zeitungsblatt vor und las die Goebbelsrede zum Geburtstag des Führers (ein Datum, an das die meisten überhaupt nicht mehr gedacht hatten). Sie las mit ganz besonderer Betonung, mit einer neuen, spöttischen und bösen Stimme, die man hier unten noch nicht vernommen hat. »Goldenes Korn auf den Feldern ... Menschen, die in Frieden leben ...« Denkste, sagt der Berliner. Und »Schön wär's ja.« Schalmeientöne, die kein Ohr mehr finden.

Drei Uhr nachts, der Keller duselt so dahin. Mehrfach kam Vorentwarnung, doch gleich hinterher wieder neuer Alarm. Keine Bomben. Ich schreibe, es tut gut, lenkt mich ab. Und Gerd soll es lesen, falls er wiederkommt – falls er überhaupt noch – Nein, ausgestrichen, man darf es nicht heraufbeschwören.

Das junge Mädchen, das wie ein junger Mann aussieht, hat sich an mich herangepirscht und gefragt, was ich schreibe. Ich: »Es hat keinen Wert. Bloß privates Gekritzel, damit ich was zu tun habe.«

Nach der ersten Welle kreuzte »Siegismund« auf, alter Herr aus der Nachbarschaft, den sie aus seinem eigenen Keller hinausgegrault haben, vermutlich, weil er immerzu vom Siege spricht, woraus auch sein Spitzname bei uns resultiert. Siegismund glaubt wirklich, daß die Rettung nahe und unser Sieg gewiß sei und daß »Jenner« (unsere neueste Bezeichnung für A. H.) genau wisse, was er tue. Während Siegismund also spricht, blicken sich die Stuhlnachbarn stumm und vielsagend an. Auf einen Disput mit ihm läßt sich keiner ein. Wer diskutiert schon mit Verrückten? Außerdem sind Verrückte manchmal gefährlich. Nur die Portiersfrau stimmt heftig zu und verkündet durch ihre beiden Zahnhauer hindurch, daß auf »Jennen« sowie auf den alten Herrgott Verlaß sei.

Neun Uhr früh, in der Dachwohnung. (Alle meine Zeitangaben sind über den Daumen gepeilt; soweit kein Blick auf Uhren möglich, lebe ich zeitlos.) Grauer Morgen, der Regen pladdert. Ich schreibe auf der Fensterbank, die mein Stehpult ist. Kurz nach drei kam die Entwarnung. Ich zog Kleid und Schuhe aus und fiel ins Bett, das ständig aufgeschlagen ist. Fünf Stunden Tiefschlaf. Das Gas streikt.

Hab soeben mein Bargeld gezählt, 452 Mark, weiß nicht, was ich mit so viel soll, da die wenigen Einkäufe, die uns noch möglich sind, mit Pfennigen bestritten werden können. Dazu mein Konto auf der Bank, auf dem schätzungsweise tausend mangels Waren nicht ausgegebener Mark stehen. (Als ich im ersten Kriegsjahr das Konto anlegte, gedachte ich noch für den Frieden und für eine Reise um die Welt zu sparen. Lang, lang ist das her.) Manche Leute rennen dieser Tage zu den Banken, soweit sie noch in Betrieb sind, und heben das Ihre ab. Wozu eigentlich? Wenn wir absausen, ist auch die Mark im Eimer. Geld, d.h. Papiergeld, ist ja nur eine Fiktion und stellt keinen Wert mehr dar, wenn die Zentrale ausfällt. Ich blättere ohne jedes Gefühl in dem Geldbündel. Mir ist, als könnte das Zeug allenfalls noch als Andenken gelten. Als Bildchen aus versunkenen Zeiten. Ich nehme an, daß die Sieger ihr eigenes Geld mitbringen und uns damit ausstaffieren werden. Oder daß irgendein Militärgeld gedruckt wird – falls man uns überhaupt wieder so weit kommen läßt und uns nicht zur Arbeit für einen Schlag Suppe verdammt.

Mittags. Unendlicher Regen. Bin zu Fuß in die Parkstraße marschiert und habe mir zu meinen »Papierbildchen« noch einen Packen hinzugeholt. Der Prokurist zahlte mir den letzten Monatslohn und erteilte mir »Urlaub«. Der ganze Verlag hat sich in Luft aufgelöst. Und das Arbeitsamt hat ausgepustet, niemand macht dort mehr Jagd auf frei werdende Arbeitskräfte; insofern sind wir jetzt alle unsere eigenen Herrn.

Die Bürokratie erscheint mir als eine Schönwettersache. Jedenfalls lösen sich alle Ämter auf, sobald es Granatsplitter regnet. (Übrigens jetzt sehr ruhig. Beängstigende Stille.) Wir werden nicht mehr regiert. Und doch stellt sich von selbst immer wieder eine Art von Ordnung her, überall, in jedem Keller. Ich habe bei meiner Ausbombung erlebt, wie selbst die Verschütteten, die Verletzten, die Verstörten in guter Ordnung vom Schauplatz verschwanden. Auch hier im Hauskeller haben die ordnenden, anordnenden Geister Autorität. Es muß im Menschen drinstecken. Schon zur Steinzeit muß die Menschheit so funktioniert haben. Herdentiere, Instinkt der Arterhaltung. Bei den Tieren sollen es ja immer die männlichen sein, die Leitbullen und die Leithengste. In diesem Keller kann man eher von Leitstuten reden. Fräulein Behn ist so eine; auch die sehr ruhige Hamburgerin. Ich bin keine, war es auch in meinem alten Keller nicht, wo allerdings ein mächtig herumbrüllender Leitbulle das Feld beherrschte, ein Major a. D., der nicht Mann noch Weib neben sich aufkommen ließ. Mir war das erzwungene Beisammenhocken im Keller stets zuwider, hab mich immer abgesondert, mir einen Schlafwinkel gesucht. Aber wenn das Leittier ruft, folge ich willig.

Unterwegs bin ich neben der Straßenbahn hergelaufen. Einsteigen durfte ich nicht, da ich keinen Ausweis III habe. Dabei fuhr die Bahn fast leer, ich zählte acht Menschen im Wagen. Und Hunderte liefen im strömenden Regen nebenher, obwohl die Bahn, die ja doch fahren muß, sie gut und gern hätte mitnehmen können. Aber nein – siehe Ordnungsprinzip. Es steckt tief in uns drin, wir parieren.

Hab im Bäckerladen Brötchen gekauft. Noch sind die Borde scheinbar voll, man sieht keine Kaufangst. Ging hinterher zur Kartenstelle. Heute war mein Buchstabe für die Abstempelung der Kartoffelabschnitte 75 bis 77 dran. Es ging überraschend schnell, obwohl statt der sonst so vielen nur noch zwei Kartendamen Dienst taten. Sie schauten gar nicht hin, stempelten die Abschnitte mechanisch wie Maschinen. Wozu eigentlich diese Stempelei? Keiner weiß es, doch alle gehen hin, nehmen an, daß es schon irgendeinen Sinn hat. Laut Aushang sollen am 28. April die Buchstaben X bis Z den Schluß machen.

Durch den Regen zockelten Karren in Richtung der Stadt, mit pitschnassen Planen verhängt, darunter Soldaten. Ich sah zum ersten Mal dreckige, graubärtige Typen, die richtigen Frontschweine, alle alt. Vor den Karren Panjepferdchen, dunkel vor Nässe. Die Ladung der Karren: Heu. Sieht nicht mehr nach motorisiertem Blitzkrieg aus.

Auf dem Heimweg drang ich in Professor K.s verlassenen Garten ein, hinter der schwarzen Hausruine, pflückte Krokus und brach Flieder. Trug einen Teil davon zur Frau Golz, einer Mitbewohnerin aus meinem früheren Wohnhaus. Wir saßen einander am Kupfertisch gegenüber und plauderten. Das heißt, wir brüllten gegen die frisch einsetzende Schießerei an. Frau Golz, mit gebrochener Stimme: »Die Blumen, die wunderschönen Blumen ...« Dabei liefen ihr die Tränen übers Gesicht. Auch mir war scheußlich zumute. Schönheit tut jetzt weh. Man steckt so voll Tod.

Hab mir heute früh überlegt, wieviel Tote ich schon gesehen habe. Der erste war Herr Schermann. Ich war damals fünf, er siebzig, silberweiß auf weißer Seide, Kerzen zu Häupten, bedeutsam und erhöht. Also war der Tod feierlich und schön. Bis ich 1928 von Hilde und Käte P. ihren tags zuvor verstorbenen Bruder Hans gezeigt bekam. Wie ein Lappenbündel lag er auf dem Sofa, das Kinn mit einem blauen Tuch hochgebunden, die Knie krumm – ein Dreck, ein Garnichts. Später tote Verwandte, blaue Fingernägel zwischen Blumen und Rosenkränzen. Dann in Paris der Überfahrene im Blutbrei. Und der Erfrorene an der Moskwa ...

Tote, ja, aber das Sterben selbst sah ich noch nie. Dies Erleben wird mir nun wohl bald zuteil werden. Daß es mich selber erwischen könnte, glaub ich nicht. Bin schon so oft dem Tod von der Schippe gerutscht und fühle mich aufgespart. Es wird dies ein Gefühl sein, das in den meisten Menschen lebt. Wie könnten sie sonst inmitten von so viel Tod so aufgekratzt sein? Fest steht, daß die Bedrohung des Lebens die Lebenskräfte steigert. Ich brenne heftiger und mit größerer Flamme als vor dem Bombenkrieg. Jeder neue Lebenstag ist ein Triumphtag. Man hat es wieder mal überlebt. Man trotzt. Man richtet sich gleichsam höher auf und steht fester auf der Erde. Damals, als wir das erste Mal von Bomben durchgeblasen waren, hab ich mir an die Zimmerwand mit Bleistift ein Stück Latein angeschrieben, das ich noch zusammenbrachte:

*Si fractus illabatur orbis,*
*Impavidum ferient ruinae.*

Damals konnte man noch ins Ausland schreiben. Ich hab in einem Brief an meine Freunde D. in Stockholm kraftprotzend und wohl auch, um mich selber zu stärken, den obigen Vers zitiert und von der Intensität unseres bedrohten Daseins geschrieben. Ich hatte dabei ein leicht mitleidiges Gefühl, als ob ich, nun erwachsen und an den Kern des Lebens zugelassen, mit unschuldigen Kindlein spräche, die es zu schonen galt.

## Sonntag, 22. April 1945, 1 Uhr nachts

Ich lag oben auf dem Bett, es wehte durch die zerbrochenen Scheiben, ich döste so vor mich hin, an den Füßen einen Ziegelstein, in Stunden auf winzigen Gasflämmchen heiß gemacht. Gegen 20 Uhr klopfte Frau Lehmann: »Kommen Sie herunter, es gibt jetzt keinen Alarm mehr und keine Sirenen. Die anderen sind schon alle unten.«

Halsbrecherischer Treppenabstieg. Ich blieb einmal mit dem Absatz an einer Stufenkante hängen. Todesschreck, konnte mich eben noch am Geländer fangen. Weiter, mit weichen Knien. Ich suchte und tastete lange und herzklopfend in dem stockfinsteren Gang herum, bis ich die Hebel der Kellertür fand.

Drinnen ein neues Bild. Wer eben kam, hat sich ein Bett aufgeschlagen. Überall Kissen, Deckbetten, Liegestühle. Mühsam würge ich mich zu meinem Sitzplatz durch. Das Radio ist tot, es gibt keine Funkzeichen vom Flughafen mehr. Matt blinzelt die Petroleumlampe. Etliche Bomben fallen, dann ist Ruhe. Siegismund erscheint, hält immer noch die Fahne hoch. Gardinenschmidt murmelt was von Bernau und Zossen, wo nun die Russen stehen sollen: Siegismund verkündet dagegen die nahe Wende. Wir hocken, die Stunden schleichen dahin, Artillerie böllert, mal ferner, mal nah. »Gehen Sie nicht mehr in Ihren vierten Stock«, ermahnt mich die Apothekerswitwe. Und sie bietet mir ein Nachtlager in ihrer Wohnung in der ersten Etage an. Wir klimmen aufwärts auf der hinteren Wendeltreppe. (Früher mal »Aufgang für Dienstboten und Lieferanten«.) Die Treppe ist eine enge Spindel. Es knirscht von Glassplittern unter meinen Füßen, es pfeift durch die offenen Luken. Eine Couch nimmt mich auf, vorn in der Kammer gleich neben der Küche, gönnt mir zwei Stunden Schlaf unter einer fremd riechenden Wolldecke. Bis gegen Mitternacht Bomben nahebei fielen und wir wieder kellerwärts flüchteten. Elend lange Nachtstunden, bin zu müde, um jetzt hier unten weiterzuschreiben ...

Am nächsten Morgen gegen 10 Uhr in der Dachwohnung. Bis gegen 4 Uhr hatten wir im Keller ausgeharrt. Allein klomm ich aufwärts unters Dach, wärmte mir eine Rübensuppe auf dem müden Gas, schälte Kartoffeln, kochte mein letztes Ei, d. h., ich aß es fast flüssig, und sprengte mir dann den letzten Rest Kölnisch Wasser auf den Leib. Komisch, wie viele Dinge man jetzt zum letztenmal tut, das heißt zum letztenmal bis auf weiteres, auf unbegrenzte, sicherlich lange Zeit. Woher sollte mir ein neues Ei kommen? Woher Parfüm? Also führe ich mir diese Genüsse sehr bewußt, sehr andächtig zu Gemüte. Nachher kroch ich angezogen ins Bett, schlief auf Stottern bei unruhigen Träumen. Nun muß ich los, einkaufen ...

Wieder unterm Dach, 14 Uhr. Draußen Regengeplader, und keine Zeitung mehr. Trotzdem drängte sich das Volk pünktlich zu den aufgerufenen Zuteilungen, zu denen irgendwelche Zettel oder Extrablätter aufgefordert haben sollen. Wir haben jetzt eine Art Mundpost. Alles spricht sich herum.

Wir bekommen Vorschüsse, wie es offiziell heißt, und zwar auf Fleisch, Wurst, Nährmittel, Zucker, Konserven und Kaffee-Ersatz. Ich faßte an einem Schlangenschwanz Posten, stand zwei Stunden im Regen und bekam schließlich 250 Gramm Grütze, 250 Gramm Haferflocken, 2 Pfund Zucker, 100 Gramm Kaffee-Ersatz und eine Büchse Kohlrabi. Noch fehlen Fleisch und Wurst und

Bohnenkaffee. Beim Fleischer am Eckhaus Gewimmel, nach beiden Seiten endlose Schlange in Viererreihen, unter Güssen von Regen. Nee! In meiner Schlange knisterte es von Parolen: Köpenick sei bereits von den Unsrigen aufgegeben, Wünsdorf besetzt, die Russen stünden am Teltowkanal. »Davon« sprach übrigens wie auf Verabredung plötzlich keine einzige Frau mehr.

Ich fühle mich nach solchen Schlangengesprächen, bei denen man unwillkürlich in Form und Inhalt seiner Rede hinabsteigt und sich in Massengefühlen badet, immer klebrig und zuwider. Und doch will ich keine Zäune dagegen setzen, will mich dem Massenmenschlichen hingeben, will es miterleben, will dran teilhaben. Zwiespalt zwischen der hochmütigen Vereinzelung, in der mein Privatleben für gewöhnlich abläuft, und dem Trieb, wie die anderen zu sein, zum Volk zu gehören, Geschichte zu erleiden.

Was kann ich sonst tun? Ich muß es abwarten. Flak und Artillerie setzen die Akzente über unseren Tag. Manchmal wünsche ich, es wäre schon alles vorbei. Sonderbare Zeit. Man erlebt Geschichte aus erster Hand, Dinge, von denen später zu singen und zu sagen sein wird. Doch in der Nähe lösen sie sich in Bürden und Ängste auf. Geschichte ist sehr lästig.

Morgen will ich Brennesseln suchen und Kohle heranschaffen. Vom Hunger trennen uns die neuen kleinen Vorräte. Mir machen sie Sorgen wie dem Reichen sein Geld. Sie könnten verbombt, gestohlen, von Mäusen gefressen, vom Feind geraubt werden. Schließlich verstaute ich den ganzen Krempel in einem weiteren Kellerkarton. Trotzdem kann ich meinen gesamten irdischen Besitz noch bequem treppab und treppauf tragen.

Spätabends, bei Dämmerschein. Ich habe wieder einen Besuch bei Frau Golz gemacht. Ihr Mann saß bei ihr, in Mantel und Schal, da es kalt und stürmisch im Zimmer war. Beide stumm und bedrückt. Sie begreifen die Welt nicht mehr. Wir sprachen kaum. Draußen die ganze Zeit blechernes Geknatter. Zwischendurch Prallschläge der Flak, als würden zwischen Himmel und Erde gigantische Teppiche geklopft.

Das Echo der Abschüsse fängt sich in den Höfen. Zum ersten Mal erfaßte ich das Wort »Kanonendonner«, das bisher so auf der Linie von »Löwenmut« und »Heldenbrust« für mich lag. Die Vokabel ist aber wirklich gut.

Draußen Regenschauer und Stürme. In der Haustür sah ich vorüberziehenden Soldatenhaufen nach. Matt schleppten sie die Füße. Manche hinkten. Stumm, jeder für sich, so trotteten sie ohne Tritt dahin, stadtwärts. Die Gesichter stoppelig und eingefallen, auf dem Rücken schweres Gepäck.

»Was ist los?« rufe ich hinüber. »Wo geht's hin?«

Keiner antwortet. Einer murrt Unverständliches. Einer spricht deutlich vor sich hin: »Führer befiehl – wir folgen dir in den Tod.«

All diese Gestalten sind so armselig, so gar keine Männer mehr. Man kann sie nur bemitleiden. Man erhofft oder erwartet auch gar nichts mehr von ihnen. Schon jetzt wirken sie geschlagen und gefangen. An uns, die wir am Bordstein stehen, schauen sie stumpf und blicklos vorbei. Offenbar sind wir, wir Volk oder Zivilisten oder Berliner oder was wir sind, ihnen gleichgültig, ja lästig. Daß sie sich ihrer äußeren Herabgekommenheit schämen, glaub ich nicht. Die sind zu stumpf und müde dazu. Abgekämpft. Ich mag gar nicht mehr hinsehen.

An den Mauern schmierig zerlaufene Kalkbuchstaben, die anscheinend die Truppen zu irgendwelchen Sammelplätzen leiten sollen. Am Ahornbaum gegenüber hängen, mit Heftzwecken festgepinnt, zwei Anschläge. Kartonstücke, mit Rotstift und Blaustift säuberlich handbeschrieben und mit den Worten »Hitler« und »Goebbels« untermalt. Das eine Schild warnt vor Kapitulation und droht mit Erhängen und Erschießen. Das andere, »Forderungen an die Berliner« betitelt, warnt vor aufsässigen Ausländern und fordert alle Männer auf, zu kämpfen. Die Zettel fallen überhaupt nicht auf. Das Handgekritzel wirkt so kläglich und unernst, so geflüstert.

Ja, die Technik hat uns verwöhnt. Daß wir nicht von der Rotationsmaschine oder über die Lautsprecher bedient werden, erscheint uns armselig. Von Hand geschrieben oder aus einem Mund dünn hinausgekreischt – was kann das schon sein? Unsere Technik hat die Wirkung von Rede und Schrift selbst entwertet. Einzelgekreisch, handgemalte Zettel, 90 Thesen an einer Kirchentür in Wittenberg, mit dergleichen wurden früher Volksaufstände entfesselt. Für uns heute muß es dicker kommen, weitere Kreise ziehen, muß über Apparate multipliziert und potenziert werden, damit es wirkt. Eine Frau, an den Zetteln herumstudierend, faßt das in einem Satz zusammen: »Da sieht man, wie die Brüder auf'n Hund jekommen sind.«

Im Keller, 22 Uhr. Nach der Abendsuppe gönnte ich mir oben etwas Bettruhe, trabte dann abwärts. Schon war die Kellergemeinde vollzählig versammelt. Heute wenig Beschuß und, obwohl die Zeit dafür heran ist, bisher kein Luftangriff. Eine nervöse Heiterkeit bricht aus. Allerlei Geschichten kursieren. Frau W. ruft: »Lieber ein Russki auf'm Bauch als ein Ami auf'm Kopf.« Ein Witz, der schlecht zu ihrem Trauerkrepp paßt. Fräulein Behn kräht durch den Keller: »Nu woll'n wir doch mal ehrlich sein – Jungfern sind wir wohl alle nicht mehr.« Sie bekommt keine Antwort. Ich überlege, wer doch. Wahrscheinlich die jüngere Portierstochter, die erst sechzehn ist und seit dem Fehltritt ihrer älteren Schwester stark bewacht wurde. Und bestimmt, wenn ich mich auf Gesichter junger Mädchen verstehe, das achtzehnjährige S-tinchen, das drüben friedlich schlummert. Zweifelhaft erscheint mir die Sache bei dem jungen Mädchen, das wie ein junger Mann aussieht. Aber das ist wohl ein Sonderfall.

Eine Frau ist heute neu im Hauskeller, bisher ging sie stets die sechs Ecken weit zum öffentlichen Bunker, der für sicher gilt. Sie lebt allein in ihrer Wohnung, ob verwitwet, verlassen oder geschieden, weiß ich noch nicht. Über ihre linke Wange hinweg zieht sich ein eitriges Ekzem. Sie berichtet, erst flüsternd, dann laut, daß sie sich ihren Ehering am Gummi ihres Schlüpfers festgezurrt hat. »Wenn die erst da dran sind, ist mir auch der Ring egal.« Allgemeines Gelächter. Immerhin dürften eitrige Ekzeme im Gesicht vor solchen Erlebnissen schützen. Auch was wert heute.

## Montag, 23. April 1945, 9 Uhr früh

Verblüffend ruhige Nacht, kaum Flak. Ein neuer Kellerbürger kreuzte auf, der Mann der ausgebombten Frau aus Adlershof, die hier bei ihrer Mutter unterkroch. Der Mann kam in Uniform und klammheimlich, trug eine Stunde später Räuberzivil. Wieso? Keiner spricht davon, keiner schenkt ihm Beachtung. Abgebrühter Frontsoldat, wirkt noch ziemlich kräftig, ist uns herzlich willkommen.

Desertion erscheint plötzlich als selbstverständlich, ja geradezu als erfreulich. Ich muß an die dreihundert Spartaner des Leonidas denken, die in den Thermophylen standhielten und fielen, wie das Gesetz es befahl. Das hat man in der Schule gelernt, man hieß es uns bewundern. Mag sein, daß da und dort dreihundert deutsche Soldaten sich ähnlich verhalten. Drei Millionen tun es nicht. Je größer, je zufälliger der Haufen, desto geringer die Chance für Schulbücher-Heldentum. Von Haus aus haben wir

Frauen auch wenig Sinn dafür. Wir sind vernünftig, praktisch, opportunistisch. Wir sind für lebende Männer.

Gegen Mitternacht fiel ich vor Müdigkeit fast von meinem Kellerstuhl (woher soll ich eine Liegestatt nehmen?) und torkelte die glasbestreute Wendeltreppe hinauf in den ersten Stock, wo ich auf der Couch bei der Apothekerswitwe schlief, bis gegen 6 Uhr. Ich hörte verwundert, daß zwischendurch eine Bombenserie gefallen sei. Hab sie glatt überschlafen.

Beim Bäcker gab es Brötchen, die letzten. Es waren auch meine letzten Brotmarken. Neue Lebensmittelkarten sind nicht in Sicht. Überhaupt kein Befehl mehr, keine Nachrichten, nichts. Es kümmert sich kein Schwein mehr um uns. Wir sind plötzlich Individuen, keine Volksgenossen mehr. Alle alten Bindungen zwischen Freunden und Kollegen sind tot, soweit Entfernungen zwischen ihnen liegen, die mehr als drei Häuser weit sind. Der Höhlenhaufen, die Familie, wie in Urzeiten. Der Horizont reicht hundert Schritte weit.

Beim Bäcker hieß es, die Russen stünden nun bei Weißensee und Rangsdorf. Im Rangsdorfer Strandbad hab ich oft gebadet. Ich spreche es versuchsweise laut vor mich hin: »Die Russen in Rangsdorf.« Es will nicht zusammenklingen. Im Osten heute feurig roter Himmel, endlose Brände.

Von Kohlenbesorgung zurück, 13 Uhr. In Richtung Süden marschierte ich spürbar auf die Front zu. Der S-Bahn-Tunnel ist schon gesperrt. Leute, die davor standen, sagten, daß am anderen Ende ein Soldat aufgehängt sei, in Unterhosen, ein Schild »Verräter« um den Hals. Er hängt so tief, daß man ihn an den Beinen drehen kann. Das erzählt jemand, der es selbst gesehen und die Bengels weggejagt hat, die sich mit Drehen belustigten.

Wüst sieht die Berliner Straße aus, halb aufgerissen und von Barrikaden versperrt. Vor den Läden Schlangen.

Stumpfe Gesichter im Flaklärm. Lastwagen rollten in Richtung Stadt. Verdreckte, erdbespritzte Gestalten mit leeren Mienen, in lumpigen Verbänden, trotteten dazwischen. Ein Troßzug von Heuwagen, auf den Böcken Grauköpfe. An der Barrikade hält Volkssturm Wacht in bunt zusammengestoppelten Uniformen. Man sieht dort blutjunge Kinder, Milchgesichter unter viel zu großen Stahlhelmen, hört mit Schrecken ihre hellen Stimmen. Die können höchstens fünfzehn sein, hängen so schmal und winzig in den schlotternden Uniformjacken.

Warum sträubt sich das Gefühl so sehr gegen diesen Kindermord? Sind die Kinder erst drei, vier Jahre älter, so erscheint uns ihr Erschossen- und Zerrissenwerden doch ganz natürlich. Wo ist da die Grenze? Etwa beim Stimmbruch? Denn mich quälen in der Erinnerung wirklich am meisten die hohen, hellen Stimmen dieser Würmer. Soldat und Mann waren bisher identisch. Und ein Mann ist ein Zeuger. Daß diese Knaben schon vergeudet werden, bevor sie reif sind, muß wohl gegen ein Naturgesetz verstoßen, es ist triebwidrig, gegen jeden Trieb der Arterhaltung gerichtet. Wie gewisse Fische oder Insekten, die ihren Nachwuchs auffressen. Das darf nicht sein unter Menschen. Und daß es doch so ist, ist ein Wahnsinnssymptom.

Im Verlagshaus, nun von allen Angestellten verlassen, lagen die Keller noch voll Kohle. Die eingewiesene ausgebombte Frau im Kellergeschoß überschüttete mich mit Fragen, was nun werden solle. Es scheint, daß ihre Älteste, Mutter eines Achtwochenkindes, seit gestern keine Milch mehr hat. Plötzlich kann sie nicht mehr nähren, und das Kleine brüllt. Nun sorgen sich alle, wie sie, da es ja keine Kuhmilch mehr gibt, das Kind durchbringen sollen. Ich schlug der jungen Mutter vor, es mal mit Wildgemüse zu versuchen. Vielleicht schießt dann die Milch wieder bei ihr ein. Zusammen bückten wir uns im regenfeuchten Gras des Gartens und rissen, Taschentücher als Schutz in den Händen, die jungen Brennesseltriebe an der Mauer ab. Dazu Löwenzahn, soweit vorhanden. Kräuterduft und Erdgeruch, Primelsterne, rotblühender Dorn, Frühling. Aber die Flak bellt.

Ich faßte einen Rucksack Steinkohle, schleppte wohl einen halben Zentner ab. Trotzdem überholte ich auf dem Rückweg noch einen Trupp Soldaten. Sah zum ersten Mal in all diesen Tagen wieder Waffen: zwei Panzerfäuste, eine MP, Munitionskästen. Junge Kerle trugen die Geschoßgurte wie einen Barbarenschmuck.

Gegen Mittag hat es in unserer Straße ein Begräbnis gegeben, ich hab es vom Hörensagen, die Apothekerswitwe war dabei. Eine Siebzehnjährige, Granatsplitter, Bein ab, verblutet. Die Eltern haben das Mädchen in ihrem Hausgarten hinter Johannisbeersträuchern begraben. Als Sarg haben sie ihren Besenschrank genommen.

Auch die Freiheit haben wir nun, unsere Toten zu betten, wo es uns beliebt, wie in Urzeiten. Ich muß daran denken, wie damals in meinem alten Bau eine große Dogge einging, die schließlich im Hausgarten begraben wurde. Aber welch Theater vorher, Hausbesitzer, Portier, andere Mieter – alle wehrten sich dagegen. Und nun ein Mensch, und keiner findet was dabei, ja, ich glaube sogar, den Eltern ist diese Nähe ein Trost. Und ich ertappe mich darüber, wie ich unwillkürlich schon unseren kleinen Gartenfleck zwischen den Häusern mit Gräbern besetze.

Um 16 Uhr in der Dachwohnung. Ich habe etwas Tolles erlebt. Soeben hab ich einen Trostbesuch bei Frau Golz gemacht und probierte dabei zum Spaß am Telefon herum. Zu meiner Verblüffung war Geräusch drin, was es seit Tagen nicht mehr gegeben hat. Ich drehte die Nummer von Gisela – und bekam sie, die wohl eine Stunde weit von hier in Berlin W. wohnt. Gieriger Wortwechsel, wir fanden kein Ende. Giselas Firma hat sich in Wohlgefallen aufgelöst. Der Chef ist in Richtung Westen davongebraust, er hat nach zündenden Abschiedsworten das kleine Volk sich selbst überlassen. Wir sind alle vergessen, horchen angestrengt ins Leere, sind allein.

Gisela erzählte mir am Telefon, daß sie derzeit fast auf den Tag so alt sei wie ihr Vater, als er im ersten Weltkrieg bei Verdun fiel. Sie hat ihren Vater nie gesehen. In diesen Tagen nun, so sagt sie, muß sie viel an ihn denken, sie unterhält sich im Geiste mit ihm, so, als komme nun die Reihe an sie, als werde sie ihm bald begegnen. Niemals haben wir uns früher über derartiges ausgesprochen, wir hätten uns geschämt, unser Herz so bloßzulegen. Jetzt drängt das Tiefste nach oben. Leb wohl, Gisela, wir haben beide so um die dreißig Jahre gelebt, vielleicht sehen wir uns doch gesund wieder.

Zurück in die Kellerhöhle, Montag, 20 Uhr. Heute gegen Abend die ersten Artillerie-Einschläge an unserer Ecke. Fauchen, Zischen, Uiiij-Geheul. Feuer blitzte auf. Erschrockene Rufe im Hof. Ich, treppab gestolpert, hörte drunten, daß die Einschläge vorm Kino lagen. Der Feind schießt sich auf uns ein. Im übrigen geht die Sage, daß die Russen bloß kleine Dinger schmeißen. Langsam kommen uns Zweifel am letzten, so sehr gefürchteten amerikanischen Teppich – der müßte jetzt in Berlin schon Russen mit treffen.

Eine neue Parole geistert durch unseren Keller. Die Likörfabrikanten-Gattin weiß es aus ganz sicherer, ganz geheimer Quelle und kündet es mit hochwogendem Busen: Ami und Tommy hätten sich mit dem Iwan verzankt und gedächten sich nun mit uns zu verbünden, um ihn wieder aus dem Lande zu jagen. Hohngelächter und Dispute. Die Likörfabrikantin ist schwer gekränkt und verfällt vor Ärger in ihr angestammtes Sächsisch. Sie ist erst gestern aus ihrer (ziemlich kleinen) Likörfabrik hinter dem Moritzplatz, wo sie bisher mit ihrem Mann übernachtete, in die Wohnung und in unseren Keller zurückgekehrt, um hier die Stellung zu halten. Ihr Mann ist bei den Flaschen und Destillierkolben zurückgeblieben – und bei einer rothaarigen Elvira, wie jedermann im Keller weiß.

Im übrigen geht die Anschaffe weiter. Kurz vor Ladenschluß erstand ich noch 150 Gramm Griesmehl. An der Ecke plötzlich Geschrei und aufgeregtes Gerenne: Bei Bolle wurde ein Lastwagen entladen, fässerweise trug man Butter ins Haus, ranzige Ware, die verteilt werden soll. Ein Pfund pro Nase, und zwar, das ist das Beängstigende, gratis! Man erhält dafür bloß einen Stempel auf die Karte. Ist es das erste Panikzeichen? Oder Vernunft jenseits der Akten? Im Nu entstand ein Knäuel vor der Ladentür, man schlug sich mit Regenschirmen und Fäusten. Ich drängelte ein paar Minuten mit, schnappte dabei was auf von Reserven, Verstärkungen und deutschen Panzern im Anmarsch von irgendwoher – eine Frau will vergangene Nacht über Detektorgerät etwas Derartiges gehört haben. Ich ließ dann die Butter Butter sein, mag mich nicht drum schlagen. Heute wenigstens noch nicht. Vielleicht muß ich's bald lernen.

Stille Nacht. Fernes Geballer. Das Kellervolk ist ganz kaputt heute. Man hört keinen Laut mehr, kein Wort. Nur Geschnarch und die fiependen Atemzüge der Kinder.

## Dienstag, 24. April 1945, mittags

Keine Nachricht. Wir sind abgeschnitten. Etwas Gas, dafür Wasserleitung trocken. Vom Fenster aus sehe ich unten Menschenhaufen vor den Geschäften. Immer noch Geprügel wegen der ranzigen Gratisbutter. Heute gibt es allerdings nur noch ein Viertelpfund pro Karte. Ich zähle vier Schupos, die das Gewühl eben jetzt bändigen. Dazu Regen.

Zur Zeit sitze ich im ersten Stock bei der Apothekerswitwe auf der Fensterbank. Soeben kam sie ganz aufgeregt hereingestürmt. In die Fleischschlange bei Hefter ist ein Volltreffer gefallen. Drei Tote, zehn Verletzte – aber die Schlange steht schon wieder. Die Witwe macht vor, wie die Umstehenden mit ihren Ärmeln Blutspritzer von den Fleischkarten gewischt haben. Sie meint dann: »Naja, nur drei Tote. Was ist das schon, wenn man an einen Luftangriff denkt.« Ja, wir sind verwöhnt.

Trotzdem muß ich staunen. Mit etlichen Rindervierteln und Schweinsbacken vor Augen hält auch die wackligste Großmutter stand. Da stehen sie wie die Mauern, sie, die früher bereits bei drei Jagdflugzeugen über Mitteldeutschland bunkerwärts flitzten. Höchstens stülpt sich so eine Frau einen Eimer oder einen Stahlhelm über den Kopf. Ganze Familien wechseln sich beim Anstehen ab; jeder hält es ein paar Stunden aus. Ich kann mich noch immer nicht für die Fleischschlange entschließen, sie ist mir noch zu lang. Überhaupt Fleisch – man muß es doch gleich wegfuttern, hat nur einmal was davon. Mir scheint, daß all diesen Leuten der Traum vorschwebt, noch einmal, ein einziges, letztes Mal gründlich sich satt zu essen, eine Henkersmahlzeit zu halten.

14 Uhr. Soeben kam ein Sonnenblick. Ganz gedankenlos trabte ich zum Hofbalkon und schmorte auf meinem Korbstuhl eine Weile in der Wärme – bis eine Serie flotter Koffer über mir wegsauste. Die Einschläge dröhnten ineinander. Ich hatte glattweg den Krieg vergessen. Überhaupt ist mein Kopf seltsam leer – hier bin ich beim Schreiben zusammengezuckt, nah schlug was ein, eine Scheibe zerklirrte. Wieder plagt mich bei vollem Magen der Hunger. Ich habe das Bedürfnis, auf irgend etwas herumzukauen. Wovon mag wohl jetzt das milchlose

Brustkind leben? Eine alte Frau in der Schlange gestern empfahl, als die Rede auf das Kindersterben kam, für die Kleinsten mangels Milch zerkautes, gut eingespeicheltes Brot.

Was ist solch ein Großstadtsäugling doch für ein armes Luder, wenn der kunstvolle Mechanismus seiner Milchversorgung zerbricht. Selbst wenn die Mütter jetzt noch halbwegs zu essen haben und selber nähren können – über dem, was gnadenlos für uns alle heranrückt, wird ihnen der Quell versiegen. Zum Glück ist das Kleinste in unserem Keller schon anderthalb Jahre alt. Gestern sah ich, wie jemand der Mutter ein paar Kekse für das Kind zusteckte. Es war wohl das einzige Zustecken in diesen Tagen. Sonst verkramt und verbirgt ein jeder das Seine und denkt gar nicht ans Weggeben.

Wieder im Keller, 21 Uhr. Gegen Abend erschien eine fremde Frau und bat die Witwe und mich, mit ihr ins Lazarett zu gehen und dort auszuhelfen.

Am Horizont Rauch und Röte. Der Osten brennt. Es heißt, die Russen stehen schon an der Braunauer Straße. Ausgerechnet Braunau, der Ort, an dem Adolf das Licht der Welt erblickte. Wobei mir ein Kellerwitz einfällt, gestern vernommen: »Junge, wie gut könnten wir's haben, wenn det 'ne Fehlgeburt geworden wäre.«

Wir gerieten im Lazarett in eine vollgerauchte Bude. Wilder Männerbetrieb, Streit und Geschrei: »Ich hab 'nen Lungensteckschuß draußen im Wagen!« – »Mach raus, fahr weiter, hörst doch, wir haben kein Bett frei.« Der Sankafahrer tobt: »Mich haben sie hierher verwiesen.« – »Mach raus, oder –!« Der Feldwebel droht mit Fäusten. Der Fahrer haut ab, wobei er wütend vor sich hin schimpft.

Durch den Korridor schleichen Leichtverletzte, einer auf nackten Füßen, die blutende Hand in seine Socken gewickelt. Ein anderer, gleichfalls barfüßig, hinterläßt im Gehen Blutspuren; quatschig lösen sich daraus seine Sohlen. Wachsgelbe Gesichter unter Kopfverbänden, mit schnell wachsenden roten Placken darin. Wir treten noch in zwei, drei Stuben.

Überall Atmosphäre von Männern, Mief, Feldlager, Nervosität. Einer schnauzt uns an: »Was wollen Sie denn hier?«

Die Frau, die uns geholt hat, sagt schüchtern, es sei einer im PKW vorbeigefahren und habe gerufen, im Lazarett würden Frauen als Hilfe gebraucht.

»Quatsch, wir haben nichts für Sie zu tun. Gehn Sie nur wieder nach Hause.«

Eigentümlich der wegwerfende, verächtliche Ton, mit dem hier weibliche Hilfe abgelehnt wird. So, als wollten wir uns an die Geschütze drängen oder sonstwie Soldat spielen. Auch da muß ich eingelernte Vorstellungen aus mir hinauswerfen. In früheren Kriegen bestand die Rolle der Frau darin, den guten Engel zu spielen. Scharpiezupfen. Kühlende Hand auf heißen Männerstirnen, immer schön weitab vom Schuß. Jetzt gibt es keine Heimatlazarette mehr in unserem Land. Überall ist Front.

Allerdings versucht dies Lazarett, eine Art Insel im Getöse zu bleiben. Das Dach ist mit Riesenkreuzen bemalt, und auf dem Rasen vorm Haus sind in Kreuzform weiße Tücher gebreitet. Aber die Luftminen sind unparteiisch, und im Bombenteppich gibt es keine Barmherzigkeitslöcher. Das wissen auch die im Lazarett. Sonst hätten sie ihre Keller nicht so vollgepackt. Aus den Fenstern zu ebener Erde blickten zwischen den Gitterstäben überall Männergesichter durch ...

Wieder im Hauskeller, um 21 Uhr. Fiebrig erregtes Kellervolk heute, aufgekratzt, nervös. Die Hamburgerin erzählt mit s-pitzen S-Lauten, daß sie heute morgen eine telefonische Verbindung bekommen hat, und zwar mit Freunden in der Müllerstraße, Nordberlin. »Wir sind schon Russen«, hat die Freundin in den Apparat gerufen. »Soeben rollen unten die Panzer ein. Die Iwans lachen. Das Volk drängt sich am Straßenrand, es lacht und winkt, man hält die Kinder hoch ...« Der Rote Wedding, alte Kommunistengegend. Es könnte schon stimmen. Sogleich geht ein heftiger Disput über diese Neuigkeit los. Am Ende, so meinen einige, hat uns die Propaganda bloß dumm gemacht? Am Ende sind »die« gar nicht so ... Aber da redet das Flüchtlingsmädel aus Ostpreußen dazwischen, das sonst nie etwas sagt, schreit abgerissene Sätze in seinem Dialekt, findet die rechten Worte nicht, fuchtelt mit den Armen, kreischt: »Sie wer'n schon erleben ...«, und schweigt wieder. Worauf auch der Keller wieder schweigt.

Die Likörfabrikantin reitet übrigens auf einer neuen Parole herum: Ribbentrop und v. Papen seien soeben nach Washington geflogen, um sich mit den Amerikanern persönlich auszusprechen. Sie bekommt gar keine Antwort.

Der Keller ist düster. Die Petroleumlampe blakt. Die Phosphorringe, die in Augenhöhe um die Balken herum gemalt sind, damit man im Dunkeln nicht dagegenrennt, geben einen grünen Schein. Wir haben Zuwachs gekriegt. Das Buchhändlerpaar hat seinen Kanarienvogel mit heruntergebracht. Mit einem Handtuch zugedeckt hängt der Käfig drüben am Balken. Beschuß draußen, drinnen Stille. Alles döst oder schläft.

## Mittwoch, 25. April 1945, nachmittags

Ich rekapituliere: Gegen 1 Uhr nachts stieg ich aus dem Keller in den ersten Stock, haute mich wieder auf der Couch bei der Witwe hin. Plötzlich heftiger Bombenfall, die Flak tobt. Ich warte, bin so schlaftrunken, mir ist alles gleich. Die Fensterscheibe ist bereits entzwei, Wind mit Brandgeruch weht herein. Unter dem Bettzeug hab ich ein idiotisches Gefühl von Sicherheit, als seien die Decken und Laken aus Eisen. Und dabei soll gerade Bettzeug so gefährlich sein. Dr. H. erzählte mir einmal, wie er eine im Bett getroffene Frau verarzten mußte, der die Federpartikel bis tief in ihre Wunden hineingedrungen waren, so daß man sie kaum herausbekam. Aber es kommt der Augenblick, wo tödliche Müdigkeit über die Angst siegt. So schlafen wohl auch Frontsoldaten im Dreck.

Ich stand um 7 Uhr auf, der Tag begann mit bebenden Mauern. Nun tobt die Schlacht auf uns zu. Kein Wasser mehr, kein Gas. Ich wartete eine halbwegs ruhige Minute ab und jagte die vier Treppen hoch in meine Dachwohnung. Wie ein Tier in seine umstellte Höhle, so schlich ich mich in die Zimmer, stets zu hastigem Rückzug bereit. Griff mir etwas Bettzeug und Waschkram und floh damit abwärts, in den ersten Stock, zur Witwe. Wir vertragen uns gut miteinander. Man lernt sich schnell kennen in solchen Tagen.

Mit einem Eimer in jeder Hand wanderte ich durchs blühende Laubengelände zur Pumpe. Die Sonne strahlte so warm. Lange Pumpenschlange, jeder rührte den Schwengel für sich; er bewegt sich schwerfällig, mit Gequietsche. Zurück die Viertelstunde Weg mit überschwappenden Eimern. »Wir sind alle hübsch lastbare Eselinnen.« (Von Nietzsche, glaub ich.) Bei Bolle immer noch Geschubse wegen der Gratisbutter. Bei Meyer endlose, dunkelfarbige Schlange, die ausschließlich aus Männern besteht; es wird dort Schnaps verkauft, pro Ausweis ein halber Liter, alle vorhandenen Sorten.

Ich ging gleich nochmals Wasser holen. Auf dem Rückweg plötzlich Bombenfall. Aus dem Rasenplatz vor dem Kino stieg eine Säule aus Rauch und Staub. Zwei Männer vor mir warfen sich platt in den Rinnstein. Frauen rannten in den nächstbesten Hausflur, treppab. Ich hinterdrein, abwärts, in einen völlig fremden Keller, der nicht die Spur von Beleuchtung hat. Die vollen Eimer schleppte ich mit, sonst werden sie einem geklaut. Drunten im Stockfinstern ein aufgescheuchter Haufen, unheimlich. Eine Frauenstimme ächzt: »Mein Gott, mein Gott ...« Und wieder Stille.

War das ein Gebet? Ich denke zwei Jahre zurück, sehe mich im kümmerlichsten aller kümmerlichen Keller, einer wahren Gruft, unter einem einstöckigen Dorfhaus. Ein Ort mit 3000 Einwohnern, unwichtig, doch auf dem Weg zum Ruhrgebiet gelegen. Eine Kerze brannte in der Finsternis, und die Frauen (Männer gab es dort kaum) beteten den Rosenkranz, den schmerzhaften; ich höre sie noch, eintönig, leiernd: »... der für uns ist gegeißelt worden ...« Und wieder die Vaterunser, die Aves, monoton, gedämpft, lindernd und lösend, wie es wohl das »Om mani padme hum« tibetanischer Gebetmühlen sein muß. Dazwischen dann manchmal Motorengebrumm, einmal Bombenfall, der die Kerzenflamme zittern machte. Und wieder: »... der für uns das schwere Kreuz getragen.« Damals griff ich mit Händen, wie das Beten eine Ölschicht über die erregten Gemüter breitete, wie es guttat, wie es half. Seither hab ich niemals wieder einen betenden Keller erlebt. Hier in Berlin, in diesen buntgemischten vierstöckigen Mietshäusern, wird sich wohl kaum eine Betergemeinde zu gemeinsamen Vaterunser finden. Sicherlich werden auch hier Gebete geflüstert, öfter vielleicht, als es den Anschein hat. Und es wird »mein Gott, mein Gott« geächzt. Doch wird die Ächzende kaum wissen, was sie da spricht, sie greift auf entleerte Formeln zurück, benutzt sie mechanisch und ohne Sinn.

Nie hab ich das Sprichwort »Not lehrt Beten« gemocht. Es klingt so höhnisch, so wie »Not lehrt Betteln«.

Ein Gebet, von Angst und Not erpreßt aus dem Munde solcher, die an guten Tagen nichts vom Gebet wußten, ist klägliches Gebettel.

Ein Sprichwort »Glück lehrt Beten« gibt es nicht. Solch ein Dankgebet müßte frei hochsteigen wie wohlriechender Weihrauch. Aber das sind Spekulationen. Unsere Sprache wird recht haben, wenn sie die Wörter »beten« und »betteln« ähnlich wie Brüder formte. Es gab ja einmal Zeiten, wo der Bettler an die Kirchentür gehörte wie die Klinke; da er sozusagen legitim und von Gottes Gnaden war wie der König, auf daß der König einen äußersten Gegenpol auf Erden habe und der Beter und Gott-Anbettler einen, dem gegenüber er die spendende Gottesfunktion ausüben konnte. Womit ich immer noch nicht herausgefunden habe, ob das Geächz im finsteren Keller Gebet war. Eins steht fest: daß es ein Glück und eine Gnade ist, unter der Kelter und Folter unserer Not und Angst leicht und ohne Beschämung beten zu können. Ich kann es nicht – noch nicht, noch wehre ich mich dagegen.

Als ich vom Wasserholen zurück war, schickte mich die Witwe auf Kundschaft zur Fleischschlange. Dort großes Geschimpfe. Es scheint, daß immer wieder die Zulieferung von Wurst und Fleisch stockt. Dies ärgert die Frauen im Augenblick mehr als der ganze Krieg. Das ist unsere Stärke. Immer haben wir Frauen das Nächstliegende im Kopf. Immer sind wir froh, wenn wir vom Grübeln über Künftiges ins Gegenwärtige flüchten dürfen. Die Wurst steht zur Zeit im Vordergrund dieser Hirne und verstellt ihnen perspektivisch die großen, doch fernen Dinge.

Im Keller wiederum, gegen 18 Uhr. Konnte oben nicht länger ruhig liegen, bekam Angst, da Volltreffer nahebei und dicke Kalkbrocken auf meine Wolldecke gefallen sind. Hab hier unten geduselt, bis die Henni vom Bäcker kam und meldete, daß ein Volltreffer in die Drogerie neben dem Kino gegangen sei. Der Inhaber war gleich tot. Ob durch Splitter, Luftdruck oder Herzschlag, war nicht sofort feststellbar. Henni sagt, er hat nicht geblutet. Aus dem Drei-Schwestern-Pudding der schwarzen Damen erhebt sich eine und fragt mit vornehm gespitztem Munde: »Ach bitte – wie ist der Mann kaputtgegangen?« So reden wir jetzt, so sind wir sprachlich heruntergekommen. Das Wort Scheiße rutscht uns leicht von der Zunge. Man spricht es mit Befriedigung aus, als könnte man inneren Unrat damit ausstoßen. Man kommt der drohenden Erniedrigung auch sprachlich entgegen.

## Donnerstag, 26. April 1945, 11 Uhr morgens

Ich schreib mit zittrigen Fingern. Noch atmen wir Kalkstaub. Vor dreißig Minuten ist ein Volltreffer in den vierten Stock gegangen. Bin außer Atem, komme im Galopp aus meiner Dachwohnung. Ein Saustall aus Kalkbrocken, Splittern und Glasscherben. Leb wohl, du mein kurzes Beinah-Zuhause, bist einstweilen unbewohnbar.

Hab mir allerlei Zeug gegriffen, einen Topf, Handtücher, Verbandmull – was man so braucht. Meine Kehle ist ausgedörrt, der Schlund brennt noch vom Kalkstaub. Zu trinken hab ich hier unten nichts. Dabei sind soeben ungezählte Liter Wasser aus den Heizkörpern oben ausgelaufen. Wir haben –

Halt, ich will zuvor rekapitulieren, schrieb so lange nicht mehr, und so viel ist passiert. Es begann damit, daß gestern abend gegen 19 Uhr jemand in den Keller kam und meldete, daß drüben im Eckladen Puddingmehl ausgegeben werde. Ich – mit hin, mich angestellt. Plötzlich russische Bomben. Die Schlange blieb erst einmal stehen, wand sich nur in das benachbarte Trümmergrundstück hinein, als ob es unter den Mauerresten Deckung gäbe. In Richtung Berliner Straße sah man Rauch und Flammen. Dann neue Bombenserie, näher. Ich ließ das Puddingmehl fahren und hetzte über den Fahrdamm zum Keller zurück. Ein Mann schrie mir zu: »An der Wand lang!« Geknatter, Trümmer spritzten. Endlich im Keller, wenn auch ohne Puddingmehl. Die Portiersfrau jammerte, weil ihre Tochter drüben geblieben war, hatte sich wohl nicht beim Beschuß über die Straße getraut.

Nach einer halben Stunde kam sie, ohne Puddingmehl. Hat, wie sie sagt, dolles Schwein gehabt. Hat sich noch in den Keller des Eckladens quetschen können, kurz bevor der Treffer vor dem Haus landete. Einer von denen, die nicht mehr in den Keller hineinkonnten, ein halbwüchsiger Junge, bekam einen Splitter in den Schädel. Die Erzählerin ist beim Hinausgehen über den Toten weggestiegen. Sie zeigt uns nun, wie es ihm weiß und rosa aus der Schläfe quoll. Morgen soll die Verteilung von Puddingmehl weitergehen. Es soll noch genug davon im Laden sein.

Gegen 21 Uhr ging die Kellergemeinde schlafen. Die Witwe hat nun auch für mich eine Art Bett eingerichtet, im Vorraum zwar, da drinnen zwischen den Stützbalken kein Platz mehr ist, doch weich und warm. Ich schlief ein, erwachte von Bomben. Etwas leckte an meiner herabhängenden Hand. Es war Foxel, der Terrier unseres nicht vorhandenen Hauswirts. Foxel, netter Kerl, hab keine Angst. Wir beide sind allein im Vorraum. Es fehlen hier die Stützen, dafür ist die Luft rein, und es stört uns kein Geschnarch und Gestöhne.

Früh am Morgen auf, zum Wasserholen an die Pumpe. Ich las draußen zum ersten Mal seit Tagen wieder Gedrucktes, und sogar frisches. Eine Zeitung namens *Panzerbär*. Jemand hat sie beim Bäcker neben das Schaufenster geklebt. Darin stand der Wehrmachtbericht von

Dienstag, also zwei Tage alt. Danach dringt a) der Feind vor und sind b) deutsche Verstärkungen im Anmarsch. Außerdem heißt es, daß Adolf und Goebbels in Berlin seien und dort bleiben würden. Und am Bahnhof Schöneberg, so meldet eine tiefbefriedigte Reportage, baumelt zur allgemeinen Ansicht der Soldat Höhne, Deserteur.

Frühstück im Keller. Jeder praktiziert, so gut er kann, eine Art von Familienleben. Auf Koffern, Kisten und Stühlen wird mit Hilfe von Papierservietten und Deckchen der trauliche Morgentisch bereitet. Den wärmenden Kaffeepuffs entsteigen Kannen mit Getränken, die auf Holzfeuern oder Spirituskochern bereitet worden sind. Man sieht Butterschalen, Zuckerdosen, Marmeladegläser, silberne Löffel. Es ist alles da. Die Witwe hat in ihrer Küche auf einem Feuer aus zerklopften Sektkisten Bohnenkaffee gezaubert, er tut gut. Ringsum kribblige Luft und Gezänk. Das Kellervolk geht einander auf die Nerven.

Kurz vor 10 Uhr fiel dann der Koffer aufs Hausdach. Wüster Stoß, Geschrei. Schneebleich kam die Portiersfrau angetorkelt, klammerte sich an einen Balken. Von ihrer Mutter gestützt, folgte S-tinchen, die Achtzehnjährige. Zausig hing ihr das kalkgraue Haar ums junge Gesicht, Blut sickerte dazwischen. Es hat sie erwischt, als sie den Hof überquerte. Sogar das Mätzchen in seinem Bauer hat die allgemeine Erregung mitgespürt, es zickzackte hin und her und piepte schrill.

Eine Viertelstunde später erst merkte jemand, daß die Heizkörper ausliefen. Wir – hochgerannt. Das heißt, längst nicht alle. Die Postratsfrau zum Beispiel schwenkte ein Attest und schrie, ihr Mann sei herzkrank, dürfe nicht mit. Auch Gardinenschmidt drückte gleich seine fleckige Greisenpfote aufs Herz. Noch andere zögerten, bis Fräulein Behn leitstutenhaft brüllte: »Ihr Dussels quatscht, und oben schwimmen euch die Buden weg«, und voranstürmte, ohne darauf zu achten, wer ihr folgte. Mit etwa fünfzehn anderen Figuren bin ich hinterdreingelaufen.

Oben im dritten Stock ein See, und es rauscht und rauscht. Wir schufteten, Wasser rieselte von oben, wir wateten knöcheltief im Nassen, wrangen die Teppiche aus, schöpften mit Müllschippen Wasser auf und leerten sie kurzerhand durch die Fenster auf die grellbesonnte, völlig verödet daliegende Straße. Die ganze Zeit hindurch Einschläge, etliche nah. Einmal ein Wirbel von Glassplittern und Kalkstücken, die in das Wasser platschten, doch niemand verletzten.

Feucht und recht aufgekratzt turnten wir dann wieder kellerwärts. Ich habe die nassen Söckchen unter mich geschlagen, mit den Füßen drin, versteht sich, und überlege: War das nun vernünftig oder unvernünftig gehandelt? Ich weiß es nicht. Jedenfalls war es soldatisch. Leutnantin Behn stürmte voran, ein Stoßtrupp von Freiwilligen folgte ihr und sicherte im feindlichen Feuer unter Lebensgefahr die eigene bedrohte Stellung. (Von Teppich-Habsucht kann keine Rede sein; die wenigsten der Mitgekommenen hatten direkt mit den schwimmenden Wohnungen zu tun – sowenig wie z. B. ich.) Blindlings folgten wir dem Befehl, schonten nicht unsere Haut. Bloß daß kein Lied, kein Heldenbuch so etwas festhält und daß keine Eisernen Kreuze dafür vorgesehen sind. Eines weiß ich jedenfalls: Daß man im Kampfgedränge, im heftigen Tun und Handeln, an gar nichts denkt. Daß man dabei nicht einmal Angst verspürt, weil man völlig abgelenkt und aufgesogen ist.

Waren wir tapfer? Man nennt es wohl so. Ist Fräulein Behn, die Leitstute, eine Heldin? Als Leutnant wäre ihr das EK gewiß. Also muß ich sogleich umdenken über Heldentum und Kampfesmut. Halb so schlimm damit. Es reißt einen voran, wenn man einmal den ersten Schritt getan hat.

Typisch auch, daß ich im Wassergetümmel überhaupt nicht an die eigene Dachwohnung dachte und erst von anderen darauf gestoßen wurde, daß sie vielleicht von dem Volltreffer etwas abbekommen haben könnte. Ich flitzte hinauf – und fand den schon geschilderten Saustall. Also werde ich von nun an bei der Witwe hausen. Ihr ist es sehr recht. Sie hat Angst, so allein in der Wohnung. Ihren Untermieter haben sie noch im März zum Volkssturm geholt. Wer weiß, ob der noch lebt. Doch sowas denkt man nur. Man spricht es nicht aus.

Vier Stunden später, 15 Uhr, wieder im Keller. Wieder bin ich außer Atem, wieder schreibe ich mit zitternden Fingern, und das mit Grund.

Als es über Mittag draußen stiller wurde, trat ich ins Tor und ließ mir den feuchten Buckel von der Sonne bescheinen. Neben mir der Bäckermeister. Da rannte ein Mann an uns vorbei, er kam von der ehemaligen Schupokaserne her, wo zuletzt Luftwaffe lag, und schleppte eine blutige Rindslende im Arm. Im Vorbeilaufen rief er: »Machen Sie fix, drüben wird alles verteilt.«

Wir – uns angeguckt und losgerannt, so wie wir waren, ohne Rucksack, ohne alles. Die Henni vom Bäcker, die ewig ihre Nase draußen hat, rannte hinterdrein. Sonne brennt, es ballert schon wieder sachte. Gebückt hasten wir an den Häusern entlang. An der Ecke auf dem Bordstein hocken grauhaarige Soldaten, wohl Volkssturm; sie sehen uns gar nicht an, haben die Köpfe auf ihre Knie gebeugt. Vor der Schupokaserne viele Menschen, mit Körben, Säcken, Taschen. Ich renne in den erstbesten Korridor; er ist dunkel, kühl und ganz leer, also wohl der falsche.

Ich hetze zurück, höre vor mir Tappen und Keuchen, und Rufe: »Hierher! Hier!« Hab mir draußen eine herumstehende kleine Kiste gegriffen, die schleife ich nun hinter mir her.

Ich stoße im Finstern Menschen an, bekomme Tritte gegen die Schienbeine. Bin auf einmal in einem Kellerraum, völlig dunkel, keuchende Menschen, Schmerzensschreie, ein Ringkampf in der Finsternis. Nein, hier wird nicht verteilt. Hier wird geplündert.

Eine Taschenlampe blitzt auf, ich erkenne Regale, Büchsen darauf und Flaschen, aber nur unten, die oberen Regale sind bereits abgeräumt. Ich bücke mich, werfe mich zu Boden und wühle im alleruntersten Fach Flaschen heraus, fünf, sechs Stück, stopfe sie in meine Kiste. Im Dunkeln bekomme ich eine Konservenbüchse zu fassen, da tritt mir einer auf die Finger, und eine Männerstimme schreit: »Das sind meine Sachen!«

Ich – mit meinen Sachen ab, zur Tür hinaus, in den Nebenraum. Ein matter Lichtschimmer fällt durch einen Riß im Gemäuer. Ich erkenne Brote, ganze Reihen, wieder nur im untersten Fach, greife mir welche, knie wieder am Boden und taste und wühle. Knie in Wein, man riecht ihn, greife in Glasscherben, stopfe alles Brot in meine Kiste, das ich fassen kann. Schleife meine Last, die ich nicht mehr zu heben vermag, hinter mir her durch die Tür, in den Gang hinaus, zum Ausgang hin, der wie eine grell erleuchtete Bühne am Ende des dunklen Gangschlauches winkt.

Draußen stoße ich auf den Bäcker. Auch er hat Brote erwischt und pfercht sie mit hinein in meine Kiste. Läuft dann wieder ins Haus, um noch mehr Sachen zu holen. Ich bin an meine Kiste gebunden, warte. Der Bäcker kehrt zurück, mit Konserven, Porzellantellern, groben Handtüchern und einem Knäuel verfilzter, hellblauer Strickwolle bepackt.

Auf einmal ist auch Antoine da, der kleine belgische Bäckergesell, und schleppt sich mit einem Rinderschenkel. Und Henni kommt und bringt Chartreuse in dickbauchigen Flaschen. Sie zürnt: »Alles gibt's da drinnen, alles. Kaffee, Schokolade, Schnaps. Die haben gelebt, die Brüder!« Und sie verschwindet wieder im Haus. Ich bewache meine Kiste. Ein Mann nähert sich, er hat aus seinem Jackett einen Sack gemacht und etliche Pullen Alkohol hineingeknotet. Verlangend blickt er meine Brote in der Kiste an: »Kann ich eins davon haben?« Ich: »Ja – gegen Schnaps.« Wir tauschen ein Kommißbrot gegen eine Pulle Steinhäger, sind es beide zufrieden.

Wilde Szenen ringsum in der grellen Sonne, in die manchmal Einschläge prasseln, zwei davon nah. Männer zerschlagen Flaschenhälse an Mauerkanten, trinken in gierigen Schlucken. Antoine und ich packen nun links und rechts meine Kiste, nehmen den Heimweg unter die Füße.

Die Kiste ist voll und schwer. Sie faßt sich schlecht an, wir müssen oft absetzen. Ich bin so durstig und mache es, wie ich es soeben gesehen: klopfe einer Rotweinflasche am Bordstein den Hals ab (ich habe lauter Burgunder erwischt, französische Etiketts). Ich trank aus dem zackigen Scherbenhals und schnitt mir die Unterlippe entzwei, merkte aber nichts davon, bis Antoine darauf wies und mir mit seinem Taschentuch das Blut abwischte, wobei er sich wachsam mit den Beinen über die Kiste stellte. Das Blut war schon bis in meinen Halsausschnitt gelaufen.

Hinter uns kommt der Bäcker angeschnauft. Er trägt den bläulichen, mit Pferdemist beschmierten Rinderschenkel an sich gedrückt wie ein Baby. Die Sonne sticht, ich triefe von Schweiß. Ein paar nahe Einschläge. Dazu entfernter das Tacktacktack von Bordbeschuß und das Ballerballerballer der leichten Flak.

Vor der Haustür pulten wir unseren Raub auseinander. Die blödsinnige blaue Wolle hatte sich überall dazwischengefilzt. Meine Beute: fünf Flaschen Burgunder, drei Flaschen mit eingemachtem Suppengrün, eine Pulle Steinhäger, vier Kommißbrote, sechs Päckchen Erbsmehl, die mir der Bäcker von den seinen großmütig überließ, und eine Konservenbüchse ohne Aufschrift mit Ichweißnichtwas. Ich schleppte alles in den ersten Stock hinauf zur Witwe.

Bin heiß, verschwitzt, gebe einem Dutzend Leuten meine Abenteuer zum besten und verschlinge dabei, mit dem Eßteller in der Linken am Küchenherd stehend, hastig ein paar Löffelvoll von dem Kartoffelbrei, den die Witwe auf einem aus Gemeinschaftsspenden beheizten Kochherd für mehrere Familien bereitet hat. Draußen jetzt wieder eine Serie von Bomben. Die anderen musterten mit großen Augen meine Beute, trauten sich aber nicht zu weiterer Plünderung in die Schupokaserne vor. Sie wird auch inzwischen längst leer geplündert sein.

Etliche Stunden später, gegen 18 Uhr, wieder im Keller. Ich konnte in der Zwischenzeit etwas schlafen, war ganz schön besoffen, nachdem ich mit der Witwe die angerissene Burgunderpulle geleert hatte. Erwachte taumelig, mit bitterem Mund, fand nicht sogleich Anschluß an die petroleumflackernde Unterwelt. Bis ich Leute hinausrennen sah und sie nach Säcken rufen hörte: »Los, drüben in den Baracken holen sie Kartoffeln raus!«

Ich – mit der Witwe hin. Der Feind machte gerade Pause, es war ziemlich ruhig. Daher wohl das plötzliche Gewimmel auf den über Mittag so verlassenen Straßen. Eben rollen zwei Frauen auf einem Kindersportwagen ein ganzes Faß vorbei, es riecht nach Sauerkraut. Junge Leute und ganz alte Leute rennen wie gejagt in Richtung der Baracken. Die Witwe und ich hatten uns mit allen erreichbaren Eimern ausgerüstet, zwei für jeden von uns. Auf dem Wege zertretene Kartoffeln und faule Möhren, denen man bloß zu folgen braucht. Vor den Steinstufen zum Eingang der Baracke liegt ein blutiger Flatschen. Ich schrecke zurück, aber die Witwe lacht: »Marmelade!« Und so ist es auch; in Fässern wird Marmelade herausgerollt.

Wir drängen uns durch den menschenwimmelnden Gang, stolpern glitschige Stufen abwärts, landen in stinkenden, faulenden Kartoffeln. Beim Schein schmaler Oberlichter wühlen wir mit Händen und Schuhen in dem Matsch herum, klauben uns Brauchbares heraus. Möhren und die lehmigen Kohlrüben lassen wir liegen, füllen die Eimer mit Kartoffeln. Wir stoßen auf einen Sack, schon halb gefüllt, fragen nicht, wem er gehört, zerren ihn mit uns, treppauf, die Straßen entlang, nach Hause, aufwärts in den ersten Stock.

Um uns wieder Geknatter und Gedröhn, keiner schert sich darum, das Plünderfieber hat sie alle ergriffen. Wir rannten gleich ein zweites Mal, schleppten diesmal unsere Eimer mit Briketts gefüllt heimwärts. Um uns die Meute, sie rennt und rafft.

Nun hat auch die Plünderung der verlassenen Läden begonnen. Ein weißhaariger Mann, »Herr« paßte besser, schleppt eine Schublade voller Seifenpulverkartons daher. Auf der Schublade steht »Reis«.

Hinauf in den ersten Stock. Wir hocken uns aufs Wohnzimmersofa. Unsere Arme sind lahm, die Beine zittern. Die Fensterscheiben, soweit vorhanden, beben sacht. Durch die zerbrochenen Fensterflügel weht linde Wärme herein, untermischt von Brandgeruch. Manchmal Wuu-ummmm! Mit langhinrollendem Echo, von schweren Flakgeschützen. Dann Päääng! Ganz kurzer Stoß, der aufs Trommelfell drückt: Abschuß schwerer Batterien der Ari. Und, weit weg, manchmal sehr schnelles Knackwum-Knackwum, von Heulen und Bellen begleitet. Ich weiß nicht, was das ist. Die Witwe behauptet, es sei die sogenannte Stalinorgel der Russen. Übrigens hat der Russe bisher keinen Teppich gelegt, es sind immer nur einzelne Bomben unterwegs.

Schließlich spazieren wir zu zweit los, um im Eckladen, dem einzigen, der noch funktioniert, nach dem Puddingmehl zu schauen, in das gestern die Bombe fiel. Tatsächlich sind noch Kunden da, und tatsächlich wird verkauft. Dies Puddingmehl hat einen aufgedruckten Pfennigpreis, ich glaube, 38 Pfennig. Der Verkäufer, der hier Inhaber ist und beim Laden wohnt, bestand darauf, jedem Käufer die ihm zukommenden Pfennige herauszugeben, fragte draußen und drinnen herum, wer Kleingeld bei sich habe und wechseln könne. Und das bei Beschuß! Sowas gibt es nur bei uns. Pfennigfuchsend fahren wir in die Grube.

Nur zum Spaß gingen wir um die Ecke herum, beim Fleischer nachschauen, da ich meine Fleischzuteilung immer noch nicht geholt hatte. Wahrhaftig wurde auch dort verkauft, es war höchstens ein Dutzend Personen im Laden und mehr Ware als derzeit verlangt. So bekamen wir gute Stücke, schieres Schweinernes und anständig gewogen.

Als wir aus dem Laden traten, fuhr ein LKW vorbei; deutsche Truppen darauf, rote Spiegel, also Flak. Sie fuhren in Richtung Stadt, von uns weg aufs Zentrum zu. Saßen stumm da und stierten vor sich hin. Eine Frau rief ihnen nach: »Haut ihr ab?« Sie bekam keine Antwort. Wir sahen uns achselzuckend an. Die Frau meinte: »Sind auch bloß arme Schweine.«

Immer wieder bemerke ich in diesen Tagen, daß sich mein Gefühl, das Gefühl aller Frauen den Männern gegenüber ändert. Sie tun uns leid, erscheinen uns so kümmerlich und kraftlos. Das schwächliche Geschlecht. Eine Art von Kollektiv-Enttäuschung bereitet sich unter der Oberfläche bei den Frauen vor. Die männerbeherrschte, den starken Mann verherrlichende Naziwelt wankt – und mit ihr der Mythos »Mann«. In früheren Kriegen konnten die Männer darauf pochen, daß ihnen das Privileg des Tötens und Getötetwerdens fürs Vaterland zustand. Heute haben wir Frauen daran teil. Das formt uns um, macht uns krötig. Am Ende dieses Krieges steht neben vielen anderen Niederlagen auch die Niederlage der Männer als Geschlecht.

Nachher im Keller sinnige Abendbrotgemeinde. Trauliche Stilleben auf einem Quadratmeter pro Haushalt. Hier Tee mit Stullen, dort Kartoffelbrei. S-tinchen piekt mit Messer und Gabel formvollendet eine saure Gurke auf. Ihr verletzter Kopf ist säuberlich verbunden. Die Buchhändlergattin fragt: »Darf ich Ihnen einschenken?« – »Aber bitte sehr, gnädige Frau«, säuselt Gardinenschmidt.

Über den Kanari wird ein Handtuch gebreitet. Der desertierte Soldat kommt und meldet, daß die Russen sich zum Kino vorfühlen. Unsere Ecke liegt bereits unter Kleinkaliberbeschuß. Keine Uniform darf in unseren Keller, so befiehlt der Ex-Soldat – sonst fallen wir unter Kriegsrecht und werden nach den Regeln des Standgerichts erledigt.

Palaver hin und her über die Meldungen im Blättchen *Panzerbär.* Es sollen tatsächlich zwei Armeen zum Entsatz von Berlin im Anmarsch sein, Schörner von Süd, eine andere von Nord. Treuenbrietzen, Oranienburg und Bernau sollen freigekämpft sein.

Und wir? Sehr gemischte Gefühle, fast erschrockene. »Nun soll also das Hin und Her losgehen, und wir mitten darin. Sollen wir denn Monate hier unten hausen? Verloren sind wir so und so. Flutscht es beim Iwan nicht, dann kommen eben die Amerikaner aus der Luft. Und bei deren Teppichen gnade uns Gott. Dann sind wir im Keller begraben.«

Soeben neue Meldung von der Straße: Der Volkssturm ist zurückgewichen, Iwan dringt auf uns vor. Deutsche Artillerie ist an unserer Ecke aufgefahren, ihre Abschüsse dröhnen durch den Keller. Derweil sitzen sechs Frauen im Kreis um ein Tischchen herum, und die Witwe legt der Likörfabrikantin die Karten. Das kann sie perfekt: »Über den kleinen Weg liegt eine Enttäuschung im Zusammenhang mit Ihrem Mann.« (Er hält immer noch mitsamt der rothaarigen Elvira die Stellung in seiner Likörfabrik.)

Gleich will ich schlafen. Ich freue mich darauf. Randvoller Tag. Bilanz: bin gesund, frisch und frech, die Angst ist im Augenblick so ziemlich fort. Im Hirn heftige Eindrücke von Gier und Wut. Lahmer Rücken, müde Füße, ein Daumennagel abgebrochen, die zerscherbte Lippe brennt. Es stimmt doch: »Was mich nicht umbringt, macht mich stärker.«

Nachzutragen: Ein Bild, das ich auf der Straße sah. Ein Mann schob einen Handkarren, auf dem brettsteif eine tote Frau lag. Graue Strähnen, lose flatternd, blaue Küchenschürze. Die dürren, graubestrumpften Beine stakten lang über das hintere Karrenende hinaus. Kaum einer sah hin. War wie früher einmal die Müllabfuhr.

## Freitag, 27. April 1945, Tag der Katastrophe, wilder Wirbel – notiert Samstag vormittag

Es begann mit Stille. Allzu stille Nacht. Gegen Mitternacht meldete Fräulein Behn, daß der Feind bis an die Schrebergärten vorgedrungen sei und die deutsche Linie bereits vor uns liege.

Ich konnte lange nicht einschlafen, probierte in Gedanken mein Russisch aus, übte Redensarten, von denen ich annahm, daß ich sie nun verwenden könnte. Heute hab ich zum ersten Mal dem Kellervolk kurz gesagt, daß ich etwas Russisch kann; daß unter dem von mir in jungen Jahren abgegrasten Länderdutzend sich auch das europäische Rußland befand.

Mein Russisch ist simpel, ist reine Gebrauchssprache, unterwegs aufgepickt. Immerhin kann ich zählen, kann ein Datum benennen und die Buchstaben lesen. Es wird mir rasch wiederkehren, nun, da Übung winkt. Sprachen sind mir immer angeflogen. Russisch zählend schlief ich schließlich ein.

Ich schlief bis gegen 5 Uhr früh. Hörte dann im Vorraum jemand herumgeistern. Es war die Buchhändlerin, sie kam von draußen, faßte mich bei der Hand, flüsterte: »Sie sind da.«

»Wer? Die Russen?« Ich bekam kaum die Augen auf.

»Ja. Soeben sind sie bei Meyer (dem Spirituosenladen) durchs Fenster eingestiegen.«

Ich zog mich fertig an, kämmte mich, während drinnen im Luftschutzraum die Frau ihre Neuigkeit kundtat. In ein paar Minuten war der ganze Keller auf den Beinen.

Ich tappte über die Hintertreppe aufwärts in den ersten Stock, wollte unsere paar Lebensmittel verstecken, soweit sie noch nicht versteckt waren. Ich horchte an der zersplitterten, nicht mehr verschließbaren Hintertür. Alles still, die Küche leer. In der Kniebeuge kroch ich zum Fenster hin. Die morgenhelle Straße lag unter Beschuß, man hörte das Klatschen und Pfeifen der Kugeln.

Um die Ecke biegt russische Vierlingsflak – vier eiserne Giraffen; drohende, turmhohe Hälse. Zwei Männer stapfen die Straße hinauf: breite Rücken, Lederjacken, hohe Lederstiefel. Autos rollen heran, halten am Bordstein. Geschütze rasseln im frühen Tagesschein durch die Straße. Das Pflaster dröhnt. Durch die zerbrochenen Scheiben weht Benzinduft in die Küche.

Ich ging wieder in den Keller zurück. Wir frühstückten wie unter einem Alpdruck. Trotzdem verzehrte ich zum Staunen der Witwe zahlreiche Brotschnitten. Mir kribbelte es im Magen. Es erinnerte mich an das Schulmädel-Gefühl vor einer Mathematik-Arbeit – Unbehagen und Unruhe, und der Wunsch, daß doch schon alles vorüber wäre.

Nachher stiegen wir zusammen aufwärts, die Witwe und ich. In ihrer Wohnung staubten wir ab, wischten, fegten und schrubbten mit unserem vorletzten Wasser. Der Teufel weiß, warum wir uns so plagten. Wahrscheinlich, um die Glieder zu rühren oder um wieder mal vor dem Künftigen ins handfeste Gegenwärtige zu fliehen.

Zwischendurch krochen wir immer wieder ans Fenster. Draußen fuhr ein endloser Troß auf. Pralle Stuten, Fohlen zwischen den Beinen. Eine Kuh, die dumpf nach dem Melker muhte. Schon schlagen sie in der Garage gegenüber ihre Feldküche auf. Zum ersten Mal erkennen wir Typen, Gesichter: pralle Breitschädel, kurzgeschoren, wohlgenährt, unbekümmert. Nirgendwo ein Zivilist. Noch sind die Russen auf den Straßen ganz unter sich. Doch unter allen Häusern flüstert es und bebt. Wer das jemals darstellen könnte, diese angstvoll verborgene Unterwelt der großen Stadt. Das verkrochene Leben in der Tiefe, aufgespalten in kleinste Zellen, die nichts mehr voneinander wissen.

Draußen Blauhimmel, wolkenloses Leuchten.

Über Mittag – die Hamburgerin und ich holten eben den zweiten Kessel voll Graupensuppe, die für das ganze Kellervolk in der Backstube beim Bäcker gekocht worden war – fand der erste Feind den Weg in unseren Keller. Ein Bauerntyp mit roten Backen, seine Augen zwinkerten, als er beim Schein der Petroleumlampe das Kellervolk musterte. Zögernd trat er ein, zwei Schritte auf uns zu.

Herzklopfen. Ängstliche halten ihm ihren gefüllten Suppenteller hin. Er schüttelt den Kopf und lächelt, immer noch stumm.

Da sagte ich meine ersten russischen Worte, krächzte sie, da plötzlich heiser: »Schto wiy shelaitje?« (Was wünschen Sie?)

Der Mann fährt herum, starrt mich verblüfft an. Ich merke, daß ich ihm unheimlich bin. Es scheint ihm noch nicht passiert zu sein, daß eine »Stumme« ihn in seiner Sprache anredet. Denn »Njemze«, soviel wie »die Stummen«, nennt der Russe in seiner Alltagssprache die Deutschen. Vermutlich bereits seit den Zeiten der deutschen Hanse, vor 500 Jahren, als die stumm in Zeichensprache mit ihnen handelnden Kaufleute in Nowgorod und anderswo Tuche und Spitzen gegen Pelze und Wachs eintauschten.

Dieser Russe jedenfalls sagt nichts auf meine Frage; er schüttelt bloß den Kopf. Ich frage weiter, ob er vielleicht etwas zu essen haben will. Da grinst er ein wenig und sagt auf deutsch: »Schnaaps.«

Schnaps? Allgemeines bedauerndes Kopfschütteln. Hier unten gibt es keinen Alkohol. Wer noch etwas hat, der hat es gut versteckt. Der Iwan trollt sich wieder, sucht sich den Rückweg durch das Labyrinth der Gänge und Höfe.

Auf unserer Straße munterer Soldatenbetrieb. Zusammen mit zwei, drei anderen Frauen wage ich mich vor, schaue dem Trubel zu. In unserem Torweg putzt ein junger Kerl ein Motorrad, eine fast neue deutsche Zündappmaschine. Er hält mir den Lappen hin, fordert mich mit Gesten auf weiterzuputzen. Als ich ihm auf russisch sage, daß ich dazu keine Lust habe, und sogar dazu lache, blickt er mich überrascht an und lacht dann zurück.

Auf dem Fahrweg radeln etliche Russen auf frisch geklauten Rädern. Sie bringen sich gegenseitig das Fahren bei, sitzen so steif auf dem Sattel wie die radfahrende Schimpansin Susi im Zoo, prallen gegen die Bäume und krähen vergnügt.

Ich spüre, wie einige Ängste von mir weichen. Denn schließlich sind ja auch Russen »bloß Männer«, denen man auf irgendeine weibliche Art, mit Listen und Kniffen, beikommen könnte; die man hinhalten, ablenken, abwimmeln kann.

Überall auf den Bürgersteigen Pferde, sie misten und strahlen. Kräftiger Stallduft. Zwei Soldaten wollen von mir wissen, wo die nächste Pumpe sei – die Pferde seien durstig. Zusammen stapfen wir die Viertelstunde weit durch die Gärten. Freundlicher Ton, gutmütige Gesichter. Zum ersten Mal hörte ich die Fragen, die später immer wiederkehrten: »Haben Sie einen Mann?« Wenn man ja sagt, wird weitergefragt, wo er sei. Wenn nein, folgt die Frage, ob man nicht einen Russen »heiraten« wolle. Woran sich plumpes Geschäker schließt.

Anfangs duzten mich die beiden. Ich wies das zurück, sagte, daß ich meinerseits sie ja auch nicht duze. Wir gingen den öden grünen Weg entlang. Über uns flogen im Bogen die Geschosse der Artillerie. Die deutsche Linie liegt zehn Minuten vor uns. Keine deutschen Flugzeuge mehr sichtbar, kaum hört man noch deutsche Flak. Kein Leitungswasser mehr, kein Strom, kein Gas, gar nichts. Bloß Iwans.

Zurück mit den Wassereimern. Die Pferde trinken. Froh sehen die beiden Troßmänner ihnen zu. Ich schlendere so herum, schwatze mit diesem und jenem Russen. Der Mittag geht vorüber, nun brennt die Sonne fast sommerlich heiß. Ich spüre ein fremdes, schwer faßliches Etwas in der Luft, bös und bedrohlich. Manche Kerls blicken so scheu an mir vorbei, tauschen Blicke. Einer, ein junger Mensch, klein und gelb, mit einer Alkoholfahne, verwickelt mich in ein Gespräch, will mich abseits in den Hof locken, weist auf zwei Uhren an seinem haarigen Unterarm, von denen er mir die eine schenken will, wenn ich mit ihm –

Ich weiche in den Kellergang zurück, drücke mich über den Innenhof, meine schon, ich hätte ihn abgeschüttelt, da steht er plötzlich neben mir und schlüpft mit in unseren Keller. Er taumelt von Balken zu Balken, leuchtet mit einer Stablampe die Kellergesichter ab, wohl vierzig an der Zahl, läßt den Lichtkegel zuckend auf Frauengesichtern verweilen.

Der Keller gefriert. All die Menschen sind wie erstarrt. Keiner rührt sich, keiner spricht. Man hört gepreßte Atemzüge. Nun macht der Lichtkegel bei der Achtzehnjährigen halt, bei Stinchen mit dem weißleuchtenden Kopfverband, die in einem Liegestuhl ruht. Drohend fragt der Russe auf deutsch, wobei er auf das Mädchen zeigt: »Wieviel Jahr?«

Keiner antwortet. Das Mädchen liegt wie aus Stein da. Nochmals brüllt der Russe, rauh und wütend: »Wieviel Jahr?«

Ich antworte hastig auf russisch: »Das ist eine Studentin, sie ist achtzehn.« Ich will noch sagen, daß sie am Kopf verletzt ist, finde die Vokabeln nicht und helfe mir mit dem internationalen Wort kaputt: »Kopf kaputt, von Bomben.«

Nun folgt ein Gespräch zwischen dem Mann und mir, ein hastiges Hin und Her von Frage und Antwort, das aufzuschreiben sinnlos wäre, weil es sinnlos war. Es handelte von Liebe, von wahrer Liebe, von heißer Liebe, daß er mich liebt, ob ich ihn liebe, ob wir uns lieben wollen. »Vielleicht«, sage ich und bewege mich schrittweise auf die Tür zu. Der Kerl geht mir auf den Leim. Das Kellervolk ringsum, immer noch schreckensstarr, begreift nicht im entferntesten, was hier vorgeht.

Ich schäkere mit flatternden Händen, bringe vor Herzklopfen kaum die paar Vokabeln heraus. Schaue dem Mann in die schwarzen Augen und wundere mich über seine gelben, gelbsüchtigen Augäpfel. Schon sind wir draußen im halbdunklen Gang, ich tripple rückwärts vor ihm her, er kennt sich in diesem Labyrinth nicht aus, folgt mir. Ich flüstere: »Dort hinüber. Dort sehr schön.

Keine Leute.« Noch drei Schritte, zwei Stufen – und wir stehen auf der Straße, mitten in der grellen Mittagssonne.

Ich renne sogleich zu meinen beiden Pferdepflegern, die gerade ihre Gäule striegeln. Ich zeige auf meinen Verfolger: »Das ist aber ein Schlimmer, hahaha!« Der Bursche mißt mich mit einem Giftblick und verdrückt sich. Die Pferdestriegler lachen. Ich schwatze eine Weile mit ihnen und erhole mich dabei. Die Hände beruhigen sich wieder.

Während ich draußen palaverte, war unser Keller von etlichen Helden, die nicht weiter nach Frauen ausschauten, auf Uhren abgesammelt worden. Später sah ich manchen Iwan mit einer ganzen Uhrenkollektion an seinen beiden Unterarmen – mit fünf, sechs Stück, die er fortwährend verglich, aufzog, stellte – mit kindischer und diebischer Freude.

Unsere Ecke ist nun Biwak. Der Troß richtet sich in den Läden und Garagen ein. Die Pferde fressen Hafer und Heu, drollig nicken sie mit den Köpfen aus den zerschlagenen Schaufenstern. Es liegt eine Art Erleichterung in der Luft: Na schön, die Uhren sind futsch. »Woina kaputt«, wie die Russen sagen; für uns ist der Krieg kaputt, aus. Der Sturm rauschte über uns weg, wir sind im Windschatten.

So dachten wir.

Gegen 18 Uhr ging es los. Einer kam in den Keller, Bullenkerl, stockbesoffen, fuchtelte mit seinem Revolver herum und nahm Kurs auf die Likörfabrikantin. Die oder keine. Er jagte sie mit dem Revolver quer durch den Keller, stieß sie vor sich her zur Tür. Sie wehrte sich, schlug um sich, heulte – als plötzlich der Revolver losging. Der Schuß haute zwischen die Balken, in die Mauer, ohne Schaden anzurichten. Darob Kellerpanik, alle springen auf, schreien... Der Revolverheld, offenbar selbst erschrocken, schlug sich seitwärts in die Gänge.

Gegen 19 Uhr saß ich mit der Witwe oben in der Wohnung friedlich beim Abendbrei, als Portiers Jüngste mit Geschrei hereingestürzt kam: »Kommen Sie schnell runter, Sie müssen russisch mit denen reden, es sind wieder welche hinter der Frau B. her.« Also wieder die Likörfabrikantin. Sie ist weitaus die Dickste von uns allen, mit gewaltig ausladendem Busen. Man hört schon allgemein, daß sie die Dicken suchen. Dick gleich schön, da mehr Weib, mehr unterschieden vom Mannskörper. Bei primitiven Völkern sollen die Dicken ja als Sinnbild von Fülle und Fruchtbarkeit in Ehren stehen. Da können sie in unserem Land jetzt lange suchen. Gerade die früher so fülligen älteren Frauen sind meistens schrecklich zusammengeschrumpft. Die Likörfabrikantin freilich hat keine Not gelitten. Sie hat den ganzen Krieg hindurch was zum Tauschen gehabt. Nun muß sie ihr ungerechtes Fett bezahlen.

Als ich hinunterkam, stand sie unten in der Haustür, wimmernd und zitternd. Sie ist aus dem Keller herausgerannt, konnte den Kerlen entwischen. Nun traut sie sich nicht in den Keller zurück, traut sich ebensowenig in ihre Wohnung vier Treppen hoch hinauf, da ab und zu von deutscher Seite Artilleriebeschuß. Sie hat auch Angst, daß die Kerle ihr nach oben folgen könnten. Sie krallt sich in meinen Unterarm, so fest, daß man ihre Nägelmale auf meiner Haut sieht, und fleht mich an, ich solle mit ihr zum »Kommandanten« gehen, um eine Eskorte bitten, irgendeine Art Schutz. Ich weiß nicht, was sie sich so vorstellt.

Ich spreche einen Vorüberkommenden mit Achselsternen an, versuche ihm die Angst der Frau zu erklären, wobei ich merke, daß mir die Vokabel »Angst« fehlt. Aber er winkt ungeduldig ab: »Ach was, niemand tut Ihnen was, gehen Sie nach Hause.« Die schluchzende Frau wankte schließlich treppauf. Hab sie seither nicht mehr gesehen, sie muß sich oben verkrochen haben. Ganz gut so. Sie wirkte zu stark als Lockvogel.

Kaum war ich wieder oben, kommt das Portiersmädel, das offenbar zur Botin abgerichtet ist, erneut heraufgerannt. Wieder Männer im Keller. Diesmal wollen sie die Bäckerin, die es ebenfalls fertiggebracht hat, etliches Körperfett über die Kriegsjahre hinwegzuretten.

Der Meister kommt mir im Gang entgegengewankt, ist weiß wie sein Mehl, streckt mir die Hände entgegen, stammelt: »Die sind bei meiner Frau ...« Seine Stimme bricht. Eine Sekunde lang hab ich das Gefühl, in einem Theaterstück mitzuspielen. Unmöglich kann ein bürgerlicher Bäckermeister sich so bewegen, solche Herztöne in seine Stimme legen, so nackt, so aufgerissen wirken, wie ich es bis jetzt nur an großen Schauspielern erlebte.

Im Keller. Die Petroleumlampe brennt nicht mehr, der Stoff ging wohl aus. Beim Flackerschein eines Kerzenflämmchens auf einem mit Talg gefüllten Pappdeckel, einem sogenannten Hindenburglicht, erkenne ich das Kalkgesicht der Bäckerin, den zuckenden Mund ... Drei Russen stehen neben ihr. Mal zerrt der eine am Arm der im Liegestuhl daliegenden Frau, mal stößt der andere sie, die hochwill, wieder auf den Sitz zurück. Es ist, als sei sie eine Puppe, ein Ding.

Derweil unterhalten sich die drei Männer sehr schnell miteinander; offenbar streiten sie sich. Ich verstehe wenig, sie reden Slang. Was tun? »Kommissar«, stottert der Bäcker. Kommissar, das bedeutet: irgendeinen, der etwas zu sagen hat. Ich – auf die Straße, die nun entspannt und abendfriedlich daliegt. Beschuß und Brandröte sind fern. Ich treffe ausgerechnet auf den Offizier, der soeben die Likörfabrikantin abgefertigt hat, spreche ihn in meinem höflichsten Russisch an, bitte um Hilfe. Er begreift und zieht ein saures Gesicht. Zögernd, unwillig folgt er mir schließlich.

Im Keller noch Schweigen und Starre. Es ist, als seien all diese Menschen, die Männer, Frauen und Kinder, versteinert. Von den dreien bei der Bäckerin hat sich einer inzwischen verzogen. Die beiden anderen stehen immer noch an ihrer Seite und streiten sich.

Der Offizier mischt sich in das Gespräch, ohne Befehlston, von gleich zu gleich. Ich verstehe mehrmals den Ausdruck »Ukas Stalina« – Stalins Erlaß. Dieser Erlaß scheint davon zu handeln, daß »sowas« nicht vorkommen dürfte. Kommt aber natürlich doch vor, wie mir der Offizier nun achselzuckend zu verstehen gibt. Einer der beiden Ermahnten widerspricht. Sein Gesicht ist zornig verzerrt: »Was denn? Wie haben's denn die Deutschen mit unseren Frauen gemacht?« Er schreit: »Meine Schwester haben sie ...«, und so fort, ich verstehe nicht alle Worte, jedoch den Sinn.

Wieder redet der Offizier eine Weile ganz ruhig auf den Mann ein. Dabei entfernt er sich langsam in Richtung der Kellertür, hat die beiden auch schon draußen. Die Bäckerin fragt heiser: »Sind sie weg?«

Ich nicke, gehe aber vorsichtshalber noch mal hinaus in den dunklen Gang. Da haben sie mich. Die beiden haben hier gelauert.

Ich schreie, schreie ... Hinter mir klappt dumpf die Kellertür zu.

Der eine zerrt mich an den Handgelenken weiter, den Gang hinauf. Nun zerrt auch der andere, wobei er mir seine Hand so an die Kehle legt, daß ich nicht mehr schreien kann, nicht mehr schreien will, in der Angst, erwürgt zu werden. Beide reißen sie an mir, schon liege ich am Boden. Aus der Jackentasche klirrt mir etwas heraus. Es müssen die Hausschlüssel sein, mein Schlüsselbund. Ich komme mit dem Kopf auf der untersten Stufe der Kellertreppe zu liegen, spüre im Rücken naßkühl die Fließen. Oben am Türspalt, durch den etwas

Licht fällt, hält der eine Mann Wache, während der andere an meinem Unterzeug reißt, sich gewaltsam den Weg sucht –

Ich taste mit der Linken am Boden herum, bis ich endlich den Schlüsselbund wiederfinde. Fest umklammere ich ihn mit den Fingern der Linken. Mit der Rechten wehre ich mich, es hilft nichts, den Strumpfhalter hat er einfach durchgerissen. Als ich taumelnd hochzukommen versuche, wirft sich der zweite über mich, zwingt mich mit Fäusten und Knien an den Boden zurück. Nun steht der andere Schmiere, er flüstert: »Schnell, schnell ...«

Da höre ich laute russische Stimmen. Es wird hell. Die Tür ist geöffnet worden. Von außen kommen zwei, drei Russen herein, die dritte Gestalt ist eine Frau in Uniform. Und sie lachen. Der zweite Kerl, gestört, ist aufgesprungen. Beide gehen nun mit den drei anderen hinaus, lassen mich liegen.

Ich kroch an der Treppe hoch, raffte mein Zeug zusammen, schob mich an der Wand entlang zur Kellertür hin. Die war derweil von innen verriegelt worden. Ich: »Aufmachen, ich bin allein, keiner mehr da!«

Endlich tun sich beide eiserne Hebel auf. Drinnen starrt mich das Kellervolk an. Jetzt erst merke ich, wie ich aussehe. Die Strümpfe hängen mir auf die Schuhe herunter, das Haar ist zerzaust, die Fetzen des Strumpfhalters habe ich noch in der Hand.

Ich schreie los: »Schweine ihr! Zweimal geschändet, und ihr macht die Tür zu und laßt mich liegen wie ein Stück Dreck!« Und drehe mich um und will fort. Hinter mir erst Stille, dann bricht es los. Alle reden, schreien durcheinander, streiten sich, fuchteln herum. Endlich ein Entschluß: »Wir gehen alle zusammen zum Kommandanten und bitten um Schutz für die Nacht.«

So zieht schließlich ein Häuflein Frauen, auch ein paar Männer dabei, in den dämmrigen Abend hinaus, in die laue Luft, die nach Brand riecht, zum Block gegenüber, wo der Kommandant hausen soll.

Stille draußen, die Geschütze schweigen. Im Torweg drüben lagern Gestalten am Boden, Russen. Einer richtet sich auf, als unsere Gruppe naht. Ein anderer murmelt: »Ach, bloß Deutsche«, und dreht sich wieder um. Drinnen im Hof frage ich nach dem Kommandanten. Aus einer Männergruppe, die in der Tür zum Hinterhaus beisammensteht, löst sich eine Gestalt: »Ja, was wünschen Sie?« Ein großer Kerl mit weißen Zähnen, kaukasischer Typ.

Er lacht aber bloß über mein Gestammel und über das armselige Häuflein, das sich hier beschweren will. »Ach was, es hat Ihnen bestimmt nichts geschadet. Unsere Männer sind alle gesund.« Er schlendert zu den anderen Offizieren zurück, wir hören sie halblaut lachen. Ich, zu unserem grauen Haufen: »Es hat keinen Sinn.«

Ab – der Haufen zieht in den Keller zurück. Ich mag nicht, mag die Kellerfratzen nicht mehr sehen, steige in den ersten Stock hinauf, zusammen mit der Witwe, die um mich herum ist wie um eine Kranke, leise spricht, mich streichelt, mich beobachtet, daß es mir schon lästig ist. Ich will vergessen.

Ich zog mich im Badezimmer aus, zum ersten Mal seit Tagen, wusch mich, so gut es sich mit dem bißchen Wasser machen ließ, putzte mir die Zähne vor dem Spiegel. Da taucht, lautlos wie ein Geist, plötzlich ein Russe im Türrahmen auf, bleich und zierlich. Er fragt, und zwar auf deutsch, mit leiser Stimme: »Wo – bitte – Tür?« Er hat sich offenbar in die Wohnung verirrt. Ich, starr vor Staunen und im Nachthemd, weise ihm stumm den Weg zur Vordertür, die ins Treppenhaus geht. Darauf er, höflich: »Danke.«

Ich hetze in die Küche. Ja, er ist durch die Hintertür eingedrungen. Der Besenschrank, mit dem die Witwe sie verstellt hatte, ist abgerückt. Eben kommt die Witwe die Hintertreppe herauf aus dem Keller. Gemeinsam verrammeln wir aufs neue die Hintertür, aber diesmal gründlich. Wir bauen einen Stuhlturm davor und schieben zum Schluß noch das schwere Küchenbüffet heran. Das wird halten, so meint die Witwe. An der Vordertür legt sie wie immer den Riegel vor, schließt doppelt ab. Wir fühlen uns halbwegs gesichert.

Ein winziges Flämmchen flackert auf dem Talg des Hindenburglichts. Es wirft unsere Schatten groß an die Decke. Die Witwe hat mir das Lager im Wohnzimmer auf ihrem Liegebett gerichtet. Zum ersten Mal seit langer Zeit haben wir die Verdunklungsrollos nicht herabgelassen. Wozu auch? Es wird keine Luftangriffe mehr geben in dieser Nacht vom Freitag zum Samstag, nicht für uns, die wir schon russisch sind. Die Witwe hockt bei mir auf der Bettkante, sie zieht sich eben die Schuhe aus, da – Gepolter, Getöse.

Arme Hintertür, kümmerlich errichtetes Bollwerk. Schon kracht es, die Stühle poltern auf die Fließen. Man hört Gescharr und Geschiebe und viele grobe Stimmen. Wir starren uns an. Durch einen Wandriß zwischen Küche und Wohnzimmer flackert Licht. Nun Schritte im Flur. Jemand stößt die Tür zu unserem Zimmer auf.

Einer, zwei, drei, vier Kerle. Alle schwer bewaffnet, das Automatengewehr an der Hüfte. Sie blicken uns zwei Frauen bloß kurz an, sagen kein Wort. Einer geht sogleich durchs Zimmer zum Schrank, reißt die beiden Schubladen auf, stöbert darin herum, schmeißt die Laden wieder zu, sagt wegwerfend irgendwas und stapft hinaus. Wir hören ihn im Zimmer nebenan stöbern, das früher der Untermieter der Witwe bewohnte, bis er zum Volkssturm mußte. Die drei anderen stehen so herum, tuscheln miteinander, mustern mich verstohlen. Die Witwe ist wieder in ihre Schuhe geschlüpft, sie flüstert mir zu, daß sie hinauflaufen wolle, bei den anderen Hilfe aus den Wohnungen holen ... Weg ist sie. Keiner der Männer hindert sie.

Was soll ich tun? Mit einem Mal komme ich mir irrsinnig komisch vor, wie ich da in meinem bonbonrosa Nachthemd mit den Schleifen dran vor drei fremden Kerlen im Bett sitze. Ich halte das nicht mehr aus, muß etwas sagen, etwas tun. Und wieder frage ich auf russisch mein »Schto wij shelaitje?«

Da fahren sie herum. Drei verblüffte Gesichter, gleich geht das Fragen los: »Woher kannst du Russisch?«

Ich sage mein Sprüchlein, erkläre, wie ich quer durch Rußland gereist bin, zeichnend und photographierend, dann und dann. Nun setzen sich die drei Krieger in die Sessel, schieben ihre Gewehre zur Seite und strecken die Beine aus. Wir schwatzen hin und her, immer wieder horche ich zum Flur hin, warte darauf, daß die Witwe mit dem angekündigten Hilfstrupp von Nachbarn zurückkehrt. Man hört aber nichts.

Inzwischen schaut der vierte Bursche wieder herein und verzieht sich dann mit Soldat Nummer drei in unsere Küche. Ich höre sie dort mit Geschirr hantieren. Die beiden anderen schwatzen leise, ich soll offenbar nichts davon verstehen. Eigentümlich verhaltene Stimmung. Es liegt etwas in der Luft, ein Funke fliegt herum, fragt sich, wohin.

Die Witwe bleibt aus. Ich versuche wieder, mit den beiden in den Sesseln unter meiner Steppdecke her Konversation zu machen, doch es kommt nichts an. Schiefe Blicke. Sie rutschen so herum. Nun müßte es eigentlich losgehen, ich weiß es ja aus den Zeitungen, als es noch welche gab: zehnmal, zwanzigmal, was weiß ich. Ich habe Fieber. Mein Gesicht brennt.

Nun rufen die beiden nebenan in der Küche etwas herüber. Die in den Sesseln stehen umständlich auf, schlendern küchenwärts, dem Rufe folgend. Leise krieche ich aus dem Bett, horche in der Tür eine Weile zur Küche hin, wo anscheinend getrunken wird. Husche dann durch den stockdunklen Flur, schleiche auf nackten Füßen, greife mir im vorbei meinen Mantel vom Haken und ziehe ihn übers Nachthemd.

Vorsichtig öffne ich die Vordertür. Sie ist nun, da die Witwe hinausgegangen ist, bloß eingeklinkt. Ich horche in das schweigsame, schwarze Treppenhaus. Nichts. Nirgends ein Laut oder ein Lichtschimmer. Wo mag die Witwe bloß hingegangen sein? Eben will ich treppauf steigen, da umfaßt mich von hinten im Dunkeln einer, der lautlos hinterdreinschlich.

Riesenpratzen, Schnapsdunst. Mein Herz hüpft wie verrückt. Ich flüstere, ich flehe: »Nur einer, bitte, bitte, nur einer. Meinetwegen Sie. Aber schmeißen Sie die anderen raus.«

Er verspricht es flüsternd und trägt mich wie ein Bündel auf beiden Armen durch den Korridor. Ich ahne nicht, welcher von den vieren es ist, wie er aussieht. Im dunklen, fast gänzlich scheibenlosen Vorderzimmer lädt er mich auf der kahlen, abgedeckten Bettstatt des früheren Untermieters ab. Ruft dann ein paar grobe Stummelsätze in Richtung Küche durch den Gang, klinkt die Tür hinter sich zu und legt sich im Dunkeln zu mir. Ich friere erbärmlich und bitte und bettle, mich doch nebenan ins aufgeschlagene Bett zurückzulassen. Er will nicht, scheint die Rückkehr der Witwe zu befürchten. Erst nach einer halben Stunde, als alles ruhig geblieben, ist er zum Umzug zu bewegen.

Das Automatengewehr klirrt nun am Bettpfosten; seine Mütze hat der Mann auf den Pfostenknauf gestülpt. Still für sich hat inzwischen das Talglicht weitergebrannt. Petka, so nennt sich der Soldat, hat einen Stiftskopf, blondes Borstenhaar wächst ihm dreieckig in die Stirn, es faßt sich an wie Sofaplüsch. Im übrigen ein Riese, breit wie ein Schrank, mit Holzfällerpratzen und weißen Zähnen. Ich bin so müde, so kaputt, weiß kaum noch, wo ich bin. Petka murkst herum, er ist aus Sibirien, naja. Sogar die Stiefel hat er jetzt ausgezogen. Mir ist taumelig, ich bin nur noch halb da, und diese Hälfte wehrt sich nicht mehr, sie fällt gegen den harten, nach Kernseife riechenden Leib. Endlich Ruhe, Dunkelheit, Schlaf.

Früh um vier kräht der Hahn, den der Troß mit sich führt. Ich bin gleich hellwach, ziehe meinen Arm unter Petka hervor. Der zeigt lächelnd seine weißen Zähne. Steht flink auf, erklärt mir, daß er jetzt Wache habe, daß er jedoch bestimmt um sieben Uhr wiederkehren werde – ganz bestimmt! Und er zerquetscht mir zum Abschied beinah die Finger.

Ich kroch wieder unter die Decke und schlief von Viertelstunde zu Viertelstunde unruhigsten Schlaf, fuhr einmal hoch von dem Schrei »Hilfe!«, da war es bloß der Hahn. Nun muht auch die Kuh. Ich wickle unseren Wecker aus dem Handschuh (d. h., der Wecker gehört der Witwe, aber ich tue ganz so, als ob ich mit zum Haushalt gehörte). Er liegt, der Vorsicht halber, in ein Frottétuch gewickelt, ganz hinten in einem Fach des Schrankes. Wir schauen nur darauf, wenn wir allein und sicher sind, möchten ihn nicht an die Iwans verlieren.

Es war fünf Uhr, da konnte ich nicht mehr schlafen. Ich stand auf, klopfte das Bett glatt, schob Kästen und Stühle wieder vor die unverschließbare Hintertür mit ihrem zerborstenen Schloß, räumte die leere Flasche weg, die die Männer hinterlassen hatten, und kontrollierte unsere Burgunderflaschen hinten im Küchenschrank, in einem alten Eimer. Sie haben gottlob nichts davon gefunden.

Durch die Fenster fällt graurötlicher Schein. Draußen ist immer noch Krieg. Gewummer und Stöße, doch ziemlich weit weg. Die Front rollt nun aufs Stadtzentrum zu. Ich ziehe mich an, wasche mich notdürftig und horche vorsichtig in das morgenstille Treppenhaus. Nichts als Schweigen und Leere. Wenn ich bloß wüßte, wohin die Witwe sich verkrochen hat! Ich getraue mich nicht, irgendwo zu klopfen, will niemanden erschrecken.

Als ich wieder ins Treppenhaus horche, nahen sich Stimmen. Ich laufe aufwärts. Da kommen sie mir schon entgegen, Frauen, ein ganzer Trupp, voran die gottsjämmerlich schluchzende Witwe. Sie taumelt mir in die Arme, jammert: »Sei mir nicht bös!« (Seit gestern duzen wir uns.) Ringsum schluchzen etliche Frauen mit. Ich lache erst mal in all den Jammer hinein: »Was denn? Ich lebe ja, alles geht vorüber!«

Während wir ein Stockwerk höher steigen, zu den Buchhändlersleuten, flüstert mir die Witwe zu, sie habe zuerst vergeblich an mehrere Türen geklopft und um Asyl für sich und mich gebeten. Nirgends sei ihr aufgetan worden. Ja, bei den Postrats habe man ihr über die Türkette hinweg zugezischt: »Das Mädel? Nee, wir wollen uns die Kerle nicht auf den Hals locken!« Im Stockdunkeln hat dann einer die Witwe im Treppenhaus zu fassen bekommen, hat sie auf die Dielen geworfen ... Ein Kind noch, so flüstert sie; bartlos, glatt und unerfahren – und sie lächelt dabei mit dickverheultem Gesicht. Ich weiß nicht genau, wie alt sie ist, sie würde es mir vielleicht nicht sagen. Sie muß zwischen vierzig und fünfzig sein, ihr Haar ist gefärbt. Denen ist Frau Frau, wenn sie sich im Finstern einen Leib greifen.

In der Wohnung des Buchhändler-Ehepaares sind an die fünfzehn Leute aus dem Haus untergekrochen, haben sich Bettzeug herangeschleppt, sich auf Sofas, auf dem Boden, überall, wo noch Platz ist, eingerichtet. Denn diese Wohnung hat an der Vorder- wie an der Hintertür Patentschlösser und in den Boden eingreifende Stoßstangen. Außerdem ist die Vordertür innen mit Metall beschlagen.

Wir sitzen um den fremden Küchentisch, alle hohläugig, grünbleich, übernächtigt. Alle flüstern, wir atmen gepreßt, trinken gierig den heißen Malzkaffee (gekocht auf einem Herdfeuer aus Naziliteratur, wie der Buchhändler uns verrät).

Immer wieder starren wir die verriegelte, verrammelte Hintertür an, hoffend, daß sie halten möge. Hungrig stopfe ich das fremde Brot. Da – Schritte auf der Hintertreppe, und die fremden Laute, die uns so grob und tierisch in den Ohren tönen. Erstarrung und Schweigen rings um den Tisch. Wir halten im Kauen inne, der Atem stockt uns allen. Hände krampfen sich gegen die Brust. Augen flackern irr. Wieder Stille draußen, die Schritte verhallen. Jemand flüstert: »Wenn das so weitergehen soll ...«

Keine Antwort. Das Flüchtlingsmädel aus Königsberg, das auch hier unterkam, wirft sich schreiend über den Tisch: »Ich kann nicht mehr! Ich mache Schluß!« Sie hat es in der Nacht mehrfach aushalten müssen, unterm Dach, wohin sie vor einem ganzen Haufen Verfolger geflohen war. Das Haar hängt ihr wirr ums Gesicht, sie mag nicht essen noch trinken.

Wir sitzen, warten, horchen. Über uns orgelt nun Artillerie. Schüsse peitschen durch unsere Straße. Es ist gegen 7 Uhr, als ich mit der Witwe abwärts zu unserer Wohnung schleiche, vorsichtig ums Treppengeländer sichernd. Horchend verhalten wir vor der eigenen Tür, die ich angelehnt ließ, als sie sich plötzlich von innen auftut.

Eine Uniform. Schreck. Die Witwe umkrallt meinen Arm. Aufatmen – es ist bloß Petka.

Sprachlos lauscht die Witwe unserem Gespräch. Aber nach einer Minute stehe auch ich sprachlos da. Denn

Petka strahlt mich an, seine kleinen Blauaugen glitzern, er schüttelt mir die Hände, versichert, daß ihm die Zeit nach mir lang geworden sei, daß er gleich nach der Wache schnellstens zurückgekehrt sei und die ganze Wohnung nach mir abgesucht habe, daß er froh sei, so froh, mich wiederzusehen. Und er drückt und quetscht dabei meine Finger mit seinen Holzfällerpratzen, daß ich sie ihm entziehen muß. Ich stehe wie ein Idiot vor diesen unzweifelhaften Symptomen, höre mir das Romeogestammel an, bis Petka endlich, endlich entschwindet – mit dem Versprechen, bald wiederzukommen, sehr bald, so schnell er eben kann.

Ich stehe offenen Mundes da. Die Witwe hat kein Wort verstanden, hat aber aus Petkas Gesicht gelesen, was mit ihm los ist. Sie schüttelt den Kopf: »Na, weißt du –.« Wir sind beide ganz fassungslos.

Und nun sitze ich hier am Küchentisch, hab soeben den Füllhalter neu mit Tinte gefüllt und schreibe, schreibe, schreibe mir allen Wirrsinn aus dem Kopf und Herz. Was mag das werden? Was kommt da noch über uns? Mir ist so klebrig, ich mag gar nichts mehr anfassen, mag die eigene Haut nicht anrühren. Jetzt ein Bad oder doch richtige Seife und reichlich Wasser. Schluß, weg mit den Wunschträumen.

Wobei mir die seltsame Vorstellung einfällt, eine Art Wachtraum, der mir heute früh kam, als ich nach Petkas Weggang vergeblich einzuschlafen versuchte. Es war mir, als läge ich flach auf meinem Bett und sähe mich gleichzeitig selber daliegen, während sich aus meinem Leib ein leuchtendweißes Wesen erhob; eine Art Engel, doch ohne Flügel, der steil aufwärts schwebte. Ich spüre noch, während ich dies schreibe, das hochziehende, schwebende Gefühl. Natürlich ein Wunschtraum und Fluchttraum. Mein Ich läßt den Leib, den armen, verdreckten, mißbrauchten, einfach liegen. Es entfernt sich von ihm und entschwebt rein in weiße Fernen. Es soll nicht mein »Ich« sein, dem dies geschieht. Ich schiebe all das aus mir hinaus. Ob ich wohl spinne? Aber mein Kopf faßt sich in diesem Augenblick kühl an, die Hände sind bleiern und ruhig.

## Dienstag, 1. Mai 1945, 15 Uhr, rückschauend auf Samstag, Sonntag, Montag

Samstag morgen, am 28. April, schrieb ich zuletzt. Drei Tage vergingen seitdem so, so randvoll der tollen Dinge, der Bilder, Ängste, Gefühle, daß ich nicht mehr weiß, wo anfangen, was sagen. Wir sind im Dreck, tief, tief. Jede Minute Leben wird teuer bezahlt. Über uns geht der Sturm weg. Zitternde Blätter im Wirbel, wir wissen nicht, wohin es uns treibt.

Eine Ewigkeit ist seit Samstag vergangen. Heute ist Dienstag und Erster Mai und immer noch Krieg. Ich hocke im Sessel, im Vorderzimmer. Vor mir im Bett liegt Herr Pauli, Untermieter der Witwe und heimgeschickter Volkssturmmann. Am Samstag nachmittag kreuzte er überraschend auf, einen Klumpen von sechzehn Pfund Butter, in ein Handtuch gewickelt, unterm Arm. Nun ist er krank, hat Neuralgie.

Der Wind pfeift durch die kümmerlich mit Pappe vernagelten Fenster, zerrt an den Fetzen, daß sie knattern, wirft flackriges Tageslicht herein. Es ist bald hell, bald dunkel im Zimmer; immer bitter kalt. Ich habe mich in eine Wolldecke gewickelt und schreibe mit klammen Fingern, während Herr Pauli schläft und die Witwe irgendwo im Haus herumgeistert, auf der Suche nach Kerzen.

Von draußen hallen russische Laute herein. Iwan spricht mit seinen Gäulen. Zu den Pferden sind sie weit freundlicher als zu uns, bekommen gute warme Stimmen, sprechen geradezu menschlich mit den Tieren. Manchmal wehen Schwaden von Pferdegeruch herein. Kettengeklirr. Irgendwo spielt einer Harmonika.

Blick zwischen den Pappfetzen hindurch aus dem Fenster. Unten ist Biwak. Auf dem Bürgersteig Pferde, Wagen, Tränkeimer, Kästen mit Heu und Hafer, zertretener Pferdemist, Kuhfladen. Im Torweg gegenüber brennt ein Feuerchen, mit zerklopften Stühlen gespeist. Iwans in Wattejacken hocken drum herum.

Meine Hände zittern. Die Füße sind Eis. Gestern abend hat uns eine deutsche Granate die letzten Scheiben zerschlagen. Nun ist die Wohnung ganz dem Ostwind preisgegeben. Gut, daß nicht Januar ist.

Zwischen löchrigen Wänden hetzen wir hin und her, horchen bang nach draußen, beißen bei jedem Laut die Zähne zusammen. Die kaputte Hintertür, schon längst nicht mehr verstellt, steht offen. Immerzu rennt Mannsvolk durch die Küche, durch den Gang und die beiden Zimmer. Vor einer halben Stunde war ein Wildfremder, Hartnäckiger da, wollte mich, wurde verjagt. Rief drohend: »Ich komme wieder.«

Was heißt Schändung? Als ich das Wort zum ersten Mal laut aussprach, Freitag abend im Keller, lief es mir eisig den Rücken herunter. Jetzt kann ich es schon denken, schon hinschreiben mit kalter Hand, ich spreche es vor mich hin, um mich an die Laute zu gewöhnen. Es klingt wie das Letzte und Äußerste, ist es aber nicht.

Samstag nachmittag gegen 15 Uhr schlugen zwei mit Fäusten und Waffen gegen die Vordertür, brüllten rauh, traten gegen das Holz. Die Witwe öffnete. Sie zittert jedesmal um ihr Türschloß. Zwei Grauköpfe, taumelnd, betrunken. Sie stoßen ihre Automatengewehre in die letzte heile Flurscheibe. Klirrend fallen die Scherben in den Hof hinab. Dann reißen sie das Verdunklungsrollo in Fetzen herunter, treten gegen die alte Standuhr.

Der eine greift nach mir, treibt mich in das vordere Zimmer, nachdem er die Witwe aus dem Weg gestoßen hat. Der andere baut sich an der Vordertür auf, hält die Witwe in Schach, stumm, mit dem Gewehr drohend, ohne sie zu berühren.

Der mich treibt, ist ein älterer Mensch mit grauen Bartstoppeln, er riecht nach Schnaps und Pferden. Klinkt sorgfältig hinter sich die Tür zu und schiebt, als er keinen Schlüssel im Schloß findet, den Ohrensessel gegen die Füllung. Er scheint die Beute gar nicht zu sehen. Um so erschreckender sein Stoß, der sie zum Lager treibt. Augen zu, Zähne fest zusammengebissen.

Kein Laut. Bloß als das Unterzeug krachend zerreißt, knirschen unwillkürlich die Zähne. Die letzten heilen Sachen.

Auf einmal Finger an meinem Mund, Gestank von Gaul und Tabak. Ich reiße die Augen auf. Geschickt klemmen die fremden Hände mir die Kiefer auseinander. Aug in Auge. Dann läßt der über mir aus seinem Mund bedächtig den angesammelten Speichel in meinen Mund fallen.

Erstarrung. Nicht Ekel, bloß Kälte. Das Rückgrat gefriert, eisige Schwindel kreisen um den Hinterkopf. Ich fühle mich gleiten und fallen, tief, durch die Kissen und die Dielen hindurch. In den Boden versinken – so ist das also.

Wieder Aug in Auge. Die fremden Lippen tun sich auf, gelbe Zähne, ein Vorderzahn halb abgebrochen. Die Mundwinkel heben sich, von den Augenschlitzen strahlen Fältchen aus. Der lächelt.

Er kramt, bevor er geht, etwas aus seiner Hosentasche, schmeißt es stumm auf den Nachttisch, rückt den Sessel beiseite, knallt hinter sich die Tür zu. Das Hinterlassene: eine verkrumpelte Schachtel mit etlichen Papyrossen darin. Mein Lohn.

Als ich aufstand, Schwindel, Brechreiz. Die Lumpen fielen mir auf die Füße. Ich torkelte durch den Flur, an der schluchzenden Witwe vorüber ins Bad. Erbrechen. Das grüne Gesicht im Spiegel, die Brocken im Becken. Ich hockte auf der Wannenkante, wagte nicht nachzuspülen, da immer wieder Würgen und das Wasser im Spüleimer so knapp.

Sagte dann laut: Verdammt! und faßte einen Entschluß.

Ganz klar: Hier muß ein Wolf her, der mir die Wölfe vom Leib hält. Offizier, so hoch es geht, Kommandant, General, was ich kriegen kann. Wozu hab ich meinen Grips und mein bißchen Kenntnis der Feindsprache?

Sobald ich wieder gehen konnte, nahm ich einen Eimer und verzog mich hinunter auf die Straße. Schlenderte auf und ab, spähte in die Höfe, äugte umher, kehrte wieder ins Treppenhaus zurück, gab Obacht. Ich legte mir Sätze zurecht, mit denen ich einen Offizier ansprechen könnte; überlegte, ob ich nicht zu grün und elend aussähe, um zu gefallen. Fühlte mich körperlich wieder besser, nun, da ich etwas tat, plante und wollte, nicht mehr nur stumme Beute war.

Eine halbe Stunde lang nichts, d. h. keine Sterne. Ich kenne ihre Rangabzeichen und Ränge nicht, weiß nur, daß Offiziere Sterne an der Mütze haben und meistens Mäntel an. Ich sah aber bloß grünes Volk und Hundsgemeine. Wollte es schon für den Tag aufgeben, klopfte bereits an unsere Vordertür, da tat sich an der Wohnung gegenüber, die einem rechtzeitig geflüchteten Hausbewohner gehört, die Tür auf. Ein Besternter. Groß, schwarzlockig, gut genährt. Wie er mich mit dem Eimer sieht, lacht er mich an, radebrecht: »Du – Frau?« Ich lache zurück, überschütte ihn mit meinem besten Russisch. Er ist entzückt, seine Sprache zu hören. Wir schwatzen, albern, kalbern, wobei ich herausbekomme, daß er Oberleutnant ist. Schließlich verabreden wir uns für heute abend, 19 Uhr, in der Wohnung der Witwe. Bis dahin hat er dienstlich zu tun. Er heißt Anatol Soundso, ist Ukrainer.

»Werden Sie auch bestimmt kommen?«

Er, vorwurfsvoll: »Aber ganz bestimmt, und so schnell ich kann.«

Zuerst tauchte gegen 17 Uhr ein anderer, schon fast Vergessener auf: Petka von der letzten Nacht, Petka mit dem Bürstenhaar und dem Romeogestammel. Er bringt zwei Kameraden mit, die er uns als Grischa und Jascha vorstellt. Schon sitzen sie alle drei um unseren runden Tisch herum, noch ein bißchen befangen, wie Jungens, die bei besseren Leuten eingeladen sind. Bloß Petka benimmt sich, als sei er hier zu Hause, führt mich den anderen mit ausgesprochenem Besitzerstolz vor. Die drei räkeln sich auf den Sesseln, fühlen sich wohl. Jascha stellt eine Flasche Wodka hin. Grischa kramt aus einem durchgefetteten Stück der *Prawda* (es ist die Titelseite, leider alte Nummer) Heringe und Brot heraus. Hausherrenhaft ruft Petka nach Gläsern. Er schenkt ein, schlägt mit der Faust auf den Tisch und kommandiert:

»Wiypitj nado, austrinken!«

Die Witwe und ich – und auch der erst vor einer halben Stunde urplötzlich aufgekreuzte Untermieter Herr Pauli, entlassener Volkssturmmann – müssen uns mit an den Tisch setzen, müssen mit den Burschen trinken. Petka legt vor jeden von uns eine Scheibe dunklen, feuchten Brotes auf die Tischplatte, zerteilt dann kurzerhand auf dem polierten Mahagoni die Heringe und drückt uns mit dem Daumen Stücke davon aufs Brot, wobei er uns anstrahlt, als sei dies eine ganz besondere Gunst und Delikatesse.

Die Witwe erschrickt, rennt nach Tellern. Grischa ist ein Stiller mit einem dauerhaften Schmunzeln um den Mund, seine Stimme knarrt tief, er gibt acht, daß wir alle gleichmäßig vom Brot und den Heringen bekommen. Der kleine, kahlgeschorene Jascha lächelt und nickt nach allen Seiten. Die beiden stammen aus Charkow. Ich kam langsam mit ihnen ins Schwätzen, dolmetschte zwischen Herrn Pauli und den Russen. Wir trinken einander zu. Der Sibiriak Petka lärmt voll Behagen.

Ich horche immer wieder zur Tür hin und spähe auf die kleine Damenarmbanduhr an Jaschas Arm. Jeden Augenblick erwarte ich Anatol, den herbestellten Oberleutnant – mit Bangen, denn ich befürchte Streit. Petka ist zwar baumstark und sauber gewaschen, aber ein Primitivling und Hundsgemeiner, kein Schutz. Von einem Oberleutnant dagegen verspreche ich mir eine Art von Tabu. Der Entschluß steht bei mir fest. Es wird mir schon etwas einfallen, wenn es soweit ist. Ich griene in mich hinein, komme mir vor wie eine auf der Bühne agierende Person. Was gehen mich die alle an! Bin noch nie so weit von mir selber weg gewesen und mir so entfremdet. Alles Gefühl scheint tot. Einzig der Lebenstrieb lebt. Die sollen mich nicht zerstören.

Unterdessen hat Grischa sich als »Buchhalter« vorgestellt. Auch unser Herr Pauli, Industriekaufmann, bekennt sich als Buchhalter. Grischa und Herr Pauli haben beide flott getrunken. Sie fallen sich um den Hals, jauchzen: »Ich Buchhalter, du Buchhalter, wir Buchhalter!« Der erste deutsch-russische Verbrüderungskuß klatscht auf Paulis Wange. Bald ist Pauli stockbetrunken, er ruft uns hingerissen zu: »Sind doch dolle Kerle, diese Russen, da steckt Saft und Kraft drin!«

Wieder leeren wir eine Gläserrunde auf die internationale Buchhalterei. Selbst die Witwe wird nun munter und vergißt vorübergehend, daß auf ihrer polierten Tischplatte Heringe zersägt werden. (Um die Teller kümmert sich keiner der Burschen.) Ich trinke sehr mit Maßen, tausche heimlich die Gläser aus, will meinen Verstand für nachher zusammenhalten. Wir sind von kranker Lustigkeit, vor allem wir beiden Frauen. Wir wollen vergessen, was vor drei Stunden geschah.

Draußen Dämmerung. Nun singen Jascha und Petka etwas Melancholisches, Grischa brummelt nur so mit. Herr Pauli ist in selig aufgelöster Laune. Es ist ein bißchen viel für ihn, nachdem er heute früh noch Todeskandidat beim Volkssturm war, bis die Mannen sich einsichtsvoll auflösten und sich mangels Waffen und Befehlen gegenseitig heimschickten. Plötzlich rülpst Pauli, fällt vornüber und speit auf den Teppich. Im Nu wird er von der Witwe und dem Mitbuchhalter Grischa ins Bad spediert. Die anderen schütteln den Kopf, äußern Teilnahme ... Womit Herr Pauli sich für den Rest des Tages und, wie sich seither herausgestellt hat, auf unabsehbare Zeit ins Bett verkrümelt, in sein Untermieterzimmer nebenan. Eine lahme Ente. Es wird wohl so sein, daß sein Unterbewußtsein die Lähmung will. Seine Seele ist neuralgisch. Trotzdem wirkt er durch sein bloßes maskulines Vorhandensein bremsend. Die Witwe schwört auf ihn und seine kargen Aussprüche zur Weltlage und massiert ihm das Kreuz.

Abenddämmerung, fernes Geheul der Front. Wir zünden die Kerze an, die die Witwe aufgetrieben hat, pappen sie auf eine Untertasse. Dürftiger Lichtkreis über dem runden Tisch. Soldaten kommen und gehen, es wird lebhaft gegen Abend. Es hämmert gegen die Vordertür, es drängt sich hinten in der Küche. Wir sind furchtlos. Solange Petka, Grischa und Jascha bei uns am Tisch sitzen, kann uns nichts passieren.

Plötzlich steht Anatol im Zimmer, erfüllt die Stube mit seiner Mannsgegenwart. Hinter ihm drein trabt ein Soldat mit einem Kochgeschirr voll Schnaps und einem runden, dunklen Brot unterm Arm. Die Männer sind alle in bestem Futterzustand, drall und prall, in sauberen, praktisch-derben Uniformen, mit breiten Bewegungen, sehr selbstbewußt. Sie spucken ins Zimmer, werfen ihre langen Zigarettenmundstücke in die Gegend, wischen die Heringsgräten vom Tisch auf den Teppich hinunter und fläzen sich breit in den Sesseln.

Anatol berichtet, daß die Front nunmehr am Landwehrkanal liegt, und ich muß an den öden, alten Singsang denken: »Es liegt eine Leiche im Landwehrkanal...« Viele Leichen werden nun darin liegen. Anatol behauptet, daß sich in den letzten Tagen 130 deutsche Generäle ergeben hätten. Er kramt aus einer Zellophantasche eine Karte von Berlin heraus, zeigt uns darauf den Frontverlauf. Es ist eine sehr genaue Karte, russisch beschriftet. Eigentümliches Gefühl, als ich nun, Anatols Wunsch willfahrend, ihm zeige, wo sich unser Haus befindet.

Also Samstag, 28. April 1945, Front am Landwehrkanal. Jetzt, wo ich dies aufschreibe, ist Dienstag, 1. Mai. Es orgelt über uns hinweg. Ölig dröhnen die russischen Flugzeugmotoren. Drüben an der Schule stehen in langen Reihen die Stalinorgeln, von den Russen zärtlich »Kartjuscha« genannt und in einem besonderen Soldatenlied besungen. Die Kartjuschas heulen in schrillen Wolfstönen. Sie sehen nach gar nichts aus, gleichen aufrecht stehenden Gittern aus dünnen Rohren. Doch sie heulen, jaulen, kreischen, daß es uns fast die Ohren zerreißt, wenn wir, nicht weit weg davon, nach Wasser anstehen. Dazu speien sie bündelweise Feuerstreifen.

Von den Kartjuschas überheult, stand ich heute morgen in der Wasserschlange. Der Himmel war blutig bewölkt. Das Zentrum raucht und dampft. Die Wassersnot treibt uns aus allen Löchern. Von überall her kommen sie gekrochen, elende, schmutzige Zivilisten, Frauen mit grauen Gesichtern, alte zumeist, denn die jungen versteckt man. Männer mit Stoppelbärten, weiße Fetzen der Kapitulation um den Oberarm gebunden – so stehen sie da und schauen zu, wie die Soldaten Eimer auf Eimer für ihre Pferde vollpumpen. Denn das Militär hat an der Pumpe jederzeit den Vortritt, ganz selbstverständlich. Darob kein Streit, im Gegenteil: Als der Pumpenschwengel einem Zivilisten herausbrach, klopfte ein Russe ihn mit einem Nagel gleich wieder fest.

Ringsum in den Schrebergärten Biwak unter Blütenbäumen. Geschütze sind in die Beete gerammt. Vor den Lauben pennen Russen. Andere tränken die Pferde, die in den Lauben Unterstand fanden. Mit Erstaunen sehen wir die vielen Soldatenmädchen in Feldbluse, Rock und Baskenmütze mit Abzeichen, offenbar reguläre Truppenangehörige, meistens blutjung, klein, fest und glattgekämmt. In Bütten waschen sie ihr Zeugs. Hemden und Frauenblusen tanzen auf schnellgespannten Leinen. Und darüber weg heulen die Orgeln, und schwarzer Qualm steht wie eine Wand vor dem Himmel.

So gestern früh, so heute. Heute traf ich auf dem Heimweg Herrn Golz, parteigläubig bis zuletzt. Nun hat er sich angepaßt. Er tippte einem vorübergehenden Russen auf seine in Zellophan gehüllten bunten Ordensbänder über der Brusttasche, fragte: »Orden?« (Es ist deutsch und russisch dasselbe Wort, wie er mich belehrte; von meinen Sprachkenntnissen ahnt er nichts.) Er gab mir ein kleines Heft, ein deutschrussisches Soldatenwörterbuch, sagte, daß er deren noch mehr bekommen könnte. Ich hab es bereits durchstudiert. Es steht eine Menge sehr nützlicher Vokabeln darin, wie Speck, Mehl, Salz. Andere wichtige Wörter wie »Angst« und »Keller« fehlen. Auch das Wort »tot«, das ich damals auf meiner Reise nicht brauchte, fehlt mir jetzt öfters in der Unterhaltung. Ich ersetze es durch das gut verständliche »kaputt«, das noch für vieles andere paßt. Dafür enthält das Wörterbuch Ausdrücke, für die wir beim besten Willen jetzt keine Verwendung haben, wie »Hände hoch!« und »Stillgestanden!«. Höchstens könnte es sein, daß man uns jetzt so anspricht.

Nun zurück, zum Samstag, dem 28. April, abends. Gegen 20 Uhr zog Petka mit den Seinen ab. Irgend etwas Dienstliches rief die drei Burschen weg. Petka brummte was von Bald-wiederkommen, aber so, daß der Oberleutnant es nicht hörte. Dabei quetschte er mir wieder die Finger und versuchte, mir in die Augen zu blicken.

Im übrigen merkwürdig geringe Wirkung der Offizierssterne auf die Mannschaften. Ich war enttäuscht. Keiner fühlte sich in seiner Gemütlichkeit durch Anatols Rang gestört. Anatol setzte sich auch ganz friedlich dazu und lachte und quatschte mit den anderen, panschte ihnen die Gläser voll und ließ sein Kochgeschirr kreisen. Mir wird etwas bange für mein Tabu. Die uns vertraute preußisch-militärische Rangordnung gilt hier offenbar nicht. Die Besternten entstammen keiner besonderen sozialen Schicht, stehen herkunftsmäßig und bildungsmäßig in keiner Weise über den Mannschaften. Sie haben keinen besonderen Ehrenkodex und schon gar keine andere Haltung gegenüber den Frauen. Die abendländischen Traditionen von Ritterlichkeit und Galanterie haben Rußland gar nicht gestreift. Es gab dort, soweit ich weiß, keine Turniere, keinen Minnegesang, keine Troubadours, keine schleppentragenden Pagen. Woher soll es also kommen? Das sind alles Bauernjungs. Auch Anatol ist einer. Zwar reicht mein Russisch nicht aus, um aus Wortwahl und Sprechweise dem einzelnen Mann, wie ich es in anderen Sprachen wohl könnte, seinen Beruf oder seine Bildung auf den Kopf zuzusagen. Und über Literatur und Kunst hab ich noch mit fast keinem sprechen können. Doch spüre ich, daß diese Burschen bei aller Lautheit des Auftretens mir gegenüber innerlich unsicher sind, daß es einfache, unverwöhnte Männer sind, Kinder des Volkes.

Immerhin ist Anatol wenigstens ein vollsaftiges Zweizentner-Mannsbild. Vielleicht wirkt sein Gewicht, wenn die Leutnantssterne versagen. Mein Entschluß jedenfalls wankt nicht. Anatol zieht wie ein Komet einen Schweif junger Leute hinter sich her, knabenhafte Soldaten, die allesamt inzwischen in der von den Puddingtanten verlassenen Wohnung Unterschlupf gefunden haben. Ein richtiges Kind ist darunter; ein kleines Gesicht, ein strenger, gesammelter Blick aus schwarzen Augen – Wanja, sechzehn Jahre alt. Die Witwe zieht mich beiseite und tuschelt, der könne es gewesen sein, diese Nacht auf dem Treppenabsatz – es sei so ein kleines, glattes Gesicht, so ein schmaler Körper gewesen. Wanja allerdings gibt kein Zeichen des Erkennens, kann es wohl auch nicht geben, da er die Frau, die er in tapsiger Knabenart nahm, nur gefühlt, nicht gesehen hat. Trotzdem ist mir so, als ob er wüßte, wer sie ist; denn ihre Stimme hat er ja gehört, die Witwe hat es mir erzählt, wie sie geweint und gebettelt hat. Jedenfalls folgt Wanja der Witwe wie ein Hündlein, trägt frische Gläser herzu und wäscht am Spültisch die gebrauchten.

Ich trank an diesem Abend viel, wollte viel trinken, betrunken werden, was mir auch gelang. Daher Erinnerungslücken. Den Anatol finde ich neben mir wieder, seine Waffen und Sachen rings um das Bett gebreitet ... Die vielen Knöpfe und Taschen, und was er alles drinhat ... Freundlich, zutunlich, kindlich ... Aber Mai geboren, Stier, Stier ... Ich glaubte eine fühllose Puppe zu sein, geschüttelt, herumgeschoben, ein Ding aus Holz ... Plötzlich steht jemand in dem dunklen Zimmer, läßt eine Taschenlampe aufblitzen. Und Anatol schreit den mit der Lampe rauh an, droht mit Fäusten, und der andere verschwindet ... Oder hab ich das geträumt?

Sehe beim Morgengrauen Anatol im Zimmer stehen und hinausblicken, während es rot ins Zimmer flammt und gelb über die Tapete zuckt. Höre die Kartjuschas heulen, indes Anatol die Arme reckt und spricht: »Petuch paiot«, der Hahn singt. Und wirklich hört man in einer Feuerpause den Hahn unten krähen.

Als Anatol weg war, stand ich sogleich auf, wusch mich im Bad mit dem kärglichen Wasserrest, schrubbte den Tisch ab, fegte Stummel, Heringsschwänze, Roßdreck auf, rollte den Teppich zusammen und beförderte ihn hinauf auf den Schrank. Schaute ins Nebenzimmer, wo sich die Witwe im Schutze ihres Untermieters eine Lagerstatt auf dem Sofa gerichtet hat, fand beide schnarchend. Es pfiff eiskalt durch die Pappdeckelfetzen vor den Fenstern. Ich fühlte mich erquickt und ausgeruht nach fünf Stunden brunnentiefen Schlafes. Etwas Haarweh; aber nicht mehr. Wieder eine Nacht überstanden.

Ich rechnete mir aus, daß Sonntag war, der 29. April. Aber Sonntag ist so ein Zivilistenwort, zur Zeit sinnlos. Die Front hat keinen Sonntag.

## Auf Sonntag, 29. April 1945, zurückgeblickt

Der frühe Tag war erfüllt vom Peitschenknall der Gewehrschüsse. Unten rollten LKWs ab, rollten LKWs an. Rauhe Rufe, Gewieher und Kettengeklirr. Die Feldküche schickt ihren Rauch durch unser scheibenloses Küchenfenster. Unser Herd, mit Kistenbrettern und Latten kümmerlich beschickt, qualmt, daß uns die Augen tränen.

Durch den Rauch hindurch fragt mich die Witwe: »Sag mal, hast du eigentlich keine Angst?«

»Du meinst, vor den Russen?«

»Ja, schon. Ich meine, wegen Anatol. So ein vollgefressener, bulliger Kerl.«

»Och, der frißt mir aus der Hand.«

»Und macht dir ein Kind dazu«, sagt die Witwe und stochert in ihrem Herdfeuer.

Ach so! Ja, das hängt über uns allen. Bis jetzt hab ich mir aber deswegen die geringsten Sorgen gemacht. Wieso eigentlich? Ich versuche es der Witwe zu erklären. Da ist so ein Sprichwort, das ich mal gehört habe: »Auf viel begangenem Wege wächst kein Gras.« Und, da die Witwe diesen Satz für diesen Fall nicht gelten läßt: »Ich weiß nicht, ich hab ein sicheres Gefühl, als könnte mir dies nicht zustoßen. Als wenn ich mich, ganz körperlich gesprochen, dabei verschließen könnte, gegen dies äußerst Unerwünschte zusperren.«

Auch das läßt die Witwe nicht gelten. Ihr Mann war Apotheker, sie kennt sich aus. Sie sagt, daß sie leider in ihrem wohlbestückten Arzneischrank für solche Fälle nichts Hilfreiches zur Hand habe, mit dem ich mich schützen könnte.

»Und du selbst?« frage ich zurück.

Da läuft sie doch wahrhaftig zu ihrer Handtasche, die auf dem Küchenschrank liegt, kramt ihren Personalausweis hervor und hält ihn mir hin, wobei sie auf ihr Geburtsdatum weist, so verlegen, als ob sie sich vor mir entblößte. Tatsächlich wird sie noch in diesem Jahr fünfzig werden, ich hätte sie ein halb Dutzend Jahre jünger geschätzt.

»Wenigstens die Sorge bin ich los«, meint sie. Und dann: »Na, egal. Wir müssen jetzt schon überlegen, zu wem wir gehen, wenn es doch passiert.« Sie hat ihre Beziehungen, noch durch ihren verstorbenen Mann, so versichert sie mir. »Laß man, ich finde schon Rat, das wirst du los, bestimmt.« Sie nickt entschlossen, wie sie nun den Malzkaffee mit dem endlich kochenden Wasser aufgießt. Und ich stehe da, die Hände auf dem Leib, mir ist ganz dumm. Ich bin aber nach wie vor überzeugt, daß ich diesem Unglück durch mein bloßes Nichtwollen den Weg versperren kann.

Sonderbar ist, wie die Männer zuerst immer fragen: »Hast du einen Mann?« Was soll man am zweckmäßigsten antworten? Sagt man Nein, werden sie gleich schleckrig. Sagt man Ja und glaubt dadurch seine Ruhe zu bekommen, so geht die Fragerei weiter: »Wo ist er? Ist er bei Stalingrad geblieben?« (Viele unserer Mannen haben bei Stalingrad gekämpft, tragen dafür eine besondere Medaille am Band.) Ist ein lebendiger Mann vorhanden, den man ihnen vorführen kann (wie es die Witwe mit Herrn Pauli tut, obwohl er bloß ihr Untermieter ist und nichts weiter), so weichen sie erst mal einen Schritt zurück. An sich ist es ihnen egal, was sie kriegen, sie nehmen verheiratete Frauen genauso mit. Aber es ist ihnen lieber, wenn sie den Ehemann solange aus dem Weg bringen können, ihn wegschicken, einsperren oder so. Nicht aus Angst. Die haben schon gemerkt, daß hier so leicht kein Ehemann explodiert. Aber er stört sie, solange sie noch nicht völlig blau sind.

Übrigens wüßte ich nicht, wie ich auf diese Frage nach meinem Mann antworten sollte, selbst wenn ich wünschte, ehrlich zu sein. Ohne den Krieg wären Gerd und ich längst verheiratet. Als Gerd aber den Gestellungsbefehl erhielt, war es aus, er wollte nicht mehr. »Kriegswaisen in die Welt setzen? Nein, kommt nicht in Frage, ich bin selbst eine, ich weiß Bescheid.« Dabei blieb's bis heute. Trotzdem fühlen wir uns genauso aneinander gebunden wie ein beringtes Paar. Nur, daß ich seit über neun Wochen nichts mehr von ihm gehört habe; die letzte Post kam vom Westwall. Ich weiß kaum mehr, wie er aussieht. Alle Fotos sind mir verbombt, und das einzige übriggebliebene Bild in meiner Handtasche hab ich selbst vernichtet, wegen der Uniform. Wenn's auch bloß Unteroffizier war, ich hatte Furcht. Im ganzen Haus haben sie alles weggetan, was an Soldaten erinnert und die Russen reizen könnte. Und jeder verbrennt Bücher. Wenigstens geben die uns noch Wärme und Suppe, während sie sich in Rauch auflösen.

Kaum hatten wir unseren Malzkaffee mit Butterschnitten vom Plünderbrot verzehrt, kamen auch schon wieder Anatols Mannen aufgekreuzt, für die wir eine Art von Restaurant sind – bloß, daß die Gäste ihr Futter mitbringen. Ein guter Typ diesmal dabei, der beste, den ich bisher unter ihnen fand: Andrej, Feldwebel, von Beruf Schullehrer. Schmaler Schädel, eisblauer Blick, leise und klug. Erstes politisches Gespräch. Das ist nicht so schwierig, wie man denken sollte, da all die politischen und wirtschaftlichen Vokabeln Fremdwörter sind, unseren entsprechenden Wörtern ganz ähnlich. Andrej ist orthodoxer Marxist. Er gibt nicht Hitler persönlich die Schuld am Kriege, sondern dem Kapitalismus, der die Hitlers hervorruft und Kriegsstoff häuft. Er ist der Meinung, daß die deutsche und russische Wirtschaft einander ergänzen, daß ein Deutschland, nach sozialistischen Grundsätzen aufgebaut, Rußlands natürlicher Partner sei. Mir tat dies Gespräch, ganz abgesehen von seinem Gegenstand, den ich nicht so beherrschte wie Andrej, sehr gut – einfach weil einer von ihnen mich als gleichwertige Gesprächspartnerin behandelte, mich nicht anrührte dabei, nicht mal mit den Augen, nicht das Weibstück in mir sah wie bisher alle anderen.

In unseren Zimmern war den ganzen Vormittag über Kommen und Gehen. Andrej saß auf dem Sofa und schrieb seinen Rapport. Solange er da ist, fühlen wir uns sicher. Er brachte eine russische Armeezeitung mit, ich entzifferte die vertrauten Namen der Berliner Stadtteile. Viel ist nicht mehr deutsch von unserer Stadt.

Sonst erfüllt uns stets und ständig das Gefühl des völligen Preisgegebenseins. Sind wir allein, so schreckt uns jeder Laut, jeder Tritt. Die Witwe und ich drängen uns um Herrn Paulis Bett, wie jetzt, da ich dies schreibe. Stundenlang hocken wir in dem finsteren, eiskalten Zimmer. Iwan hat uns tief unten. Zum Teil wörtlich; denn es gibt in unserem Block noch unentdeckte Hausgemeinschaften, Familien, die seit Freitag im Keller leben und nur frühmorgens ihre Wasserholer ausschicken. Unsere Männer, so scheint es mir, müssen sich noch schmutziger fühlen als wir besudelten Frauen. In der Pumpenschlange erzählte eine Frau, wie in ihrem Keller ein Nachbar ihr zugerufen habe, als die Iwans an ihr zerrten: »Nu gehen Sie doch schon mit, Sie gefährden uns ja alle!« Kleine Fußnote zum Untergang des Abendlandes.

Immer wieder ekelt es mich in diesen Tagen vor meiner eigenen Haut. Ich mag mich nicht anrühren, kaum noch anschauen. Muß daran denken, was mir die Mutter so oft erzählt hat von dem kleinen Kind, das ich einmal war. Ein Baby so weiß und rosa, wie es stolze Eltern freut. Und als der Vater 1916 Soldat werden mußte, hat er am Bahnhof beim Abschied der Mutter noch eingeschärft, daß sie niemals vergessen möge, mir das schattende Spitzenhäubchen aufzusetzen, bevor sie mich in die Sonne brächte. Lilienweiß sollten Hals und Gesicht bleiben, wie es damals Zeit und Mode von gut gehaltenen Töchtern verlangten. So viel Liebe, so viel Aufwand mit Häubchen, Badethermometern und Abendgebet für den Unflat, der ich jetzt bin.

Nun zurück, zum Sonntag. Schwer, alles zurückzurufen, es geht mir so wirr durcheinander. Gegen 10 Uhr waren all unsere Stammgäste beisammen: Andrej, Petka, Grischa, Jascha, auch der kleine Wanja, der uns wieder das Geschirr in der Küche abwusch. Sie aßen, tranken und schwatzten. Einmal sagte Wanja zu mir, mit tiefernstem Kindergesicht: »Wir Menschen sind alle böse, alle. Auch ich bin schlecht, habe Böses getan.«

Anatol erschien, schleppte einen Plattenspieler an, ich weiß nicht, woher. Zwei der Seinen folgten ihm mit den Platten. Und was lassen sie laufen, immer wieder, wohl ein dutzendmal, nachdem sie die meisten Platten kurz angespielt und verworfen haben, den Lohengrin und die Neunte, Brahms sowohl wie Smetana? Sie spielen eine Reklameplatte, wie man sie früher bei der Textilfirma C.&A. am Spittelmarkt dazubekam, wenn man ein größeres Stück kaufte:

»Gehen Sie zu C.&A., schöne Sachen gibt es da...« Und so weiter, im Foxtrott-Takt wird die ganze Konfektion durchgeträllert, und die Iwans trällern in bester Laune mit, es sagt ihnen zu.

Schon kreist wieder Schnaps um den Tisch. Anatol kriegt seinen Gierblick, den ich kenne, und drängt schließlich den ganzen Verein unter ziemlich durchsichtigen Vorwänden hinaus. Nicht einmal einen Schlüssel gibt es für diese Tür. Anatol rückt den Ohrensessel heran. Ich muß immer an das denken, was ich in der Frühe mit der Witwe am Herdfeuer besprochen habe, mache mich starr wie ein Stück Holz, konzentriere mich mit geschlossenen Augen auf das Nein.

Den Sessel rückt er wieder ab, als die Witwe mit der Suppenterrine Einlaß begehrt. Während die Witwe und ich am Tisch Platz nehmen und sogar Herr Pauli von nebenan aus seinem Zimmer gehumpelt kommt, tipptopp rasiert und manikürt, im seidenen Schlafrock... Währenddes liegt Anatol quer über der Bettstatt, seine gestiefelten Beine baumeln vorn herab, seine schwarzen Locken sind wirr. Er schläft und schläft, sacht den Atem blasend.

Anatol schlief wie ein Kind drei Stunden lang, allein mit uns drei Feinden. Auch wenn er schläft, fühlen wir uns sicherer als allein, er ist unsere Mauer. Der Revolver steckt ihm im Hüftgurt, nun sägt er Bretter durch.

Draußen derweil Krieg, das Zentrum raucht, Schüsse peitschen.

Die Witwe holt eine Flasche des Plünder-Burgunders, den ich in der Schupokaserne erobert habe, und schenkt uns ein, und zwar in Kaffeetassen, für den Fall, daß Russen hereinplatzen. Wir reden ganz leise miteinander, um Anatol nicht zu wecken. Es tut uns wohl, höflich und freundlich miteinander zu sein, wir genießen die stille Stunde, möchten uns gegenseitig Gutes erweisen. Die Seele erholt sich.

Gegen 16 Uhr erwachte Anatol und stürzte Hals über Kopf von dannen, irgendwelchen dienstlichen Obliegenheiten zu. Wenig später draußen an der Vordertür Gebummer. Zittern, mein Herz aus dem Takt. Gottlob bloß Andrej, der Schullehrer mit dem eisblauen Blick. Wir strahlen ihn an, die Witwe fällt ihm erleichtert um den Hals. Er lächelt zurück.

Gutes Gespräch mit ihm, diesmal nicht über Politik, sondern über Menschlichkeit. Andrej doziert, daß er »solche Sachen« ablehne, wobei er verlegen an mir vorbeischaut; daß er in der Frau den Kameraden sehe, nicht den Körper. Er ist ein Fanatiker, seine Augen sind weit weg, während er so spricht. Er ist der Unfehlbarkeit seines Dogmas gewiß.

Ich muß jetzt manches Mal darüber nachdenken, ob es ein Glück oder Unglück für mich ist, etwas Russisch zu können. Auf der einen Seite gibt es mir eine Sicherheit, die den anderen fehlt. Was ihnen grobe Tierlaute, unmenschliche Schreie sind, ist mir doch Menschensprache – die reichgegliederte, melodische Sprache eines Puschkin und Tolstoi. Zwar hab ich Angst, Angst, Angst (seit Anatol läßt sie ein wenig nach); aber ich spreche doch mit ihnen von Mensch zu Mensch, unterscheide die Übelsten von den Erträglichen, gliedere den Schwarm, mache mir ein Bild von ihnen. Zum ersten Male fühle ich auch meine

Zeugenschaft. Es werden nur wenige in dieser Stadt sein, die mit ihnen reden können; die ihre Birken und Dörfer und die Bauern in Bastsandalen gesehen haben und die hastigen Neubauten, auf die sie so stolz sind – und die nun wie ich Dreck sind unter ihren Soldatenstiefeln. Dafür haben es die anderen, die kein Wort ihrer Sprache verstehen, leichter. Sie bleiben diesen Männern fremder, können tiefere Gräben legen und sich einreden, das da seien gar keine Menschen, bloß Wilde, bloß Vieh. Das kann ich nicht. Ich weiß, daß sie Menschen sind wie wir; freilich, so scheint es mir, auf einer niedrigeren Entwicklungsstufe, als Volk jünger, noch näher ihren Ursprüngen als wir. So ähnlich haben sich wohl die Teutonen aufgeführt, als sie in Rom eindrangen und sich wohlduftende, künstlich gelockte, mani- und pedikürte besiegte Römerinnen griffen. Wobei das Besiegtsein unbedingt der Paprika auf dem Fleisch ist.

Es war etwa 18 Uhr, als es plötzlich Geschrei gab im Treppenhaus. Heftiger Dactylus gegen unsere Tür: »Die Keller sind geplündert worden!« Andrej, auf unserem Sofa sitzend, nickt dazu. Er wußte es schon seit Stunden, so sagt er, und er rät uns, gleich nach unseren Sachen zu sehen.

Unten das Chaos: zerschlagene Bretterwände, abgerissene Schlösser, die Koffer aufgeschlitzt und zertreten. Wir stolpern über fremden Kram, trampeln auf Wäsche herum, die noch sauber in den Plättbrüchen liegt. Mit einem Kerzenstumpf leuchten wir in unseren Winkel, greifen dies und das, Handtücher, eine Speckseite an der Strippe. Die Witwe jammert, ihr großer Koffer sei verschwunden, in den sie ihre besten Kleidungsstücke gelegt habe. Sie kippt irgendeinen fremden, aufgerissenen Koffer im Gang aus und macht sich daran, die paar restlichen eigenen Habseligkeiten hineinzufüllen. Mit den Händen schaufelt sie verschüttetes Mehl vom Boden, stäubt es lose in den Koffer hinein, wie von Sinnen. Links und rechts wühlen bei Kerzengeflacker die Nachbarn. Man hört schrille Ausrufe und Gejammer. Bettfedern wirbeln durch die Luft, es riecht nach vergossenem Wein und Kot.

Aufwärts. Wir schleppen unseren Kram. Andrej ist die Plünderung sichtbar peinlich. Er tröstet uns, sagt, es sei vermutlich alles nur verschmissen und durcheinandergeworfen, aber nicht verschwunden; denn die Einbrechenden hätten bestimmt bloß Alkohol gesucht. Wanja, das Kind, inzwischen auch wieder eingetroffen, verspricht der Witwe mit ernstem Blick in seinen schwarzen Augen, halb deutsch, halb russisch, daß er uns morgen früh bei Tagesschein hinuntergeleiten und uns zur Seite bleiben werde, bis alles gefunden sei, was uns gehöre.

Die Witwe weint, sie erinnert sich, immer wieder aufschluchzend, an einzelne Sachen aus ihrem Koffer; an das gute Kostüm, das Strickkleid, die festen Schuhe. Auch ich bin tief niedergeschlagen. Rechtlos sind wir, Beute, Dreck. Unsere Wut entlädt sich auf Adolf. Bange Fragen: Wo steht die Front? Wann wird Friede?

Während wir an Herrn Paulis Bett, in das er sich nach dem Mittagessen wieder zurückgezogen hatte, miteinander flüstern, hält Andrej nebenan mit den Seinen um den Mahagonitisch herum Kriegsrat. Plötzlich fliegen alle Fensterflügel auf, Pappstücke sausen durchs Zimmer, ein Knall, mich wirbelt es an die gegenüberliegende Wand. Ein Knirschen, eine Kalkwolke im Zimmer, draußen ein Mauersturz ... Wie wir eine halbe Stunde später von Nachbarn erfuhren, war eine deutsche Granate aufs Nebenhaus gefallen, hatte etliche Russen verwundet und ein Pferd getötet. Am nächsten Morgen fanden wir es im Innenhof: das Fleisch sauber abgetrennt, auf blutbeschmiertem Bettlaken liegend, daneben auf rotfeuchter Erde das fettige Geschling der Eingeweide.

Wie der Abend verlief, ist mir im Augenblick entfallen. Vermutlich Schnaps, Brot, Hering, Büchsenfleisch, Beischlaf, Anatol. Nun hab ich es doch wieder: eine ganze Runde von Russen, von uns bekannten und von neuen, um unseren Tisch herum. Immer wieder zogen sie ihre Uhren, verglichen ihre Zeit, die Moskauer Zeit, die sie mitgebracht haben und die der unsrigen um eine Stunde voraus ist. Einer hatte eine dicke, ehrsame Bauernzwiebel dabei, Marke Ostpreußen, mit ölgelbem, hochgewölbtem Zifferblatt. Warum sie bloß so hinter Uhren her sind? Es ist nicht deren Geldwert; denn nach Ringen, Ohrringen, Armbändern äugen sie längst nicht so, übersehen dergleichen, wenn sie wieder eine Uhr ergattern können. Wahrscheinlich liegt es daran, daß drüben in ihrem Land noch längst nicht jeder eine Uhr bekommen kann. Er muß schon was sein, was vorstellen, bevor er solch eine heißbegehrte Armbanduhr erwischt, das heißt, sie vom Staate zugeteilt bekommt. Und nun wachsen die Uhren auf einmal wie Radieschen in ungeahnter Fülle für jeden, der sie pflücken will. Mit jeder neuen Uhr wird der Besitzer einen Machtzuwachs verspüren. Mit jeder Uhr, die er drüben verschenken und vergeben kann, wächst sein persönliches Gewicht. So wird es sein. Denn sie wissen die Uhren nicht nach ihrem Geldwert zu unterscheiden. Sie bevorzugen Stücke mit Kinkerlitzchen, zum Beispiel mit Stoppuhr, oder mit Drehzifferblatt unter einer Metallhülse. Auch ein buntes Bildchen auf dem Zifferblatt ist für sie Lockspeise.

Ich sah all die Hände der Männer auf unserem Tisch liegen und verspürte jäh Ekel. Sie kamen mir so nackt vor – was klebt alles daran? Schnell Schnaps drauf getrunken, sie rufen »Wyipitj nado«, sooft ich ansetze, und feiern jeden meiner Schlucke wie eine anerkennenswerte Tat. Diesmal außer Schnaps auch Rotwein, wohl Kellerbeute. Eine Kerze, auf eine Untertasse gepappt, gab

Flackerschein und warf die slawischen Profile an die Wand.

Zum ersten Mal eine Runde von echten Diskutierern. Mindestens drei Hochbegabte darunter: Einmal Andrej, der Schullehrer und Schachspieler mit seinem eisblauen Blick; beherrscht und leise sprechend wie immer. Dann ein Kaukasier, mit Nasenhaken und Funkelblick. (»Ich bin kein Jude, ich bin ein Georgier«, so führte er sich bei mir ein.) Er ist ungemein belesen, zitiert fließend in Vers und Prosa, ist sehr beredt und so flink wie ein Florettfechter. Die dritte Intelligenzbestie ist auch ein Neuer. Ein blutjunger Leutnant, heute abend erst durch einen Splitter verwundet, mit notdürftig verbundenem Schienbein, an einem deutschen Wanderstock humpelnd, der mit allerlei Wanderplaketten aus bekannten Orten im Harz verziert ist. Der Leutnant ist weißblond und blickt düster drein. Seine Redeweise ist hämisch. Einmal sagt er: »Ich als intelligenter Mensch –«, worauf ihm der Kaukasier ins Wort fällt: »Hier sind einige intelligente Menschen – die Njemka zum Beispiel.« (Das bin ich.)

Diskussion über den Kriegsursprung, den sie im Faschismus sehen, in seiner Struktur, die zu Eroberungen drängt. Kopfschüttelnd geben sie zu verstehen, daß nach ihrer Meinung Deutschland keineswegs einen Krieg nötig gehabt hätte – es sei doch ein reiches, wohlbestelltes, kultiviertes Land, auch jetzt noch, trotz der Zerstörungen. Eine Weile disputierten sie über den kümmerlichen Frühkapitalismus, dessen Erbe die russische Revolution antrat, und über den fortgeschrittenen, reichen, auch in der Fäulnis fortgeschrittenen Spätkapitalismus, den sie bei uns zu sehen glauben. Mit zögernden, plötzlich sehr vorsichtigen Argumenten betonen sie, daß ihr Land erst am Beginn einer großen Entwicklung stehe, daß es von seiner Zukunft her gesehen, beurteilt, verglichen werden müsse ...

Einer weist auf die Möbel ringsum (Stil 1800) und findet darin überlegene Kultur. Schließlich geraten sie auf das Thema »Degeneration« und streiten sich darüber, ob wir Deutschen degeneriert seien oder nicht. Sie genießen das Spiel; flottes Hin und Her der Argumente, Andrej lenkt das Gespräch mit ruhigem Zügelgriff.

Zwischendurch bösartige Ausfälle des Blonden, Verwundeten gegen mich persönlich. Spott und Hohn über Deutschlands Eroberungspläne, seine Niederlage. Die anderen gehen nicht auf diesen Ton ein, lenken schnell ab, verweisen ihm seine Rede, zeigen Siegertakt.

In das Palaver hinein platzt Anatol, müde vom Dienst, gähnend. Er hockte sich dazu, langweilte sich aber sehr. Da kann er nicht mit. Er ist vom Land. Er hat mir erzählt, daß er auf seinem Kolchos für die Milch verantwortlich war, also etwa Molkereileiter. Darauf ich: »Ach, wie interessant.« Er: »Na, es geht, weißt du, immer Milch, bloß Milch ...« Und er seufzte. Nach einer halben Stunde des Dabeisitzens zog er wieder ab, ließ die Diskutierer weiterreden.

Nebenan schlief Herr Pauli. Wieder hatte die Witwe sich in seiner Nähe ihr provisorisches Nachtlager gerichtet. Sonst ist die Lage klar: Hausrecht für einige Hausfreunde, wenn man das so nennen kann, sowie für die von Anatol eingeführten Leute seiner Truppe. Nachtrecht jedoch allein für den Häuptling Anatol. Ich bin im übrigen jetzt wirklich Tabu, wenigstens für heute. Was morgen wird? Keiner weiß es. Anatol kreuzte gegen 12 Uhr nachts wieder auf; von selbst verzog sich daraufhin die Tafelrunde. Zuletzt humpelte der Weißblonde an seinem Wanderstock hinaus und maß mich zum stummen Abschied mit einem bösen Blick.

Nun Erinnerungslücken. Trank wieder sehr viel, weiß keine Einzelheiten mehr. Finde mich erst wieder im Morgengrauen des Montags, beim Gespräch mit Anatol, das zu einem kleinen Mißverständnis führte. Ich, zu ihm: »Du bist ein Bär.« (Das Wort ist mir vertraut, Medwjed, so hieß früher ein bekanntes russisches Speiselokal an der Tauentzienstraße.)

Darauf Anatol, in der Meinung, daß ich hier Wörter durcheinanderwerfe, sehr geduldig, wie zu einem Kinde sprechend: »Nein, das ist falsch. Ein Medwjed ist ein Tier. Ein braunes Tier im Wald, es ist groß und brummt. Ich aber bin ein Tschellawek, ein Mensch.«

## Rückblick auf Montag, 30. April 1945

Morgenfrühe, grau und rosa. Kalt bläst es durch die Fensterhöhlen, Rauchgeschmack im Mund. Wieder Hahnenkrähen. Die frühe Stunde hab ich für mich allein. Ich wische, fege Zigarettenhülsen, Gräten und Brotkrümel auf, reibe die Schnapsringe von der Tischplatte. Dann sparsame Morgenwäsche im Bad, mit zwei Tassen voll Wasser. Zwischen fünf und sieben Uhr früh, wenn die Witwe und Herr Pauli noch schlafen, liegt meine glücklichste Stunde, soweit das Wort Glück jetzt angebracht ist. Es ist ein relatives Glück. Ich flicke und stopfe ein wenig und seife mein zweites Hemd ein. Um diese Zeit, das wissen wir, kommt uns kein Russe dazwischen.

Ab acht Uhr wieder der übliche Betrieb durch die offene Hintertür. Allerlei fremdes Mannsvolk. Plötzlich sind zwei oder drei da, drücken sich um mich und die Witwe herum, suchen uns anzufassen, sind gierig wie die Füchse. Meistens kommt aber einer von den uns bereits Bekannten und hilft uns, die Fremden abzuwimmeln. Ich hörte, wie Grischa ihnen das Tabu steckte, wie er Anatols Namen nannte. Und ich bin ganz stolz darauf, daß es mir wirklich gelungen ist, mir einen der Wölfe zu zähmen, wohl den stärksten aus dem Rudel, damit er mir den Rest des Rudels fernhalte.

Gegen zehn Uhr stiegen wir zu den Buchhändlersleuten hinauf, hinter deren ausgezeichneten Sicherheitsschlössern immer noch ein Dutzend Hausbewohner Zuflucht sucht. Auf unseren Klopf-Dactylus ließ man uns hineinschlüpfen; es war ein Treffen der Hausbewohner angesetzt.

Gedränge von Männern und Frauen. Ich erkannte das Kellervolk gar nicht so schnell wieder. Manche sehen unglaublich verändert aus. Fast alle Frauen haben mit einem Mal graues oder weißgesträhntes Haar; ihnen fehlt die gewohnte Friseurfarbe. Auch die Gesichter wirken fremd und zerrüttet und alt.

Wir plazieren uns um den Tisch, in großer Hast, voll Angst, daß unsere »Versammlung« den Russen auffallen und von ihnen mißdeutet werden könnte. In schnellstem Tempo, so schnell ich sprechen kann, teile ich mit, was ich an Neuigkeiten aus russischen Zeitungen weiß und von den Russen, hauptsächlich von Andrej und Anatol, erzählt bekam: Kreis um Berlin geschlossen; alle Vororte besetzt, bloß Tiergarten und Moabit noch umkämpft; massenhaft Generäle gefangen; Hitler soll tot sein, doch Genaues weiß man nicht; Goebbels soll Selbstmord begangen haben; Mussolini soll von Italienern erschossen worden sein; die Russen stehen an der Elbe, haben sich dort mit den Amerikanern getroffen und verbrüdert.

Gierig horchen alle, das alles war hier neu. Ich schaute mich um, fragte die Hamburgerin nach ihrer Tochter, nach Stinchen mit dem Kopfverband. Und ich bekomme mit s-pitzen S-Lauten die Antwort, daß die Achtzehnjährige auf den Hängeboden der Wohnung hinaufgezogen sei und dort oben unter der Küchendecke alle Nächte und den größten Teil der Tage verbringe. Von Hängeböden ahnen die Russen nichts. Solche komischen Kabusen kennen sie bei sich zu Hause nicht. Früher tat man die Koffer hinauf; noch früher sollen die Hausmädchen dort genächtigt haben. Jetzt vegetiert also Stinchen in dem engen, muffigen Gelaß, mit Bettzeug, Nachtgeschirr, Kölnisch Wasser. Und sooft Schritte hörbar werden oder sonstwie Lärm ertönt, zieht sie, so sagt die Mutter, schnell die Tür zu ihrem Gelaß zu. Jedenfalls ist Stinchen noch Jungfrau.

Wir tappten wieder abwärts. Längst ist unser Haus Soldatenhaus. Überall Geruch von Gäulen. Stücke von Pferdemist liegen herum, an den Soldatenstiefeln hereingeschleppt. Sie tun sich keinen Zwang an, die Sieger. Sie pissen an die Wände, wo immer sie wollen. Urinlachen stehen auf den Treppenpodesten und unten im Hausflur. Es heißt, daß sie es in den verlassenen, ihnen preisgegebenen Wohnungen nicht anders machen.

In unserer Küche wartete schon, aufrecht wie eine Schildwache, das Kind Wanja, sein Automatengewehr in Bereitschaft. Mit hundetreuem Blick erbot er sich zum Kellergeleit. Wieder Abstieg in das Dunkel. Im Hinterflur lagen noch etliche Russen herum und pennten in den Tag hinein, auf richtigem Bettzeug, das sie sich irgendwo zusammengelesen haben. Im Winkel unter der Wendeltreppe lag uns einer im Weg, von dem eine Lache ausging. Brummend rückte er auf Wanjas Fußtritte hin beiseite. Wanja mit seinen sechzehn Jahren ist bereits Sergeant und hält auf seinen Rang. Andrej hat mir erzählt, daß er als junger Fremdarbeiter auf einem ostpreußischen Gut gearbeitet hat und sich den kämpfend vordringenden russischen Truppen anschloß, worauf er dank irgendwelcher Heldentaten rasch die Rangleiter hinaufklomm.

Im Hauskeller tasteten wir herum, suchten nach den Sachen der Witwe. Sachen, die ich nicht kenne und die die Witwe gar nicht mehr so genau kennen wollte, denn sie nahm und griff sich, was immer ihr brauchbar erschien. Beim matten Licht aus den Oberlichtfenstern, unterstützt von Wanjas Stablampe, sammelten wir Kartoffeln und Zwiebeln und nahmen von einem Bord heil gebliebene Gläser mit Eingemachtem herunter.

Ein Kerl näherte sich, Schlitzaugen, machte schweinische Redensarten, mit deutschen Wörtern untermischt. Wanja darauf, an dem Kerl vorbei, in die Luft hinein: »Schon gut, genügt.« Und der Schlitzäugige trollte sich.

Mittagessen. Noch haben wir alles reichlich. Im Vergleich zu den mageren Mahlzeiten meiner einsamen Wirtschaft oben in der Dachwohnung führe ich jetzt ein fettes Leben. Keine Brennesseln mehr, dafür Fleisch, Speck, Butter, Erbsen, Zwiebeln, Gemüsekonserven. Herr Pauli futtert auf seinem Schmerzenslager wie ein Scheunendrescher. Bloß bei dem Birnenkompott fing er an zu schimpfen und zog sich einen langen, scharfen Glassplitter aus den Zähnen. Auch ich holte mir einen scharfen Zacken aus dem Mund. Das Kompottglas gehörte zu unserer Keller-Ausbeute, war zerbrochen gewesen.

Immer noch Krieg draußen. Und unser neues Morgen- und Abendgebet: »Dies alles verdanken wir dem Führer.« Ein Satz, der in den Friedensjahren tausendmal als Lob und Dank auf Plakate gemalt, in Reden ausgesprochen wurde. Nun schlägt er, unverändert im Wortlaut, in seinem Inhalt um, wird zu Hohn und Spott. Ich glaube, sowas nennt man eine dialektische Umkehrung.

Stiller Nachmittag. Anatol war mit seinen Mannen unterwegs. Es heißt, sie besprechen eine Feier für den 1. Mai. Wir bangen vor diesem Feiertag. Alle Russen, so heißt es, bekommen dann Schnaps zugeteilt.

Kein Anatol. Statt seiner erschien spät abends gegen 21 Uhr ein kleiner Kerl, schon älter, pockennarbig, mit zerschlitzten Wangen. Herzklopfen. Solch wüstes Gesicht!

Doch erstaunlich gute, beflissene Manieren und überaus gewählte Redeweise. Der erste Soldat auch, der mich »Graschdanka« nennt, »Bürgerin« – die russische Anrede für fremde Frauen, die man nicht »Genossin« titulieren kann. Er stellte sich vor als der neue Adjutant von Anatol, der von diesem beauftragt sei, ihn für das Abendbrot anzumelden und das Nötige dafür heranzubringen. Dies alles draußen vor der Vordertür, während ich noch die Kette vorgelegt hielt.

Ich ließ ihn ein, bot ihm einen Stuhl an. Er war offenbar begierig, sich in ein Gespräch mit mir einzulassen. Gewiß weiß er, wie wenig Vertrauen sein Gesicht einflößt, und ist deshalb doppelt bemüht, auf andere Art zu gefallen. Er berichtete, daß er im Kaukasus zu Hause sei, in einer Gegend, die auch Puschkin besucht und wo er manche Anregung für sein Werk gewonnen habe. Ich verstand nicht alles, er drückte sich gebildet aus, formte lange, umständliche Sätze. Immerhin konnte ich auf das Stichwort »Puschkin« hin einige Titel nennen, so den *Boris Godunow* und den *Postmeister*. Ich erzählte ihm, daß dieser Postmeister vor ein paar Jahren in Deutschland verfilmt worden sei, was ihn sichtlich freute. Kurz, das reine Salongeplauder, sehr wunderlich. Ich kenne mich mit diesen Burschen nicht aus, bin immer aufs neue überrascht, womit sie uns überraschen.

Plötzlich in der Küche Lärm und Männerstimmen. Etwa Anatol? Der kleine Kaukasier meint, nein, geht aber sofort mit mir in die Küche, aus der soeben mit allen Zeichen des Schreckens die Witwe geflüchtet kommt, schreiend:

»Vorsicht, der Petka!«

Petka? Herrgott, ja, den gibt es auch noch. Petka mit dem Bürstenhaar und den Holzfällerpratzen, die so bebten, als er sein peinliches Romeogestammel auf mich losließ.

Zu dritt dringen wir in die Küche vor. Dort steht auf der Anrichte ein kleines, versiegendes Hindenburglicht. Dazu das Geflacker einer sterbenden Taschenlampe, geschwungen von einem Russen, den ich noch nicht gesehen habe. Der andere freilich ist zweifellos Petka, ich höre es an seiner Stimme. Seit vorgestern (ja, es war wirklich erst vorgestern) ist seine Liebe zu mir in Haß gegen mich umgeschlagen. Petka, der verdrängte Sibiriak, kommt auf mich zu, da er mich sieht. Seine Borsten sind gesträubt (die Mütze ist werweißwo). Seine kleinen Augen glitzern. Er ist stockbesoffen.

In der Ecke am Fenster steht eine Nähmaschine. Petka reißt das ganze Ding an dem verschlossenen Deckel vom Boden hoch und schleudert es zu mir herüber quer durch die Küche. Krachend knallt das Möbel auf die Fliesen. Ich ducke mich, rufe dem kleinen Kaukasier zu: »Hol Anatol!«, drücke mich hinter den anderen, fremden Soldaten, der mit Petka herkam, flehe ihn um Hilfe gegen den Betrunkenen an. Petka schlägt nun mit nackten Fäusten nach mir, trifft aber infolge seiner Schlagseite hoffnungslos daneben. Unvermutet bläst er dann das kleine Notlicht auf der Anrichte aus. Nun versagt auch die Batterie der Taschenlampe völlig, wir sind im Dunkeln. Ich höre Petka keuchen, rieche die Fuselfahne. Angst habe ich eigentlich gar nicht, bin viel zu beschäftigt damit, Petka auszuweichen, ihm ein Bein zu stellen, und spüre auch um mich herum die Bundesgenossen. Endlich haben wir ihn alle miteinander zur Hintertüre gelotst. Die Stablampe gibt wieder ein paar Lichtfetzen von sich. Wir drücken Petka die Wendeltreppe hinab, schon fällt er etliche Stufen hinunter. Im Stolpern ruft er mir zu, ich sei schlecht, ein Unflat – und den Mutterfluch.

Ein Uhr nachts, also schon Dienstag, 1. Mai. Ich hockte im Ohrensessel, war so hundemüde. Der kleine Adjutant war wieder gegangen, wollte nun wirklich Anatol mitbringen. Ich horchte, duselte … Längst waren die Witwe und Herr Pauli schlafen gegangen. Ich wagte es nicht, wartete …

Endlich Klopfen an der Vordertür. Wieder der Kleine. Diesmal ist er beladen mit Speck, Brot, Heringen, einem Kochgeschirr voll Schnaps. Stolpernd vor Schläfrigkeit suche ich in der Küche Teller und Gläser zusammen, richte den runden Tisch, wobei der Kleine hilft. Zierlich ringeln sich die Heringsfilets, sauber entgrätet. Ich gähne, der Kleine tröstet mich: »Gleich kommt Anatol.«

Tatsächlich ist er zehn Minuten später da, zusammen mit dem düsterblonden Leutnant, der immer noch an seinem deutschen Wanderstab humpelt. Anatol zieht mich auf seine Knie, gähnt: »Ech, schlafen …«

Kaum sitzen wir zu viert beim Essen und Trinken, da klopft es wieder draußen. Einer von Anatols Mannen, der Anatol mitsamt seinem Adjutanten zum Kommandanten holen soll. Irgendwas scheint los zu sein in dieser Nacht; oder hängt alles mit der Maifeier zusammen? Anatol steht seufzend auf, entschwindet. Schnell beißt der Kleine nochmals kräftig in sein Speckbrot, läuft kauend hinterdrein.

Weg sind sie. Es bleibt der Düsterblonde. Unruhig stakt er an seinem Stock durchs Zimmer, setzt sich wieder hin, starrt mich an. Die Kerze flackert. Ich sacke beinahe vom Stuhl vor Schlaf. Mir sind alle Vokabeln aus dem Kopf gefallen.

Der Weißblonde stiert vor sich hin. Er sagt, er will hierbleiben. Ich will ihm die hintere Kammer zeigen. Nein, hier in diesem Zimmer will er bleiben. Ich lege ihm eine Decke auf das Sofa. Nein, er will ins Bett, so quengelt er, bockig, eintönig, wie ein übermüdetes Kind. Gut – soll er. Ich lege mich, angezogen, wie ich bin, aufs Sofa. Nein, ich soll zu ihm ins Bett kommen. Ich mag nicht. Da wird er mir auf dem Sofa lästig. Ich drohe mit

Anatol. Der Düsterblonde lacht grob: »Der kommt die Nacht nicht mehr.«

Ich stehe auf, will nach vorn in die Kammer gehen oder nebenan zur Witwe, irgendwohin. Da gibt er nach, ist es zufrieden, auf dem Sofa zu liegen, wickelt sich in die Decke. Nun lege ich mich angezogen auf das Bett, hab nur die Schuhe abgestreift.

Wenig später schrecke ich hoch, höre im Dunkel den Stock näher tappen. Wieder ist er da, will zu mir ins Bett. Ich bin trunken von Müdigkeit, wehre mich, lalle irgendwas, mag nicht. Er läßt nicht nach, zähes, trübes Drängen, freudlos. Ein paarmal wiederholt er mürrisch: »Ich bin ein junger Mensch.« Er ist höchstens zwanzig.

Einmal stoße ich ihn beim Wehren an das verwundete Bein. Er stöhnt auf, beschimpft mich, schlägt mit stumpfer Faust nach mir. Dann beugt er sich aus dem Bett heraus, sucht am Boden herum. Erst nach einer Weile begreife ich, daß er nach seinem Stock sucht, den er vor dem Bett liegengelassen hat. Es ist ein knotiger Wanderstock. Wenn er mir im Dunkel damit eins über den Kopf zieht, ist es aus. Ich versuche, ihm die Hände festzuhalten, zerre ihn von der Bettkante weg. Wieder fängt er an zu drängen. Ich flüstere: »Das ist ja wie bei Hunden...« Ein Satz, der ihm ausnehmend gefällt, denn er wiederholt ihn mürrisch und ausdauernd: »Ja – gut so – wie bei Hunden – sehr gut – Hundeliebe – Hundeliebe –.« Zwischendurch fallen wir beide für Minuten in erschöpften Schlaf, dann drängt und wühlt er wieder... Ich bin so wund, so kaputt, wehre mich im Halbschlaf dumpf weiter, er hat ganz kalte Lippen ...

Gegen 5 Uhr, beim ersten Hahnenschrei, kam er mühsam hoch, krempelte sich das Hosenbein auf und hob den schmuddligen Mullverband von seiner gezackten Wunde. Ich, unwillkürlich davor zurückschreckend: »Kann man helfen?« Er schüttelt den Kopf, stiert mich eine Weile an

– und spuckt dann unvermittelt vor mein Bett, spuckt Verachtung. Er ging. Ein Alpdruck wich. Ich schlief noch drei Stunden brunnentief.

## Dienstag, 1. Mai 1945, nachmittags

So angstvoll haben wir heute den Tag begonnen, saßen ab acht Uhr fix und fertig da und harrten böser Dinge. Doch es begann wie immer. Plötzlich war die Küche voll von Mannsbildern, bekannten und unbekannten. Einer kam in weißem Kittel daher, stellte sich als Bäcker vor und versprach mir flüsternd Mehl und Brot, viel Mehl und Brot, wenn ich mit ihm – (er sprach es nicht aus, was sie meistens »lieben« oder gar »heiraten« oder schlicht »schlafen« nennen, machte bloß schräge Augen).

Rufe von der Straße her, die alle Kerls im Nu aus unserer Küche verschwinden ließen. Wenig später standen sie in zwei Reihen ausgerichtet unten unter dem Ahorn. Anatol spazierte vor ihnen auf und ab, jeder Zoll ein Oberleutnant, aber ein gemütlicher: Er hatte die Hände in den Taschen seiner Lederjacke vergraben und hielt eine Rede. Satzbrocken drangen zu mir herauf: »... Erster Mai ... naher Sieg ... lustig sein, doch den Ukas des Genossen Stalin im Sinn behalten ...« etcetera. Er zwinkerte dabei seinen Leuten verschmitzt zu, und die Männer grinsten zurück. Andrej trat vor, stellte eine Frage und erhielt Antwort. Noch zwei, drei Männer hoben die Hand wie in der Schule, fragten etwas, sprachen freiweg. Ich sah nichts von Strammheit und Zackigkeit. Der Genosse Oberleutnant gibt sich als Genosse. Während der Zeremonie heulten drüben an der Schule die Kartjuschas weiter und zogen Feuerspuren über den schwefelgelben Himmel.

Mir war elend und wund, ich schlich wie eine lahme Ente. Die Witwe kramte ihren Arzneischrank vom Hängeboden herunter, wo sie ihn versteckt hat, und gab mir eine Blechdose mit einem Rest Vaseline.

Hab darüber nachdenken müssen, wie gut ich es bisher gehabt, daß mir in meinem Leben die Liebe niemals zur Last und immer zur Lust war. Bin nie gezwungen worden, hab mich niemals zwingen müssen. So wie es war, war es gut. Es ist nicht das Allzuviel, was mich jetzt so elend gemacht hat. Es ist der mißbrauchte, wider seinen Willen genommene Körper, der mit Schmerzen antwortet.

Ich muß an eine verheiratete Schulfreundin denken, die mir zu Anfang des Krieges einmal gestand, daß sie sich in einem gewissen Sinne nun, ohne Mann, da der ihre eingezogen war, körperlich wohler fühle als vorher in der Ehe, da ihr der Vollzug dieser Ehe stets schmerzhaft und unerfreulich gewesen, was sie ihrem Manne aber nach Kräften verheimlicht habe. Frigide nennt man sowas wohl. Ihr Körper war nicht bereit. Und frigide blieb ich bisher bei all diesen Beiwohnungen. Es kann, es darf nicht anders sein, ich will tot und gefühllos bleiben, solange ich Beute bin.

Über Mittag konnte ich zufällig zwei Menschenleben retten. Es fing damit an, daß ein Deutscher, ein mir unbekannter älterer Mann, an unsere Vordertür klopfte und nach mir rief, das heißt, »nach der Dame, die Russisch kann«.

Ich, treppab mit ihm, sehr zögernd, zugegeben, denn der Mann brabbelte was von Revolvern und Erschießen. Unten standen die beiden alten Postrats und, Erleichterung, etliche von Anatols Mannen, Unteroffiziere. (Ich unterscheide dank Anatols Elementar-Unterricht die Grade schon ziemlich genau.) Er stand bereits mit dem Gesicht zur Mauer, stumm, mit hängenden Schultern, den Kopf gesenkt, in Pantoffeln. Sie hatte den Kopf gedreht und plapperte über ihre Schulter weg immer die gleichen schnellen Sätze.

Was war los? Folgendes: Das Flüchtlingsmädel, das bei den Postratsleuten in Untermiete wohnte und noch am Samstag morgen zu uns von Schlußmachen und Nichtmehrkönnen gejammert hatte, ist im Treppenhaus mit einem Revolver in der Manteltasche erwischt worden. Sie hat das Schießding wohl noch aus ihrer Heimat mitgebracht, niemand weiß es. Sie riß sich los, raste treppauf und entkam ihren Verfolgern im Gewirr der Dachmansarden. Seither ist sie verschwunden. Nun hat man in den Zimmern der Postrats alles durcheinandergeworfen und fand, oh Schreck, schließlich ein Foto, auf dem das Mädel im Brustbild mit einem SS-Soldaten zu sehen ist. Das Bild haben sie hier unten, sie zeigen es mir, ich muß bestätigen, daß dies die Königsbergerin ist. Der SS-Mann ist wohl ihr Verlobter oder auch ihr Bruder; er hat den gleichen dicken Kopf wie sie.

Und nun wollen die Russen, nachdem sie die beiden Alten als Geiseln verhaftet haben, diese sofort erschießen, wenn sie nicht das Mädel herschaffen, wenn sie nicht sagen, wohin das Mädel geflüchtet ist.

Erst mal kann ich einen Irrtum aufklären. Die Russen haben die beiden Alten für des Mädchens Eltern gehalten. Sie sind noch an richtige Familien gewöhnt, diese Männer; sie kennen unser verwirrtes, vereinzeltes, durcheinandergewürfeltes Hausen nicht. Als sie hören, daß es sich um Fremde handelt, bei denen das Mädel bloß wohnte, ändern sie bereits ihren Ton. Die alte Frau, die während unseres Hin- und Herredens die Russen und mich genau in ihrem Angstblick hielt, bricht nun in eine Redepause ein und glaubt sich zu nützen, indem sie die Verschwundene beschimpft, sie schlecht macht: Man habe ihnen die Person einfach in die Wohnung gesetzt, sie habe ihnen nichts als Ärger und Unordnung gebracht, man habe sie dicksatt gehabt, wundere sich über gar nichts – und wenn sie wüßte, wo das Mädel sei, so würde sie's schon sagen, sie habe keinen Grund, das zu verschweigen. Und so weiter.

Bestimmt würde die Frau das Mädel preisgeben, wenn sie könnte. Immerfort wiederholt sie ihr angstbebendes Geschwafel, während der Mann stumpf und dumpf dasteht, das Gesicht zur Mauer gekehrt.

Ich rede und rede, erkläre den Russen, daß das Mädel mit seinem Revolver bestimmt keine Tötungsabsichten gegen die Russen hatte, daß es, wie ich selbst gehört hätte, Selbstmord plante und sich vermutlich längst irgendwo erschossen habe – vielleicht werde man bald ihre Leiche finden. (Das Wort für Selbstmord, ssamo-ubiestwo, steht auch nicht im deutsch-russischen Soldatenwörterbuch. Ich habe es aus Andrej herausgefragt.)

Allmählich lockerte sich die Stimmung. Ich konnte es wagen, die Postratsleute in komischer Form als vollendete Trottel hinzustellen, die von nichts eine Ahnung hätten. Schließlich hatte sich auch der Mann herumgedreht. Aus seinem offenhängenden Mund seiberten Speichelfäden wie bei einem Säugling. Die Frau schwieg, ihre hellen, irren Altfrauenaugen flitzten zwischen mir und den Russen hin und her. Am Ende durften beide lebend abziehen.

Mir wurde noch aufgetragen, allen Zivilisten im Hause mitzuteilen, daß beim nächsten Waffenfund das ganze Gebäude vom Keller bis zum Söller heruntergebrannt würde, nach Kriegsrecht. Das Mädel aber, so schworen die Männer, würden sie finden und liquidieren.

Ganz verwandelt sind meine fröhlichen Wodkatrinker. Gar nicht wiederzuerkennen! Sie geben auch mir gegenüber kein Zeichen davon, daß sie mir über dem runden Tisch viele Male zugetrunken haben. Es ist kein Verlaß auf ihr Gejodel. Offenbar ist Dienst Dienst für sie und

Schnaps Schnaps – zumindest für diese drei Burschen. Ich muß es mir merken, muß vorsichtig sein mit ihnen.

Ich war hinterher ganz zufrieden mit mir, aber auch ängstlich. Auf diese Art werde ich bekannt wie ein bunter Hund, und daran liegt mir nichts. Ich gebe es zu, daß ich Furcht habe und im Verborgenen bleiben möchte. Als ich ging, kam der Mann, der mich geholt hatte, hinterdrein, bat mich, einen Ausdruck zu übersetzen, den er oft von Russen gehört: »Gitler Durak.« Ich übersetze: »Hitler ist ein Schafskopf.« Das sagen sie uns immerzu triumphierend, als sei es ihre Entdeckung.

## Mittwoch, 2. Mai 1945, mit Dienstagrest

Ich hockte den halben Dienstag nachmittag an Herrn Paulis Bett und schrieb nach, was geschehen. Vorsichtshalber habe ich mir die letzten Seiten dieser Schreibkladde als deutsch-russisches Wörterverzeichnis eingerichtet, das ich neugierig dazwischenplatzenden Russen jederzeit vorweisen kann. Tat es einmal bisher und erntete ein schulterklopfendes Lob.

Gegen Abend gab es eine Störung. Jemand trat und schlug gegen die Vordertür. Ich öffnete bei versperrter Kette, sah etwas Weißes und erkannte den Bäcker von Dienstag früh in seiner Kittelmontur. Er wollte herein. Ich wollte nicht, tat so, als sei Anatol drinnen. Da forderte er von mir ein anderes Mädel, irgendeins, eine Adresse, einen Hinweis, wo eines sei – er wolle dem Mädel Mehl dafür geben, viel Mehl, und auch mir Mehl für die Vermittlung. Ich weiß kein Mädel für ihn, will keins wissen. Da wurde er lästig, zwängte seinen Fuß in den Türspalt, riß an der Verschlußkette. Ich drückte ihn mühsam hinaus, knallte zu.

Ja, die Mädel sind allmählich verknappte Ware. Man kennt jetzt die Zeiten und Stunden, in denen die Männer auf die Weibsjagd gehen, sperrt die Mädel ein, steckt sie auf die Hängeböden, packt sie in den gut gesicherten Wohnungen zusammen. An der Pumpe wurde eine Flüsterparole weitergegeben: Im Luftschutzbunker hat eine Ärztin einen Raum als Seuchenlazarett eingerichtet, mit großen Schildern in Deutsch und Russisch, daß Typhuskranke in dem Raum untergebracht seien. Es sind aber lauter blutjunge Mädels aus den Häusern ringsum, denen die Ärztin mit ihrem Typhustrick die Jungfernschaft rettet.

Wenig später gab es wiederum Lärm. Diesmal hatten sich zwei, uns bis dato unbekannt, in die leerstehende Nebenwohnung Einlaß verschafft. In etwa zwei Metern Höhe ist die Trennwand zwischen den Wohnungen von einem der letzten Luftangriffe her eingerissen und klafft vier Fäuste breit. An diesen Spalt oben in der Mauer hatten die Kerle drüben sich offenbar einen Tisch herangerückt. Nun riefen sie durch den Riß hindurch, wir sollten ihnen sofort die Tür öffnen, sonst würden sie auf uns schießen. (Daß unsere Hintertür ohnehin offensteht, wußten sie wohl nicht.) Einer der Kerle leuchtete mit seiner Taschenlampe in unseren Flur herein, während der zweite sein Automatengewehr in Anschlag brachte. Aber wir wissen schon, daß sie so rasch nicht schießen, vor allem dann nicht, wenn sie noch so nüchtern und zungenfix sind wie die beiden. Ich ging auf den albernen Ton ein, versuchte auf russisch komisch zu sein. Zwei bartlose Knäblein übrigens, ich redete ihnen gut zu und predigte sogar über den Ukas des großen Stalin. Schließlich entfernten sie sich von ihrem Schießstand, polterten noch eine Weile mit den Stiefeln gegen unsere Vordertür und verzogen sich am Ende. Wir atmeten auf. Immerhin ein beruhigendes Gefühl, daß ich notfalls eine Treppe höher laufen und jemand von Anatols Mannen zu Hilfe rufen kann. Wir sind Anatols privater Hirschpark. Das wissen jetzt die meisten.

Der Witwe wurde es dennoch so langsam unheimlich zumute, besonders als auch gegen Abend keiner von unseren Stammgästen auftauchte. Sie benutzte einen Augenblick der Ruhe im Treppenhaus und huschte aufwärts, Kontakt mit Hausbewohnern zu suchen. Kehrte nach zehn Minuten zurück: »Bitte komm mit zu der Frau Wendt, dort sind so nette Russen, es ist richtig gemütlich.«

Frau Wendt, das ist die alleinstehende Fünfzigerin mit dem eitrigen Ekzem auf der Wange, dieselbe, die seinerzeit ihren Trauring am Schlüpfergummi festgezurrt hatte. Es stellt sich heraus, daß sie mit der übriggebliebenen Haushälterin unseres westwärts geflüchteten Hausbesitzers zusammengezogen ist – eine der Angst- und Notgemeinschaften, wie sie sich überall ringsum bilden. In der kleinen Küche war Mief und Tabakqualm. Im Kerzenschein unterschied ich die beiden Frauen und drei Russen. Vor ihnen auf dem Tisch sah man eine ganze Menge Konserven, die meisten ohne Aufschriften, wohl deutsche Truppenverpflegung, Russenbeute. Die Witwe bekam gleich von einem der Russen eine Büchse in die Hand gedrückt.

Auf Wunsch der Frauen sprach ich kein Wort Russisch, markierte Lieschen Doof. Von den drei Russen kannte mich keiner. Einer, Serjoscha gerufen, rückte mir auf den Leib, legte mir den Arm um die Hüfte. Worauf ein anderer Russe eingriff und in sanftem Ton sagte: »Bruder, ich bitte dich, laß das sein.« Und Serjoscha rückte ertappt von mir weg.

Ich staune. Der gesprochen hat, ist jung und von Gesicht schön. Er hat dunkle, regelmäßige Züge. Seine Augen leuchten. Seine Hände sind weiß und schmal.

Nun sieht er mich ernst an und spricht in ungelenkem Deutsch: »Nicht chaben Angst.«

Die Frau Wendt flüstert uns beiden zu, dieser Russe heiße Stepan, er habe bei einem deutschen Luftangriff auf Kiew die Frau und zwei Kinder verloren – er habe uns jedoch alles verziehen und sei überhaupt wie ein Heiliger.

Nun schiebt der dritte Russe, klein und pockennarbig, mir eine Büchse hin, die er mit seinem Taschenmesser geöffnet hat. Das Messer gibt er mir gleich dazu und bittet mich durch Gesten, zu essen. Es ist Fleisch in der Büchse. Ich spieße mir fette, große Brocken davon in den Mund, ich bin hungrig. Alle drei Russen schauen mir wohlgefällig zu. Die Frau Wendt macht den Küchenschrank auf und zeigt uns ganze Reihen von Konservenbüchsen, alle von den drei Burschen angeschleppt. Es ist wirklich gemütlich hier. Dabei sind die beiden Frauen eher abstoßend; Frau Wendt mit dem Ekzem; und die Ex-Haushälterin ist ein Mausgeschöpf, bebrillt und verkümmert. Da kann einem das Schänden vergehen. Der Himmel mag wissen, warum diese Männer gerade hier Fuß gefaßt haben und so fleißig anschleppen.

Ich könnte noch lange sitzen bleiben. Stepan strahlt ordentlich Schutz aus. Ich staune ihn an wie ein Bild, nenne ihn bei mir, in der Erinnerung an die *Brüder Karamasow,* Aljoscha. Aber die Witwe wird unruhig, sie sorgt sich um den allein in seinem Bett zurückgebliebenen Herrn Pauli. Obwohl doch unsere Männer, und gar kranke, bettlägrige, bestimmt nichts von den Russen zu befürchten haben. Unvorstellbar, daß einer von diesen Burschen hüftschwenkend daherkäme und einem Mannsbild zusäuselte: »Mann, komm.« Die sind hoffnungslos normal.

Serjoscha bringt uns mit der Kerze an die Tür, ist lammfromm und zahm unter Stepans Blick, riskiert erst im Türrahmen ein sachtes Kneifen in meinen Oberarm.

Wir traben abwärts, jeder mit einer Fleischbüchse in Händen. Aus unserer Wohnung schallt muntere Musik. Drinnen ist Hochbetrieb. Im Wohnzimmer hockt, durch die allzeit offene Hintertür eingedrungen, fast vollzählig der Haufen von Anatol. Sie haben irgendwo ein Schifferklavier aufgetrieben und spielen abwechselnd darauf. Jeder versucht's, keiner kann's richtig, und das Ergebnis ist danach. Aber sie lachen sehr dabei. Sie wollen feiern, heute ist erster Mai. Wo Anatol steckt, wissen sie nicht, sie sagen, er sei dienstlich unterwegs, er habe vieles zu beschicken.

Wir verziehen uns nach nebenan, an Herrn Paulis Bett – und finden dort Russenbesuch. Der düstere Leutnant an seinem plattengeschmückten Wanderstock und noch einer, den er anscheinend mitgebracht hat und den er uns auf ebenso gewandte wie beiläufige Art vorstellt: -tsch -tsch -tsch Soundso, Major. (Sie haben eine spezielle Art, ihre Vaters- und Familiennamen zu vernuscheln und zu vertuscheln, sind alle bemüht, ihre Identität zu verkleistern, geben nur ihre Allerweltsvornamen preis sowie die Ränge, die ihnen der Kenner ja ohnehin ansieht.)

Ich starre den Düsterblonden voll Abneigung an und wünsche ihn sonstwohin. Doch er gibt kein Zeichen des Erkennens, tut fremd und formell und ist tadellos höflich. Noch höflicher ist der von ihm mitgebrachte Major. Er springt bei unserem Eintritt auf, verbeugt sich wie in der Tanzstunde, wiederholt vor jedem von uns seinen Gruß. Ein großer, schlanker Typ, brünett, in sauberer Uniform, er schleppt das eine Bein eine Kleinigkeit nach. Nachträglich erst entdecke ich noch einen dritten Neuling im Zimmer. Er saß reglos auf einem Stuhl am Fenster, trat erst auf Anruf des Majors blinzelnd zu uns in das Kerzenlicht. Ein Asiat mit dicken Kinnbacken und verquollenen Schlitzäuglein, uns vorgeführt als des Majors Bursche. Gleich nachher verzog er sich wieder in seinen Fensterwinkel, stellte den Kragen seines grauwollenen Mantels hoch gegen den von draußen hereinpustenden Wind.

Zu viert sitzen wir nun um Paulis Bett, die Witwe, ich, der Major und der Düsterblonde. Das Reden besorgt der Major. Ich muß auf seine Bitte zu Herrn Pauli und der Witwe hin, die er für ein Ehepaar hält, seine zahlreichen, gewählten Höflichkeitsfloskeln verdeutschen. Er und ich mustern einander verstohlen. Tastend wechseln wir die Worte. Ich werde nicht klug aus ihm, behalte ihn im Auge. Nun offeriert der Major Zigarren, die er lose in der Jackentasche trägt. Dankend nimmt Pauli zwei Stück davon entgegen, raucht die eine an, wobei er von dem Major Feuer nimmt. Beide qualmen bedächtig. Der Major hält Pauli hin und wieder aufs höflichste den Aschenbecher hin. Plötzlich springt er auf, bittet, ihm doch sagen zu wollen, ob er vielleicht störe – dann werde er gleich diesen Raum verlassen, aber sofort! Und er tut so, als sei er bereits auf dem Sprung dazu. Nein, nein, wir wehren ab, er stört uns nicht. Worauf er wieder Platz nimmt, schweigend weiterqualmt. Der reine Knigge. Wieder ein völlig neues Muster aus der offenbar unerschöpflichen Mustersammlung, die uns die UdSSR da geschickt hat. Übrigens ist er nervös. Seine Hand, welche die Zigarre hält, zittert beträchtlich. Oder hat er Fieber? Denn er hat inzwischen berichtet, daß er am Knie verwundet sei und mit dem anderen, dem düsterblonden Leutnant, zusammen im Krankenhaus verbunden werde. (Im Krankenhaus sitzen sie also auch drin. Möchte wissen, wie man sie dort verstaut hat und wohin man die Unsrigen gepackt hat, die doch vorige Woche noch jedes Bett und jeden Raum füllten.)

Der Gesangverein nebenan hat sich inzwischen mitsamt dem Schifferklavier aus unserer Wohnung verzogen. Es wird still um uns. Ich schiele auf die Armbanduhr des Düsterblonden. Die Zeiger gehen schon auf elf zu. Wir sehen einander an, die Witwe, Herr Pauli und ich, wissen nicht, was wir aus diesen Gästen herauslesen sollen.

Nun gibt der Major dem Asiaten im Fensterwinkel einen Befehl. Und der zerrt aus einer seiner Manteltaschen etwas, das kaum herausgeht: eine veritable Flasche deutschen Markensekt! Er stellt sie in den Lichtkreis der Kerze auf das Tischchen an Paulis Bett. Schon läuft die Witwe nach Trinkgläsern. Wir stoßen an, trinken aus. Dabei geht zwischen dem Major und dem düsterblonden Leutnant ein halblautes Palaver hin und her, das ich offenbar nicht hören soll. Bis der Major sich unvermittelt an mich wendet und mich fragt, so streng wie in der Schule: »Was wissen Sie vom Faschismus?«

»Faschismus?« wiederholte ich stotternd.

»Ja, bitte sehr. Erklären Sie uns die Herkunft des Wortes. Nennen Sie das Ursprungsland dieser politischen Richtung.«

Ich überlege krampfhaft, stammle dann was von Italien, Mussolini, alten Römern, *fascio* gleich Rutenbündel, was ich anhand des plakettenbepflasterten Wanderstocks des Leutnants klarzumachen versuche ... Und die ganze Zeit hindurch zittern mir Hände und Knie, weil ich plötzlich zu wissen glaube, was dieser Major vorstellt und was er von mir will: Er will mich politisch prüfen, will feststellen, wie mein Glaubensbekenntnis, meine Vergangenheit ist – um mich dann für irgendwelche russischen Belange einzuspannen, als Dolmetscherin oder Armeehelferin, was weiß ich – und ich sehe mich schon verschleppt und versklavt irgendwo auf den Straßen des Krieges ... Oder sind es GPU-Leute, wollen sie mich als Spitzel verwenden? Hundert Entsetzensgedanken, ich fühle, wie meine Hände bleiern herabfallen, bringe die letzten Worte kaum noch heraus ...

Ich muß wohl bleich geworden sein, denn die Witwe, die doch kein Wort von unserer Unterhaltung versteht, blickt mich ängstlich fragend an. Nun höre ich, wie der Major zu dem düsterblonden Leutnant sagt, und es klingt zufrieden: »Ja, sie hat ein gutes politisches Wissen.« Und er hebt sein Glas und trinkt mir zu.

Ich atme auf, fange mein Herz im Halse ein. Offenbar ist das Examen bereits überstanden und hatte weiter keinen Sinn als den, meine Schulweisheit abzuklopfen. Ich trinke aus und erhalte den letzten Rest aus der Sektflasche eingeschenkt. Der Witwe fallen allmählich die Augen zu. Es wird Zeit, daß die Gäste sich empfehlen.

Plötzlich ein neuer Ton, ein offenes Angebot. Der düsterblonde Leutnant sagt in zwei Sätzen, um was es geht: »Hier ist der Major. Er läßt Sie fragen, Bürgerin, ob er Ihnen angenehm sei.«

Ich falle aus allen Wolken, stiere die beiden Männer dumm an. Der Major ist auf einmal sehr mit seiner Zigarre beschäftigt, sorgsam drückt er den Rest im Aschbecher aus. Er scheint gar nicht gehört zu haben, was in seinem Auftrag der Leutnant fragte. Den Asiaten kann ich im Dunkeln am Fenster nicht erkennen. Stumm hockt er noch da. Sekt hat er nicht abbekommen.

Schweigen. Die Witwe sieht mich mit achselzuckender Frage an.

Dann wieder der Leutnant, tonlos, gleichmütig: »Ist der Major Ihnen angenehm? Können Sie ihn lieben?«

Lieben? Verdammtes Wort, ich kann es nicht mehr hören, bin so erschrocken und ernüchtert, daß ich nicht weiß, was sagen, was tun. Immerhin gehört der düsterblonde Leutnant doch zu Anatols Kreis. Er kennt also das Tabu. Ist denn Anatol nicht mehr da? Ist dieser Major vielleicht sein Dienstnachfolger? Denkt er, daß er deshalb auch bei mir die Nachfolge antreten kann? Aber nein, der Major hat ja soeben erzählt, daß er derzeit im Krankenhause wohnt, daß er dort sein Bett hat.

Ich stehe auf und sage: »Nein. Ich verstehe nicht.«

Der Leutnant humpelt an seinem Stock hinter mir her durch das Zimmer, während der Major immer noch scheinbar unbeteiligt an Paulis Bett sitzt und an den bang und ratlos schweigenden beiden Deutschen vorbeischaut.

Halblaut murmele ich zu dem Leutnant hin: »Und Anatol? Was ist mit Anatol?«

»Was, Anatol?« ruft er grob und laut. »Wieso Anatol? Der ist ja längst weit weg. Der ist zum Stab versetzt.«

Anatol weg? So ohne ein Wort? Ob das stimmt? Aber es klingt so sicher, so höhnisch überlegen.

Mir dreht sich der Kopf. Nun erhebt sich auch der Major, verabschiedet sich aufs zeremoniellste von der Witwe und von Pauli, ich höre seine wiederholten Dankesbezeugungen für die gewährte Gastfreundschaft. Pauli und die Witwe haben von der ganzen Kuppelei nicht das geringste begriffen. Ich wage auch nicht, in Gegenwart der Russen mit den beiden Deutschen deutsch zu sprechen. Ich weiß schon, Russen mögen das nicht, vermuten dann gleich Komplott und Verrat.

Mit einer Verbeugung gegen uns alle zieht sich der Major zur Tür zurück. Vom Fenster her kommt der Asiat angewackelt. Ich leuchte allen dreien mit meiner Kerze hinaus. Sehr langsam stapft der Major durch den Flur, sein rechtes Bein leicht nachziehend, doch bemüht, das Hinken zu unterdrücken. Der Leutnant stößt mich mit dem Ellenbogen an, fragt rüde: »Na? Überlegen Sie immer noch?« Dann kurze Diskussion zwischen ihm und dem Major darüber, wo man übernachten solle, ob im Krankenhaus oder –? Und der Leutnant fragt mich, kalt, doch wieder höflich: »Könnten wir vielleicht hier untergebracht werden? Wir alle drei?« Und er weist auf den Major und sich und den halb schlafend dastehenden Asiaten.

Alle drei? Bitte, warum nicht? So haben wir doch einen männlichen Schutz über Nacht, denke ich und führe die drei zu der Kammer hinten neben der Küche. Es steht eine breite Couch darin, mit etlichen Wolldecken darauf. Leutnant und Asiat drängen an mir vorbei in die Kammer. Schon reißt der Leutnant die Kammertür hinter sich zu, ich sehe nur noch, wie er eine Taschenlampe herumflackern läßt.

Ich stehe in der Küche, die Kerze in der Hand. Neben mir steht schweigend der Major. Höflich fragt er mich, wo das Bad sei. Ich weise ihm die Tür, lasse ihm die Kerze. Während ich wartend am Küchenfenster stehe und ins Dunkle hinausblicke, tut sich nochmals die Kammertür auf. Der Düsterblonde, schon in Hemdsärmeln, zischelt mir zu: »Das mit uns – das von gestern – das braucht keiner zu wissen.« Und er verschwindet wieder. Einen Moment überlege ich: »Wieso das mit uns?« Dann fällt mir die letzte Nacht wieder ein, die Hundeliebe, das Spucken vor mein Bett. Ewig lang scheint mir das zurückzuliegen, ist verdrängt, fast vergessen. Alle Zeitbegriffe haben sich mir verwirrt. Ein Tag ist wie eine Woche, reißt einen Abgrund zwischen zwei Nächte.

Der Major ist wieder da, tritt mit mir in mein Zimmer. Nun werden Pauli und die Witwe nebenan ja endlich kapiert haben, was hier gespielt wurde. Ich höre durch die Wand ihre gedämpfte Rede. Aus einer seiner Taschen zieht der Major eine neue, große Kerze, er läßt etwas Wachs auf einen Aschbecher tropfen, klebt das Licht fest und stellt es auf das Tischchen zu seiten meines Bettes. Leise fragt er, und hat dabei die Mütze noch in der Hand: »Darf ich hierbleiben?«

Ich mache mit Händen und Schultern Zeichen der Hilflosigkeit.

Darauf er, mit gesenkten Augen: »Vergessen Sie den Oberleutnant. Er wird schon morgen weit weg sein. Ich habe es gehört.«

»Und Sie?«

»Ich? Oh, ich bleibe noch lange, sehr lange. Mindestens noch eine Woche, und vielleicht sogar länger.« Er weist auf das Bein: »Es steckt ein Splitter darin. Ich werde ärztlich behandelt.«

Nur tut er mir doch leid, wie er da so herumsteht. Ich bitte ihn, Platz zu nehmen, sich zu setzen. Er, verlegen: »Sie werden müde sein. Es ist so spät. Wenn Sie sich niederlegen wollen –?« Und er begibt sich zum Fenster hin, das aus Scherben und Pappe besteht und durch das man jetzt nichts, aber auch gar nichts mehr von der Front hört, und tut, als blicke er hinaus. Im Nu hab ich mich oberflächlich ausgezogen, mir einen alten Morgenrock der Witwe übergeworfen, mich unters Deckbett verkrochen.

Er nähert sich, schiebt sich einen Sessel ans Bett. Was will er? Wieder Konversation machen, den Knigge spielen, siehe Kapitel »Vergewaltigungen von feindlichen Demoisellen?« Nicht doch, er will sich bekannt machen, er kramt allerlei Papiere aus seinen Innentaschen, breitet sie vor mir auf der Steppdecke aus, rückt die Kerze näher heran, daß ich gut sehe. Dies ist der erste Russe, der sich derart mit allen Einzelheiten preisgibt. Ich weiß nun, wie er heißt, wann er geboren ist und wo, weiß sogar, wieviel er besitzt; denn es ist ein Sparkassenbuch von der Stadt Leningrad unter den Papieren, auf dem über 4000 Rubel stehen. Dann sammelt er seinen Papierkram wieder ein. Er spricht ein gewähltes Russisch, was ich, wie immer, daraus erkenne, daß mir ganze Sätze unverständlich bleiben. Er scheint belesen, musikalisch, ist krampfhaft bemüht, sich auch jetzt noch gentlemanlike zu benehmen. Springt unvermittelt auf, fragt nervös: »Bin ich Ihnen unangenehm? Verabscheuen Sie mich? Sagen Sie es offen!«

»Nein, nein.« Nein, keineswegs, du magst schon recht sein, so wie du bist. Nur kann ich mich nicht so schnell in die Lage finden. Ich habe das ekelhafte Gefühl des

Von-Hand-zu-Hand-Gehens, fühle mich erniedrigt und beleidigt, zum Sexualobjekt degradiert. Dann wieder die Überlegung: »Und wenn es wahr wäre, daß Anatol entschwunden ist? Wenn mir dieses so mühsam errichtete Tabu, diese Mauer wieder genommen wäre? Wäre es nicht gut, ein neues, vielleicht länger währendes Tabu aufzurichten, eine neue Mauer um mich zu bauen?«

Nun hat der Major sein Koppel abgenommen, seine Jacke abgelegt, immer im Zeitlupentempo und mit Seitenblicken auf mich. Ich sitze, warte, fühle den Schweiß in meinen Handflächen, will und will ihm nicht weiterhelfen. Bis er plötzlich sagt: »Bitte, geben Sie mir Ihre Hand.«

Ich starre ihn an. Will er mich frei nach Knigge mit einem Handkuß beglücken? Oder ist er ein Handliniendeuter? Schon nimmt er meine Hand, drückt sie fest mit seinen beiden Händen und sagt, wobei ihm der Mund zittert und die Augen jämmerlich blicken: »Verzeihen Sie mir. Ich habe so lange keine Frau mehr gehabt.«

Das durfte nicht kommen. Schon liege ich mit meinem Gesicht auf seinen Knien und schluchze und heule und heule mir einmal den ganzen Jammer von der Seele. Ich spüre, wie er mein Haar streichelt. Dann Geräusch an der Tür, wir blicken beide hoch. Im Türspalt steht, ihre Kerze in der Hand, die Witwe und fragt angstvoll, was mir denn sei. Der Major und ich winken beide ab, sie sieht wohl auch, daß mir nichts Böses getan wird, ich höre die Tür wieder zuklappen.

Hab ihm dann wenig später und im Dunkeln gesagt, wie elend und wund ich bin und daß er sanft sein soll. Er war sanft und wortlos zärtlich, gab bald Ruhe, ließ mich schlafen.

Das war mein Dienstag, erster Mai.

Weiter, der Mittwoch. Zum ersten Mal in diesen Männernächten schlief ich mich aus bis in den Tag hinein und fand dann den Major noch an meiner Seite. Offenbar hat er keinen Dienst, kann sich's einteilen. Wir schwätzten mancherlei, ganz freundschaftlich und vernünftig. Unvermittelt gestand er mir, daß er keineswegs ein Kommunist sei – er sei Berufsoffizier, auf der Militärakademie ausgebildet, und hasse die jugendlichen Spitzel aus dem Komsomol. Woraus ich entnahm, daß auch die höheren Offiziere Grund haben, sich vor parteilicher Überwachung zu fürchten. Ich staune, wie offen er zu mir spricht. Allerdings sind wir ohne Zeugen. Ebenso unvermittelt wollte er wissen, ob ich auch bestimmt gesund sei – »Sie verstehen – ich meine, du verstehst mich.« (Er wirft Du und Sie noch durcheinander.) Worauf ich ihm wahrheitsgemäß erklärte, daß ich niemals mit dergleichen Leiden zu tun gehabt hätte, aber freilich nicht wüßte, ob mir nicht von seiten jener Russen, die mir Gewalt angetan, etwas Derartiges angehängt worden sei. Er schüttelt den Kopf, seufzt: »Ach, diese Hooligane!« (Hooligan, sprich »Chuligan«, russisches, vielgebrauchtes Fremdwort zur Bezeichnung von Lumpen, Strolchen, Lümmeln.)

Er stand auf, zog sich an, rief im Gang nach dem Asiaten. Der kam sogleich angewackelt, noch auf Socken, seine Schuhe in der Hand. Der Leutnant blieb unsichtbar, hatte sich wohl schon empfohlen. Nebenan hörte ich die Witwe rumoren.

Draußen fröstelte der Maimorgen. Ketten klirren, Pferde wiehern, längst hat der Hahn gekräht. Doch keine Kartjuscha, kein Schuß, nichts. Mit schöner Stimme singt der Major, im Zimmer umherhumpelnd und sein Bein bewegend, allerlei Lieder, so das zauberhafte »Bleib, verweile doch, du Schöne mein.« Hockt sich dann auf die Bettkante, spielt auf einer kleinen Mundharmonika, die er aus der Tasche zog, einen Marsch – so feurig, so geschickt, daß man staunen muß. Unterdes hilft der

Asiat – er sagt auf meine Frage, daß er aus Usbekistan stammt – seinem Herrn sanft in die weichen Lederstiefel, bemüht, das kranke Bein zu schonen. Dabei himmelt er den musizierenden Major an und seufzt in fremd klingendem Russisch: »Ech, wie ist das so schön!«

Später, als beide gegangen waren, hörte die Witwe im Treppenhaus, daß gegen vier Uhr die Kapitulation von Berlin unterzeichnet worden sei – jemand hatte es mit dem Detektor gehört. »Frieden«, so glaubten wir und freuten uns. Bis wir nachher erfuhren, daß in Nord und Süd der Krieg weitergeht.

Mittwoch, die Stunden schleichen dahin. Immer wieder werde ich beim Schreiben unterbrochen. Doch nun stört sich schon keiner mehr an meinem Gekritzel. Allenfalls sagt mal einer: »So ist's recht. Lernt ihr nur fleißig Russisch.«

Immerzu Russen, Schnaps, Küchenarbeit, Wasserschleppen. Irgendwo soll noch ein Holzbalken liegen, schnell hin, sonst schleppt ihn ein anderer ab. Zwei von Anatols Männern kamen aus der verlassenen Wohnung gelaufen, die sie die letzten Tage innehatten – Matratzen und Deckbetten überm Arm. Wohin sie wohl ziehen mögen? Von Anatol selbst keine Spur. Offenbar hat der Leutnant nicht gelogen. Übrigens hat mir der Major beim Abschied versprochen, daß er gut für mich sorgen, mir zu essen bringen werde. Das soll mir recht sein. Es ärgert mich schon seit Tagen, daß ich von dem Butterklumpen, den Herr Pauli vom Volkssturm mitgebracht hat, mitzehren muß. Das ist jetzt ein anderes Leben als droben in meiner kahlgefressenen, hungrigen Dachwohnung. Zuerst die letzten deutschen Zuteilungen. Dann mein Geraubtes, die Plünderbeute aus der Schupo-Kaserne, die Kartoffeln aus der Baracke. Auch hatte die Witwe noch kleine Vorräte an Kartoffeln, Hülsenfrüchten, Speck. Und was hat Anatol mitsamt seinem Haufen alles bei uns hinterlassen an Brot, Heringen, Speckkanten, Büchsenfleisch! (Nur vom Alkohol blieb nie was übrig.) Dazu die beiden Fleischbüchsen aus den weißen Händen von Stepan-Aljoscha! Davon läßt es sich leben. Eigentlich habe ich seit Jahren nicht so fett gegessen, war seit Monaten nicht mehr so satt nach den Mahlzeiten. Es kann ja nicht so bleiben. Einstweilen jedoch stopfe ich mich voll, fülle mich mit Kräften auf.

Draußen Kälte und verhangener Himmel. An der Pumpe stand ich heut lange im dünnen Regen. Ringsum in den zertrampelten Gärten brennen Feuerchen, ertönt Männergesang zum Schifferklavier. Vor mir steht eine Frau in Männerschuhen, einen Schal um den Kopf und um das halbe Gesicht gewickelt, mit dickverweinten Augen. Ringsum Stille, zum ersten Mal, seit ich nach Wasser anstehe. Die Kartjuschas schweigen. Noch schwelt der Himmel gelb. Die Nacht zum Mittwoch war voll Brand. Doch kein Schuß mehr in Berlin, Ruhe. Wir stehen so da, der Regen pladdert, wir sprechen nur wenig und leise. Die Pumpe knarrt, der Schwengel quietscht, Russen füllen einen Kanister nach dem anderen. Wir warten. Die Jammergestalt vor mir berichtet monoton, nein, sie sei bisher nicht vergewaltigt worden, sie habe sich mit ein paar anderen Hausbewohnern im Keller einsperren können. Nun sei jedoch ihr Mann zurückgekehrt, von der Truppe, man verstehe wohl schon … Und nun müsse sie sich um ihn kümmern, ihn verstecken, für ihn Speise und Trank heranschaffen, da könne sie auf sich selber keine Rücksicht mehr nehmen. Derweil zetert hinter mir eine ungekämmte Type: »Meine gute Couch, königsblauer Samt, ich hatte zwei passende Sessel dazu, die haben sie mir kaputtgehauen und verheizt!« Und schließlich weiß ein Mann, ein dürrer Knochen mit einem Gesicht so klein wie eine Faust, eine Geschichte zu berichten: In seinem Haus halte eine Familie die junge Tochter flach unter der Chaiselongue versteckt – die Decke sei bis zum Boden herabgezogen, und es hätten schon Russen darauf gesessen, ohne zu ahnen, daß dies Mädel darunterlag ... Ob's wahr ist oder erfunden, ich weiß es nicht. Möglich wäre es schon. Wir leben in Kitschromanen und Kolportage.

Ich kann mich nicht verstecken, obwohl ich ein verborgenes Schlupfloch im Dachgeschoß weiß. Hab ja keinen Menschen, der mir dorthinauf Wasser und Nahrung brächte. Als ich neun Jahre alt war und auf Ferienbesuch im Haus der Großeltern, hab ich mich eines Sonntagnachmittags mit meiner Kusine Klara auf dem Dachboden versteckt. Wir krochen in einen Winkel unter den sonnenwarmen Strohpuppen des Dachgebälks und tuschelten über das Kinderkriegen. Klara, jünger als ich, doch wissender, flüsterte von großen Messern, mit denen die Frauen aufgeschnitten würden, damit die Kinder ans Licht kämen. Ich spüre noch, wie es mir vor Grausen den Hals zuzog. Bis unten an der Treppe Großmutters behäbige Stimme uns zum Vespern rief. Erlöst stolperte ich treppab und atmete auf, als ich die Großmutter in ihrer Satinschürze sah, unaufgeschnitten, breit und rund, die Nickelbrille vorn auf der Nase. Es roch nach Kaffee und Apfelkuchen, und bestimmt war der Kuchen mit Puderzucker bestreut, obwohl ein Pfund davon damals mehrere Millionen Papiermark kostete. Überm Kauen vergaß ich Klaras Messer und meine Angst. Aber ich meine heute, daß die Kinder recht haben in ihrer Angst vor dem Geschlechtlichen. Es sind viele scharfe Messer darin.

Die Russen um die Pumpe herum musterten uns Wasserholerinnen immer nur flüchtig. Die haben schon kapiert, daß aus den Häusern in erster Linie die Krummen und Alten zur Pumpe geschickt werden. Ich runzle dort auch meine Stirn, ziehe die Mundwinkel abwärts, kneife die Augen zusammen, um recht alt und mies zu erscheinen.

Anfangs, als ich noch nicht so bekannt war wie ein bunter Hund, haben unsere russischen Gäste mich oft nach meinem Alter gefragt. Sagte ich dann, ich sei bereits vor einiger Zeit dreißig geworden, so gab es ein Gegrinse und die Antwort: »Hehe, die macht sich älter, die Schlaue.« Meinem Ausweis, den ich nun zückte, mußten sie freilich glauben. Die kennen sich mit uns nicht aus, sie sind ihre viel gebärenden, früh verbrauchten Russinnen gewöhnt, lesen uns die Jahre nicht vom Körper ab – so elend und kümmerlich die meisten von uns auch jetzt im Vergleich zu Friedenszeiten wirken mögen.

Ein rotbackiger Russe spazierte, auf einem Akkordeon spielend, an unserer Reihe entlang. Er rief uns zu: »Gitler kaputt, Goebbels kaputt. Stalin gutt.« Er lacht, kräht einen Mutterfluch, schlägt einem Kameraden auf die Schulter und ruft auf russisch, obwohl man das in der Pumpenschlange gar nicht versteht: »Den seht euch an! Das ist ein russischer Soldat. Der ist von Moskau nach Berlin gezogen!« Sie platzen aus allen Knopflöchern vor Siegerstolz. Offenbar staunen sie selber darüber, daß sie es so weit gebracht haben. Wir schlucken alles, stehen und warten.

Ich kam heim mit zwei Eimern voll Wasser. Drinnen in der Wohnung neuer Wirbel. Zwei Soldaten, Fremde, rennen durch unsere Zimmer, suchen nach einer Nähmaschine. Ich führe unsere »Singer« in der Küche vor. Seit Petka, der bürstenköpfige Romeo, damit Fangball gespielt hat, sieht sie ziemlich verbogen aus. Wozu brauchen die beiden denn eine Nähmaschine?

Es stellt sich heraus, daß sie eine Sendung nach Rußland in leinene Hüllen eingenäht haben wollen. Was natürlich von Hand zu bewerkstelligen wäre. Mit viel Beredsamkeit, deren Hauptfigur die Wiederholung war, überzeugte ich die Knaben davon, daß für ihre Wünsche die Technik noch nicht weit genug fortgeschritten, daß hier Großmutters schlichte Handarbeit am Platze sei.

Schließlich nicken sie mit ihren runden Köpfen, willigen ein. Als Lohn winkt ein ganzes Brot. Die Witwe überlegt und beschließt, den fürstlichen Auftrag der Buchhändlerin zuzuschanzen, die nähgewandt und brotbedürftig ist. Sie eilt, die Frau aus ihrer dreifach gesicherten Wohnung herauszuklopfen.

Nach einer Weile kommt sie wirklich herein, mißtrauisch, zögernd, doch sogleich gierig nach dem Brote schielend. Seit Tagen, so sagt sie, hat sie keinen Bissen Brot mehr gegessen. Sie lebt mit ihrem Mann von Graupen und Bohnen. Nun stellt sie sich ans Küchenfenster und stichelt sorgsam die weißen Leinenlappen um das Konvolut. Der Inhalt bleibt uns verborgen. Es faßt sich weich an, ich vermute, daß Kleidungsstücke darin sind.

Ich versuche mir vorzustellen, wie den Russen angesichts all des schutzlos und herrenlos herumliegenden Gutes zumute sein muß. In jedem Haus gibt es verlassene Wohnungen, die ihnen völlig preisgegeben sind. Jeder Keller mit allem darin verstauten Kram steht ihnen offen. Nichts in dieser Stadt, was ihnen, wenn sie wollen, nicht gehörte. Es ist einfach zuviel. Sie übersehen die Fülle nicht mehr, greifen lässig nach blinkenden Dingen, verlieren oder verschenken sie wieder, schleppen manches Stück ab, das sie nachher als zu lästig wieder von sich werfen. Zum ersten Mal sah ich hier Knaben, die ein solch ordentliches Postpaket aus ihrer Beute formten. Gewöhnlich sind sie ungeschickt im Verwerten, haben keine Ahnung von Qualität und Preis, schnappen sich das Erstbeste, das ihnen in die Augen sticht. Woher soll es auch kommen? Die haben ihr Leben lang Zugeteiltes auf ihrem Körper getragen, wissen nicht zu sichten und zu wählen, ahnen nicht, was gut und teuer ist. Wenn sie zum Beispiel Bettzeug klauen, so nur, um sich gleich draufzulegen. Ob Eiderdaunen oder Reißwolle, sie sehen keinen Unterschied. Und über jeder anderen Plünderbeute steht ihnen der Schnaps.

Die Buchhändlerin teilt uns, während sie an der Leinwand stichelt, von ihren Neuigkeiten aus. Ja, Stinchen, die Achtzehnjährige, wird von ihrer Mutter immer noch auf dem Hängeboden gehalten, bleibt neuerdings auch tagsüber dort, seit einmal mit den Wasserholern sich zwei Russen in die Wohnung gedrängt, mit Revolvern herumgefuchtelt und ein Loch in das Linoleum des Fußbodens geschossen haben. Sie sieht käsig aus, die Kleine. Kein Wunder. Dafür ist sie noch heil. Die Buchhändlerin weiß von neuen Hausbewohnern zu berichten, zwei jungen Schwestern, die eine ist Kriegerwitwe, hat einen dreijährigen Jungen. Sie sind in eine der leerstehenden Wohnungen eingerückt und feiern drinnen mit Soldaten, mal am Tag, mal in der Nacht; es soll sehr lustig bei ihnen zugehen. Weiter erfahren wir, daß eine Frau im Hause gegenüber aus dem dritten Stock auf die Straße gesprungen ist, als Iwans hinter ihr her waren. Auf dem Rasenplatz vor dem Kino ist sie begraben worden. Es sollen noch mehr Menschen dort liegen. Ich weiß es nicht, mein Pumpenweg führt in anderer Richtung. Und sonst macht man ja jetzt draußen keine Wege.

So stichelt die Buchhändlerin und murmelt, was sie weiß. Die Fama. Bei dem Wort hab ich mir stets eine verhüllte, murmelnde Frauengestalt vorgestellt. Das Gerücht. Wir nähren uns davon. In Urzeiten haben die Menschen alle Meldungen und Begebenheiten von dieser Fama bezogen. Man kann sich das Weltbild früher Kulturen gar nicht nebelhaft und schwankend genug vorstellen. Spukhaft, ein Alpdruck, ein Gewoge von gemurmelten Greueln und Ängsten, von Böswilligkeiten und Götterneid. Manchmal in diesen Tagen hab ich das Gefühl, daß überhaupt nichts mehr stimmt – daß Adolf vielleicht längst per U-Boot bei Franco gelandet ist und auf einem Schloß in Spanien sitzt und für Truman Pläne entwirft, wie der die Russen heimschicken könnte. Zutiefst jedoch immer das Gefühl unserer Niederlage, unseres Preisgegebenseins.

Die beiden Russen kreuzten wieder auf, nahmen zufrieden den zugenähten Packen in Empfang, gaben der Frau das frische Brot. Ich unterhielt mich mit den beiden. Es stellte sich heraus, daß beide keine Russen im Sinne des Volkstums sind: Volksdeutscher aus dem Kubangebiet der eine, der andere ein Pole aus Lemberg. Der Volksdeutsche heißt Adams, seine Vorfahren sind vor 200 Jahren aus der Pfalz ausgewandert. Er bringt einige deutsche Worte hervor, in Pfälzer Mundart, zum Beispiel: »Es hot gebrennt.« Der polnische Paketknabe ist bildhübsch, schwarzhaarig und blauäugig, lebhaft und flink. Im Nu zerklopft er uns eine Kiste zu Kleinholz. Er wechselt mit der Witwe, die als Kind bei Verwandten auf einem ostpreußischen Gut etwas Schnitterpolnisch aufgeschnappt hat, polnische Phrasen. Mir bietet er an, daß er mit mir Wasser holen gehen wolle.

Ich nahm an, wenn auch zögernd. Beim ersten Wasserholen hatte ich unten neben der Haustür einen Anschlag in Deutsch und Russisch entdeckt, der besagte, daß die Russen von sofort an keine deutschen Wohnungen mehr betreten dürften und sich nicht mit deutschen Zivilisten abzugeben hätten.

Wir gehen los, mich freut's, auf diese Art mindestens eine Ansteh-Stunde zu sparen: denn wenn ein Russe für mich pumpt, habe ich den Vortritt. Draußen ruft gleich ein Offizier hinter meinem Polen her: »He, du! Was gehst du mit der Deutschen!« Der Pole blinzelt mir zu, bleibt zurück und trifft mich wieder an der Pumpe, wo er sich vorweg bedient. Währenddes treffen mich aus der

Schlange Blicke, in denen ich Bitterkeit und Verachtung lese. Aber keiner spricht.

Der Pole ist jähzornig. Wegen nichts fängt er unterwegs mit einem Soldaten Streit an, haut um sich, schnaubt und brüllt. Er beruhigt sich mit einem Ruck wieder, holt mich ein und erklärt mir, wobei er auf seinen Hinterkopf deutet, daß er seit einem bei Stalingrad erhaltenen Kopfschuß immer so heftig und wild sei und oft selber nicht wisse, was er in seinem Zorn tue – früher sei er nicht so gewesen. Ich sehe ihn ängstlich an, beeile mich mit meinen beiden Eimern. Wirklich trägt der Pole die dicke, kupferne Stalingradmedaille am bunten, mit Zellophan umwundenen Band. Ich war froh, als er sich vor unserer Haustür verkrümelte. Mit dem Nichtbetreten der deutschen Wohnungen wird es aber noch Weile haben, solange ein ganzer Teil der verlassenen Wohnungen, kreuz und quer zwischen unseren Behausungen gelegen, ihnen offiziell als Truppen-Unterkunft dient.

## Donnerstag, 3. Mai, mit Rest von Mittwoch

Etwas Komisches: Während ich mit dem Polen zur Pumpe gegangen war, hatte sich Petka bei der Witwe eingefunden, mein Ex-Schänder mit dem Bürstenhaar, der Zertrümmerer unserer Nähmaschine. Offenbar war ihm aber diese trunkene Tat entfallen, denn er war, so sagt die Witwe, äußerst freundlich zu ihr. Er brachte einen schönen gelben Lederkoffer angewuchtet, so das richtige Petka-Format, ein anderer hätte ihn kaum hochgekriegt. Den Inhalt hat er vor der Witwe ausgebreitet und ihr bedeutet, sie brauche nur zu wählen, alles gehöre ihr. Dagegen »nix, nix, nix« für mich, verstanden! Na, das war natürlich bloß Gerede. Er hätte ja die Witwe niemals hindern können, nach seinem Weggang den Kram an mich weiterzuschenken. Wahrscheinlich hat er seine großartige Bescherung mir unterbreiten und damit den Versuch machen wollen, nochmals das, was er Liebe nennt, zu ergattern – mal eben schnell und zum Abschied, denn er hat zu der Witwe wirklich den Abschiedsgruß »Doswidanja« gesagt und ihr bedeutet, daß sein ganzer Haufen von dannen ziehe ...

Mit ziemlicher Selbstüberwindung hat die Witwe das Geschenk zurückgewiesen, hat Petka mitsamt seinem Koffer wieder auf die Reise geschickt. Übrigens nicht aus moralischen Hemmungen! »Wie komm' ich dazu«, meint sie, die aus gutem deutschem Bürgerhause stammt. »Meinen Koffer hat man ja auch verschleppt.« Ihre Bedenken waren rein praktischer Art. »Ich kann die Sachen ja doch nicht anziehen«, so sagt sie. »Der Koffer stammt aus einem der Häuser hier herum; und wenn ich mich in Kleidern daraus zeige, muß ich riskieren, daß ich der wirklichen Besitzerin in die Finger laufe.« Bloß zwei Paar Schuhe hat sie sich herausgefischt, da konnte sie nicht widerstehen, es war genau ihre Schuhgröße. Es sind braune Straßenschuhe, Allerweltsmuster, außerdem, so sagt die Witwe, lassen sie sich leicht schwarz kremen und sind dann gut getarnt. Sie will mir ein Paar von den Schuhen überlassen, ich könnte sie auch gebrauchen, hab nur das Paar an meinen Füßen. Leider sind die Schuhe mir zu klein.

Den ganzen Nachmittag über war Ruhe; wir sahen keinen von unseren Bekannten mehr, weder Anatol noch Petka, Grischa, Wanja, Jascha oder den Schullehrer Andrej. Dafür erschien bei Anbruch der Dämmerung pünktlich der Major, mit seinem pummeligen usbekischen Schatten und mit noch jemand – gottlob nicht der düsterblonde Leutnant an seinem Stock. Nein, ein kleines, rotbäckiges Bürschlein in blauem Matrosenanzug, achtzehn Jahre alt, Sowjetmarine. Es scheint, daß sie Berlin auch vom Wasser her erobert haben. Seen haben wir ja genug. Das Matröslein sieht aus wie ein Schuljunge und lächelt treuherzig über beide Backen, als er mich halblaut fragt, ob er mich um etwas bitten dürfe.

Bitte sehr! Und ich winke ihn zum Fenster hin, durch das noch immer Brandgeruch hereinweht. Der Matrose ersucht mich dann höflich, ganz kindlich, ich möchte doch so gut sein und ihm ein Mädchen besorgen – aber ein sauberes und ordentliches müßte es sein, ein gutes und liebes – er würde ihm auch zu essen bringen.

Ich starre den Knaben an, habe Mühe, nicht mit Gelächter herauszuplatzen. Das ist denn doch die Höhe. Jetzt fordern sie von ihren besiegten Lustobjekten bereits Sauberkeit und Bravheit und einen edlen Charakter! Fehlt bloß noch ein polizeiliches Führungszeugnis, ehe man sich für sie hinlegen darf! Aber der Kleine blickt so hoffnungsfroh drein, hat die so zarte Haut eines guten Mutterkindes, daß ich ihm nicht böse sein kann. Ich schüttle also mit dem nötigen Bedauern mein Haupt, sage ihm, daß ich erst seit kurzer Zeit in diesem Hause wohne, kaum Leute kenne und ihm leider nicht sagen kann, wo ein gutes, braves Mädchen für ihn zu finden sei. Er nimmt es betrübt zur Kenntnis. Mir zuckt es in den Fingern, ihm hinter die Ohrlöffel zu fahren und nachzufühlen, ob er dort schon trocken ist. Aber ich weiß, daß auch der scheinbar sanfteste Russe jäh zum wilden Tier werden kann, wenn man ihn oder sein Selbstgefühl antastet. Bloß wissen möchte ich, warum ich mir immerfort Kuppelpelze verdienen soll. Wahrscheinlich, weil ich hier herum die einzige bin, die ihre Wünsche sprachlich versteht.

Mein Matrose verzog sich wieder, nachdem er mir dankend seine Kinderpfote gereicht hatte. Warum bloß diese Knäblein so emsig hinter Weiblichem her sind? Daheim würden sie damit wohl noch warten, obwohl sie früher heiraten als unsere Männer. Wahrscheinlich wollen gerade diese Soldatenknaben, wie ja auch der sechzehnjährige Wanja, der Treppenschänder, sich unter ihren älteren Kameraden als vollgültige Männer ausweisen.

Tja, mit dem wilden Drauflosschänden der ersten Tage ist es nichts mehr. Die Beute ist knapp geworden. Und auch andere Frauen sind, wie ich höre, inzwischen genau wie ich in festen Händen und Tabu. Über die beiden Sauf- und Jubelschwestern hat die Witwe inzwischen Genaueres vernommen; danach sind bei ihnen bloß Offiziere zugelassen, die es Nichtberechtigten oder gar Hundsgemeinen schwer verübeln, wenn sie Einbrüche in ihr Bettrevier machen. Allgemein versucht ein jeder, der nicht schon zum Abmarsch bereitsteht, etwas Festes, ihm Gehöriges zu finden, und ist bereit, dafür zu zahlen. Daß es bei uns mit dem Essen elend bestellt ist, haben sie begriffen. Und die Sprache von Brot und Speck und Heringen – ihren Hauptgaben – ist international verständlich.

Mir hat der Major alles mögliche mitgebracht, ich kann nicht klagen. Unter dem Mantel trug er einen Packen Kerzen. Dazu weitere Zigarren für Pauli. Der Usbek war schwer beladen, kramte nacheinander eine Büchse Milch, eine Büchse Fleisch und einen Kanten salzstarrenden Specks heraus; dann einen in Lappen gewickelten Butterkloß von mindestens drei Pfund, mit Wollhärchen verschmiert, die die Witwe gleich abklaubte, und, als wir dachten, es käme nichts mehr, noch einen Kissenbezug, in den viel Zucker gefüllt war, schätzungsweise fünf Pfund! Das sind fürstliche Morgengaben. Herr Pauli und die Witwe staunten.

Die Witwe lief, um die Gaben in ihrem Küchenschrank zu verstauen. Herr Pauli und der Major qualmten einander freundschaftlich an, und ich saß dabei und grübelte. Dies ist eine neue Sachlage. Es läßt sich keinesfalls behaupten, daß der Major mich vergewaltigt. Ich glaube, daß ein einziges kaltes Wort von mir genügt, und er geht und kommt nicht mehr. Also bin ich ihm freiwillig zu Diensten. Tue ich es aus Sympathie, aus Liebebedürfnis? Da sei Gott vor. Einstweilen hängen mir sämtliche Mannsbilder mitsamt ihren männlichen Wünschen zum Hals heraus, kann mir überhaupt nicht vorstellen, daß ich mich noch einmal im Leben nach diesen Dingen sehnen könnte. Tue ich es für Speck, Butter, Zucker, Kerzen, Büchsenfleisch? Ein wenig bestimmt. Es hat mich bedrückt, an den Vorräten der Witwe mitzehren zu müssen. Ich freue mich, daß ich ihr nun, durch die Hände des Majors, auch etwas geben kann. Ich fühle mich freier so, esse mit besserem Gewissen. Andererseits mag ich den Major, mag ihn um so mehr als Menschen, je weniger er als Mann von mir will. Und viel wird er nicht wollen, das spüre ich. Sein Gesicht ist bleich. Die Kniewunde macht ihm zu schaffen. Wahrscheinlich sucht er menschliche, weibliche Ansprache mehr als das bloß Sexuelle. Und die gebe ich ihm gutwillig, ja gern. Denn unter den Mannsviechern der letzten Tage ist er doch der erträglichste Mann und Mensch. Ihn kann ich überdies lenken. Das würde ich mir bei Anatol nicht so ohne weiteres zutrauen, obwohl Anatol mir gegenüber die Gutmütigkeit selber war. Aber so gierig, so Bulle, so stark! Unwillkürlich würde er mir doch eine kleine Ohrfeige hauen, bei der ich ans Zähnespucken käme – einfach so, aus Überschuß an Kraft, aus Bärenhaftigkeit. Mit dem Major hingegen läßt sich reden. Womit ich die Frage aber noch nicht beantwortet habe, ob ich mich nun als Dirne bezeichnen muß, da ich ja praktisch von meinem Körper lebe und für seine Preisgabe Lebensmittel beziehe.

Wobei ich, während ich dies schreibe, erst einmal überlegen muß, warum ich mich so moralisch gehabe und so tue, als sei der Dirnenberuf tief unter meiner Würde. Es ist immerhin ein altes, ehrwürdiges Gewerbe und reicht hinauf bis in die höchsten Kreise. Ein einziges Mal allerdings nur hab ich mit einer solchen Frau gesprochen; das heißt mit einer eingetragenen, offiziell diesem Beruf nachgehenden Frau. Es war auf einem Schiff im Mittelmeer, irgendwo nahe der afrikanischen Küste; ich war sehr früh aufgestanden und trieb mich an Deck herum, während noch Matrosen die Planken schrubbten. Eine Frau war auch schon auf, mir unbekannt, dicklich, bescheiden angetan, zigarettenrauchend. Ich stellte mich zu ihr an die Reling, sprach sie an. Sie konnte ein paar Brocken Englisch, nannte mich Miss, bot mir eine Zigarette aus ihrer Schachtel und lächelte dazu. Später fing mich der Obersteward ab und teilte mir in dramatischem Flüsterton mit, das da sei eine schlechte Person; man müsse sie mitnehmen, lasse sie aber nur in der Frühe, wenn gewöhnlich noch keiner von den Passagieren auf sei, an Deck. Ich sah sie später nicht mehr, sehe aber noch ihr dickliches, freundliches Frauengesicht vor mir. Was das schon heißt – schlecht!

Aber könnte ich, vom Moralischen mal ganz abgesehen, in dieses Gewerbe hineinrutschen, mir darin gefallen? Nein, niemals. Es geht mir wider die Natur, kränkt mein Selbstgefühl, zerstört meinen Stolz – und macht mich körperlich elend. Da also hat es keine Not. Ich steige aus diesem Gewerbe, wenn ich mein derzeitiges Tun schon so nennen muß, mit tausend Freuden aus – wenn ich nur mein Essen wieder auf andere, angenehmere, meinem Stolz besser zusagende Weise verdienen kann.

Gegen 22 Uhr verstaute der Major seinen Usbeken hinter der Küche in die Kammer. Wieder klirrt ein Koppel am Bettpfosten, baumelt der Revolver herab, krönt die Soldatenmütze den Pfostenknauf. Aber die Kerze brennt noch, und wir erzählen uns allerlei. Das heißt, der Major erzählt, er berichtet mir von seinen Familienverhältnissen und kramt aus seiner Brieftasche kleine Photobildchen heraus. Zum Beispiel ein Bild von seiner Mutter, die zu weißem Haar wilde, schrägschwarze Augen hat. Sie stammt aus dem Süden des Landes, wo von jeher die Tataren saßen, und hat einen weißblonden Sibirier geheiratet. Äußerlich hat der Major viel von seiner Mutter. Sein Wesen wird mir nun aus dieser nordsüdlichen Blutmischung verständlich: seine Sprunghaftigkeit, der Wechsel von Hast und Schwere, von Feuer und Melancholie, seine lyrischen Aufschwünge und die plötzliche Mißlaune hinterher. Er war verheiratet, ist seit langem geschieden, war offenbar ein schwieriger Partner, wie er selber gesteht. Kinder hat er keine. Das ist etwas sehr Seltenes bei einem Russen. Ich merkte es daran, daß sie immer gleich fragten, ob ich Kinder hätte, und mir gegenüber kopfschüttelnd ihre Verwunderung darüber kundtaten, daß es bei uns so wenig Kinder gibt und so viele Frauen ohne Kind. Auch der Witwe wollen sie gar nicht glauben, daß sie keine Kinder hat.

Noch ein Photo zeigt mir der Major, das Porträt eines sehr gut aussehenden, streng gescheitelten Mädchens, Tochter eines polnischen Universitätsprofessors, bei dem der Major im letzten Winter in Quartier lag.

Als der Major meine familiären Verhältnisse anbohrt, weiche ich aus, mag davon nicht sprechen. Er will dann wissen, welche Schulbildung ich genossen habe, vernimmt achtungsvoll, was ich ihm vom Gymnasium und den gelernten Fremdsprachen und meinen Reisen kreuz und quer durch Europa berichte. Er sagt anerkennend: »Du hast eine gute Qualifikation.« Wundert sich dann unvermittelt, daß die deutschen Mädchen alle so schlank und fettlos seien – ob wir so wenig zu essen bekommen hätten? Er malt sich dann aus, wie es wäre, wenn er mich mitnähme nach Rußland, wenn ich seine Frau wäre, seine Eltern kennenlernte... Er verspricht, mich dort mit Hühnchen und Sahne dickzufüttern, denn vor dem Krieg habe man bei ihm daheim recht gut gelebt ... Ich lasse ihn spinnen. Fest steht, daß meine »Bildung« – die er freilich nach bescheidenem Russenmaßstab mißt – ihm Achtung einflößt, mich in seinen Augen begehrenswert macht. Gewiß ein Unterschied zu unseren deutschen Männern, für die nach meinen Erfahrungen Belesenheit keineswegs den Reiz einer Frau erhöht. Im Gegenteil, instinktiv hab ich mich stets ein bißchen dümmer und unwissender gestellt den Männern gegenüber oder hab doch hinterm Berge gehalten, bis ich sie näher kannte. Der deutsche Mann möchte stets der Klügere sein und sein kleines Frauchen belehren. Die Sowjetmänner wissen nichts von kleinen Frauchen fürs traute Heim. Bildung steht dort so hoch im Kurs, ist ein so rares, so gesuchtes, dringend benötigtes Gut, daß man sie von Staats wegen mit strahlendem Nimbus umgibt. Hinzu kommt, daß Wissen sich dort bezahlt macht, was auch der Major sagen will, als er mir nun darlegt, daß ich in seiner Heimat bestimmt »qualifizierte Arbeit« finden würde. Schönen Dank, du meinst es gut, aber damit bin ich ein für allemal bedient. Bei euch gibt es zu viel Abendkurse. Ich mag keine Abendkurse mehr. Ich mag Abende für mich.

Er sang wieder, leise, melodisch, ich höre es gern. Er ist redlich, reinlichen Wesens, aufgeschlossen. Aber fern und fremd und so unausgebacken. Wie sind wir Westler alt und überklug – und sind jetzt doch Schmutz unter ihren Stiefeln.

Ich weiß von der Nacht nur, daß ich tief und fest geschlafen und sogar freundlich geträumt habe; und daß ich am Morgen mit unendlichen Umschreibungen, wie »Kino im Kopf«, »Bilder vor geschlossenen Augen«, »nicht richtige Sachen im Schlaf« das russische Wort für »Traum« aus dem Major herausfragte. Auch so eine Vokabel, die im Soldatenwörterbuch fehlt.

Als der Major gegen sechs Uhr früh zur Kammer ging, um den Usbeken herauszuklopfen, blieb drinnen alles still. Er holte mich heran, ängstlich und aufgeregt, in der Meinung, daß dem Asiaten etwas zugestoßen sein müsse – vielleicht eine Ohnmacht oder gar Überfall und Mord? Gemeinsam rüttelten wir an der Klinke, pochten gegen das Holz der Tür. Nichts, kein Laut: doch sah man, daß innen der Schlüssel steckte. So fest schläft kein Mensch, nicht mal ein Asiat. Ich jagte nach vorn, schüttelte die Witwe wach, flüsterte ihr unsere Besorgnisse ins Ohr.

»Ach was«, gähnte die Witwe. »Der will bloß allein hierbleiben und nachher sein Glück bei dir versuchen.«

Wohl zitiert Herr Pauli des öfteren die »weibliche Verschlagenheit« der Witwe. In diesem Falle aber glaube ich ihr nicht und lache sie aus.

Schließlich entschwindet der Major, nachdem er mehrfach auf seine Armbanduhr geschaut hat. (Eine russische Uhr, er hat es mir gleich zu Beginn unserer Bekanntschaft anhand des Herstellungszeichens bewiesen.)

Kaum ist er weg – wer erscheint im Korridor, ausgeschlafen und straßenfein? Der Herr Usbeke!

Er tappt auf mich zu, sieht mich mit seinen verquollenen, nun eigentümlich trüben Äuglein an, zieht aus der Manteltasche ein Paar Seidenstrümpfe, noch in der Papierschlaufe, und sagt, indem er mir die Dinger hinhält, auf gebrochen Russisch: »Willst du? Ich geb sie dir. Verstehst du mich?«

Klar verstehe ich, mein dicker Liebling! Weit reiße ich die Vordertür auf und zeige ihm, wo der Weg langgeht. »Ab dafür«, sage ich auf deutsch. Er versteht und zottelt von dannen, sieht mich nochmals mit vorwurfsvollen Quetschaugen an und stopft die Strümpfe wieder in seine Tasche.

Eins zu null für die »weibliche Verschlagenheit«!

## Nachts, von Donnerstag, 3. Mai, zu Freitag, 4. Mai

Es ist kurz nach drei Uhr und noch dunkel, ich schreibe im Bett, bei Kerzenlicht und allein. Diesen Lichtluxus kann ich mir erlauben, da uns der Major reichlich mit Kerzen versorgt hat.

Den Donnerstag über gab es wieder Trubel in unserer Wohnung. Unerwartet kreuzten drei Mannen von Anatol auf, sie saßen um den Tisch herum, schwatzten, rauchten, spuckten in die Gegend, zermurksten das heisere Grammophon, das immer noch bei uns herumsteht, und ließen unersättlich die Reklameplatte der Kleiderfirma krächzen. Auf meine Frage nach Anatol – eine ängstlich gestellte Frage! – zuckten sie die Achseln, ließen jedoch seine Rückkehr als möglich durchblicken. Übrigens tauchte auch der Truppen-Bäcker in seinem weißen Kittel wieder auf und wiederholte seine stereotype Frage, ob ich, im Austausch gegen viel Mehl, nicht ein Mädel für ihn wüßte.

Nein, ich weiß kein Mädel für den Bäcker. Die Sauf- und Jubelschwestern sind in festen Offiziershänden. Das achtzehnjährige Bürgerstöchterlein Stinchen ist auf dem Hängeboden gut versteckt. Von den beiden Portierstöchtern hab ich die letzten Tage nichts mehr gesehen und gehört, nehme an, sie krochen anderswo unter. Von den beiden Verkäuferinnen unten im Bäckerladen ist die eine auf und davon, soll sich in einem fremden Keller verkrochen haben. Die andere wird, wie die Witwe vernahm, in der Kammer versteckt gehalten. Man hat einen großen Schrank vor die Verbindungstür gerückt und das Fenster nach draußen mit der Rolljalousie verschlossen. Muß ganz hübsch düster sein für das Mädel. Bliebe theoretisch noch das junge Mädchen, das wie ein junger Mann aussieht, 24 Jahre alt und lesbisch. Wie wir hörten, entging sie bisher den Iwans. Sie läuft unentwegt im grauen

Jackettanzug herum, mit Gurt und Schlips, einen Herrenhut tief ins Gesicht gedrückt. Das Haar hat sie ohnehin im Nacken kurz geschnitten. So rutscht sie bei den Russen, die von solchen Grenzfällen nichts wissen, als Mann durch, holt sogar Wasser und steht zigarettenrauchend an der Pumpe.

Pauli reißt Witze über dies Mädel, wünscht ihr eine ordentliche Umschulung, behauptet, es sei geradezu ein gutes Werk, ihr Kerle zu schicken, den strammen Petka beispielsweise mit seinen Holzfällerpratzen. Überhaupt fangen wir langsam an, den Schändungsbetrieb humoristisch zu nehmen, galgenhumoristisch.

Wir haben oft genug Grund dazu. So hat an diesem Vormittag wahrhaftig auch die Frau mit der grindigen Wange, entgegen meiner Prophezeiung, dran glauben müssen. Zwei Kerle fingen sie, als sie treppauf zu Nachbarsleuten wollte, und zerrten sie in eine der verlassenen Wohnungen. Dort bekam sie es zweimal ab, oder vielmehr anderthalbmal, wie sie sich rätselhaft ausdrückte. Erzählte, daß einer der Kerls auf den Grind gedeutet und gefragt habe: »Syphilis?« Worauf das Schaf im ersten Schreck doch den Kopf schüttelte und Nein rief. Kurz danach kam sie bei uns hereingestolpert, brauchte Minuten, ehe sie sprechen konnte, wir labten sie mit einer Tasse voll Burgunder. Schließlich erholte sie sich wieder und griente: »Und darauf hat man nun sieben Jahre lang gewartet.« (So lange lebt sie von ihrem Mann getrennt.) Berichtete dann von der Wohnung, in die man sie geschleppt hatte, schüttelte sich: »Wie das stinkt da drinnen! Überall haben sie was hingemacht.« Trotzdem lernt die Grindige fleißig Russisch. Sie hat sich ein Wörterbüchlein besorgt und sich Vokabeln daraus abgeschrieben. Nun will sie von mir die richtige Aussprache wissen. Der Grind ist dicht vor mir, er ist mit Salbe eingeschmiert, sieht aus wie ein Stück verfaulter Blumenkohl. Aber ich habe meinen sonst so reizbaren Ekel in diesen Tagen ziemlich abgebaut.

Auch wir betrachten die verlassenen Wohnungen als vogelfrei, nehmen uns daraus, was wir brauchen, betreiben Mundraub. So hab ich mir aus der Wohnung nebenan (wo sie u.a. den Spülstein in der Küche als Abort benutzt haben) einen Armvoll Briketts geholt, einen Hammer und zwei Gläser mit eingemachten Kirschen. Wir leben gut und füttern auch die Drohne Pauli gut. Er hat ordentlich Speckbacken gekriegt auf seinem Schmerzenslager.

Mit einem Mal, gegen Abend, platzte Anatol in unsere Stube. Unerwartet, fast schon vergessen. Bei mir Schreck, und Herz im Hals. Aber Anatol lacht, umschlingt mich, weiß offenbar nichts von einem Major. Es scheint zu stimmen, daß er zum Stabe abkommandiert ist, denn er ist mit erstklassigen Nachrichten ausgerüstet. Er berichtet vom zerstörten Stadtzentrum Berlins, von der Sowjetfahne, die auf der Ruine des Reichstages flattert sowie auf dem Brandenburger Tor. Er war überall. Von Adolf kann er nichts sagen, bestätigt dafür den Selbstmord von Goebbels mit Frau und allen Kindern. Er macht sich an das Grammophon, unter seinen Fäusten zerfällt der Deckel sogleich in fünf Stücke. Ganz verdutzt steht Anatol da mit dem Brettersalat.

Wirre Bilder, Bildfetzen, es vermischt sich in meinem Hirn, kann's nicht mehr auseinanderhalten. Wieder Abend mit viel Wodka, wieder die Nacht. Ich horchte ängstlich nach draußen, zuckte bei jedem Laut und jedem Tritt zusammen. Ich fürchtete, der Major könnte dazwischenkommen; aber er kam nicht. Vielleicht hat ihm der düsterblonde Leutnant, der ja auch Anatol und die Seinen kennt, dessen Rückkehr gesteckt. Anatol wiederum hatte etwas läuten hören von dem Major, wollte wissen, ob ich mit ihm ... Ich winkte ab, sagte, wir hätten uns nur politisch unterhalten, womit er sich zufriedengab. Oder er tat doch so. Seinerseits beteuerte er mir, daß er außer mir in Berlin noch kein Mädel angerührt habe. Kramte dann Post heraus, die er aus der Heimat bekommen hat. Vierzehn Briefe, davon dreizehn mit weiblichem Absender. Sagte, verschämt lächelnd, doch ganz selbstverständlich: »Ja, alle lieben mich.«

Da Anatol so unvorsichtig war, mir zu erzählen, daß er schon um drei Uhr nachts wieder aufbrechen müßte, zurück in sein neues Quartier im Stadtzentrum, und daß er wohl nicht mehr wiederkehren werde, versuchte ich, ihm möglichst viel Bettzeit zu rauben. Ich ließ mir seine Post einzeln durchklamüsern, fragte alles mögliche, ließ ihn erzählen, mir die Karte von Berlin erläutern, den Frontverlauf. Ich munterte auch die Seinen zum Trinken und Plattenspielen auf, hieß sie singen, was sie gerne taten, bis Anatol sie abwimmelte. Im Bett machte ich weitere Sperenzchen und sagte ihm schließlich, nachdem er einmal seinen Willen bekommen hatte, daß nun ein Punkt gemacht werden müßte; daß ich müde sei, kaputt, ruhebedürftig. Ich hielt ihm moralische Vorträge und suggerierte ihm, daß er doch bestimmt keiner von den »Hooliganen« sei, sondern ein rücksichtsvoller, kultivierter, zartfühlender Mann. Er schleckte die süße Speise, wenn auch sehr widerstrebend und mit Rückfällen ins Mann-Stierische, die ich abbremsen konnte. Geschlafen hab ich freilich auf die Art keine Minute. Immerhin wurde es endlich drei, und Anatol mußte davon. Freundlicher Abschied von dem warmen Vollblut; aber doch ein Aufatmen, ein Gliederstrecken. Ich hielt mich noch eine Zeitlang wach, weil ich das dumme Gefühl hatte, alle meine Taten seien von Kundschaftern ausgespäht, so daß am Ende der Major gleich nachrücken würde. Doch ist bis jetzt keiner gekommen. Draußen singt der Hahn. Nun will ich schlafen.

## Rückblick auf Freitag, 4. Mai 1945, notiert Samstag, 5. Mai

Gegen elf Uhr morgens erschien der Major, er hatte bereits vernommen, daß Anatol wieder in der Gegend, wollte wissen, ob ich mit ihm ... Ich sagte, nein, er habe bloß hier mit seinen Leuten gefeiert und getrunken, mußte zeitig wieder ins Zentrum zurück. Er schluckte es. Mir war mies zumute. Am Ende werden sie doch noch zusammenknallen. Was soll ich tun? Ich bin bloß Beute, muß es den Jägern überlassen, was sie mit der Beute tun wollen und wem sie verbleibt. Doch hoffe ich sehr, daß Anatol nicht wiederkehrt.

Diesmal brachte der Major allerlei Süßigkeiten mit, deutschen Luftwaffenproviant, Kraftfutter. Wir aßen zum Nachtisch davon, unter uns, denn der Major empfahl sich bald wieder. Er wußte nicht, ob er lachen oder sich ärgern sollte, als ich ihm vom Strumpf-Angebot seines Usbeken erzählte. Entschied sich schließlich fürs Lachen. Er versprach, gegen Abend wiederzukommen, in scharfem Ton, mit scharfem Blick. Nun weiß ich doch nicht, ob ich ihn lenken kann, muß mich in acht nehmen, darf nie vergessen, daß sie die Herren sind.

Zum Verdruß der Witwe futtern Herr Pauli und ich wie die Scheunendrescher. Wir streichen uns die Butter fingerdick, aasen mit dem Zucker, wollen fettgebratene Kartoffeln. Die Witwe aber zählt uns diese Kartoffeln in den Mund. Sie hat nicht ganz unrecht. Unser kleiner Vorrat schwindet dahin. Wohl steht noch ein Korb voll Kartoffeln im Hauskeller; doch wir können nicht heran. Die Hausbewohnerschaft hat in den stillen Stunden morgens zwischen fünf und sieben den Zugang zum Hauskeller verrammelt: mit einem Berg von Trümmersteinen, mit einer Barrikade aus Stühlen, Sprungfedermatratzen, Schränken und Balken. Alles ist mit Drähten und

Stricken zusammengezurrt. Das zu entwirren dürfte Stunden dauern. Kein Plünderer hat die Geduld dazu, und das ist der Sinn der Sache. Erst »nachher« soll alles wieder von uns abgebaut werden – wobei natürlich kein Mensch weiß, wann dies »nachher« sein wird.

Verrückter Tag! Über Nachmittag tauchte plötzlich doch wieder Anatol auf, diesmal auf dem Soziussitz eines Motorrades. Er zeigte mir die unten wartende Maschine mit dem Fahrer. Also kann er nur kurz bleiben, wie tröstlich. Und diesmal, so behauptet er, sei es wirklich sein letzter Besuch – er werde mit dem Stab aus Berlin hinausverlegt. Wohin? Er sagt es nicht. In eine deutsche Stadt? Er zuckt die Achseln und grient. Mir ist es egal, ich hätte nur gern gewußt, ob er wirklich weit wegkommt. Die Witwe begrüßte ihn freundlich, doch gemäßigt. Sie sieht die Dinge vom Küchenschrank her und zieht den Major vor, der auf den Schrankborden einen ganz anderen Niederschlag hinterläßt.

Ich sitze neben Anatol auf der Bettkante und lasse ihn von »seinem« Motorrad erzählen, auf das er sehr stolz ist, als plötzlich die Tür aufgeht, an die doch bereits der übliche Sessel gerückt ist. Gestört und belästigt blickt Anatol auf. Es ist die Witwe, ganz rot im Gesicht, mit verwirrtem Haar. Hinter ihr drängt sich ein Russe herein, ich kenne ihn, entsinne mich: Es ist der hübsche Pole aus Lemberg, der mit dem Kopfschuß bei Stalingrad und dem besonderen Talent für Wutanfälle. Es scheint, daß er auf dem besten Wege ist, einen solchen Wutanfall zu kriegen. Er schreit gleich los, wobei er sich sowohl an mich wie auch an Anatol wendet, uns beide zu Schiedsrichtern anrufend: Er sei ein junger Mensch, was anderen recht sei, sei ihm billig, er habe eine ganze Zeitlang keine Frau gehabt, und der Gatte der Witwe (dafür hält er Herrn Pauli, der nebenan seinen Mittagsschlaf hält) brauche ja nichts davon zu merken und zu erfahren – es sei doch gleich getan! Und er reißt die Augen auf, ballt Fäuste, schüttelt sein Haar – offenbar völlig von seinem guten Recht auf die Witwe durchdrungen, deren Brocken von Schnitterpolnisch ihm wohl im Ohr und im Gemüt geblieben sind. Er probiert es nun sogar damit, wirft ihr polnische Worte hin – alles in größter Aufregung, während die Witwe sich die rinnenden Tränen wischt.

Anatol sieht mich an, sieht die Witwe an, will sichtlich nichts mit der Sache zu tun haben. Er meint, zu mir gewandt, das sei doch nicht so wichtig, ich solle der Witwe zureden, es sei ja schnell vorüber, sie möge sich keinen Ärger machen. Dann zu dem Polen, abwinkend: Man möge ihn gefälligst damit verschonen, er habe es eilig, müsse bald weiter ... Und er macht Miene, den Sessel wieder an die Tür zu rücken. Hastig flüstre ich der Witwe ein paar Worte zu, erinnere sie an den Kopfschuß und den Wutkoller des Polen. Der Kerl ist imstande und spielt verrückt, wenn er seinen Willen nicht bekommt ... Und Anatol wird bald weg sein, der wird dann nicht helfen können ... Oder will die Witwe vielleicht Herrn Pauli wecken, auf daß er den Lemberger vergraule? Die Witwe winkt ab, nein, wozu? Und sie weint. Der Pole, schon wieder besänftigt, streichelt sie. Die beiden entschwinden.

Eine Viertelstunde später rattert unten das Motorrad davon. Anatol sitzt auf dem Sozius, blickt noch einmal zur Wohnung herauf, sieht mich am Fenster und winkt lebhaft. Das Rad entschwindet rasch um die Ecke.

Den ganzen Nachmittag hindurch sprach die Witwe nicht mit mir. Sie grollte. Erst gegen Abend lenkte sie wieder ein, erzählte ... Demnach war der jugendliche Wutdeibel zahm und friedlich, ja von ermüdender Langweiligkeit, bevor er die Witwe freigab. Übrigens hat er ihr ein Kompliment hinterlassen, erst wollte sie nicht damit herausrücken, doch schließlich gab sie es uns preis:

»Ukrainerfrau – so. Du – so.« Wobei das erste »so« durch einen Kreis aus zwei Daumen und Zeigefingern illustriert wird, das zweite »so« durch ein Kreislein aus einem Daumen und einem Zeigefinger.

Was der Tag sonst gebracht hat? Ach ja, wieder eine Treppenbeute, wieder eine Alte, an die sechzig schon; die Jüngeren trauen sich tagsüber kaum ins Treppenhaus. Diesmal war es eine von den drei schwarzgekleideten Schneiderinnen. Die hatten gehört, daß Anatols Mannen ihre Wohnung wieder freigegeben hatten, und waren zu dritt, unter dem Beistand unseres Soldaten-Deserteurs, in die verlassenen Räume gedrungen, hatten aus Müll und Kuddelmuddel gemeinsam eine Nähmaschine herausgeholt und zwei Treppen höher geschleppt. Eine der Tanten war nochmals allein hinuntergelaufen, irgendwelches Schneiderzubehör zu bergen – und war einem Kerl in die Finger gelaufen. Die Witwe sprach gegen Abend mit ihr, da lag sie noch schluchzend auf dem Sofa in der Buchhändlerswohnung, ein ganzer jammernder Frauenhaufen drum herum.

Auch die Jüngste von Portiers hat es inzwischen erwischt, die Mutter erzählte es mir an der Pumpe. Die ersten Tage über hatte sich die Familie, Mutter, zwei Töchter und ein dreijähriger Enkelsohn, im gutgesicherten Nachbarskeller verborgen gehalten. Als dann die Rede ging, es sei nicht mehr so arg mit den Iwans, waren die Mädels tagsüber in die Wohnung im Erdgeschoß zurückgekehrt, hatten dort gekocht und Sachen gewaschen. Bis zwei singende, stockbetrunkene Knaben sie dort überraschten. Der Ältesten, so sagt die Mutter, hat keiner was getan. Ich sah sie seitdem und kann es verstehen: Sie ist krankhaft abgemagert, hat ein Gesicht so klein und hohl, daß man förmlich die Umrisse des Schädels durchschimmern sieht. Die Jüngste hatte sich, wie die Mutter mir zuflüsterte, mit Watte verbarrikadiert, obwohl kein

Anlaß vorlag; doch hatten die Mädchen gehört, daß die Iwans Frauen dann nicht möchten. Es half nichts. Unter Spaß und Gejohle haben die Kerls das Zeug in der Stube umhergeworfen und die Sechzehnjährige auf der Chaiselongue in der Küche genommen. »Es geht ihr soweit gut«, meinte die Mutter, selber ganz verwundert darüber. Trotzdem hat sie die Kleine vorsichtshalber drei Treppen hoch in die Wohnung der Buchhändlersleute gebracht, wo sie, wie die Witwe gehört hat, allen Leuten wichtig wiederholt, die Russen hätten gleich nach ihr gelangt, hätten die ältere Schwester überhaupt nicht angeguckt.

Noch einer kam und machte einen Abschiedsbesuch: Andrej, aus Anatols Haufen, der Schullehrer mit dem eisblauen Blick. Er saß noch eine Weile bei mir am Tisch, unterhielt mich mit Politik, hielt mit seiner leisen, beherrschten Stimme einen Vortrag, in dem es von Wörtern wie »sozialistitscheski, kapitalistischeski, jekonomitscheski« und so weiter nur so wimmelte. Derweil saß ich friedlich da, stopfte mein einziges Handtuch und flickte den kaputtgeschändeten Strumpfbandgürtel. Eine Art Ordnung macht sich wieder bemerkbar.

Am Abend saßen wir, die Witwe, ich und die Gattin unseres Soldaten-Deserteurs, zu dritt beim Kerzenschein an Herrn Paulis Bett. Wir haben der Frau eine Kerze abgegeben, dafür hat sie uns eine Schachtel Streichhölzer überlassen. Pünktlich erschien der Major mit seinem pummeligen Schatten. Auf seiner kleinen Mundharmonika – einer deutschen Hohner, Beute – spielte er wild und feurig auf. Ließ sich schließlich sogar von seinem Burschen aus seinen weichledernen Stiefeln heraushelfen und tanzte auf Socken einen Krakowiak, wiegte sich in den Hüften, anmutig und geschmeidig, und das weiß er auch. Tanzte dann mit der Witwe einen Tango, wozu wir anderen einen Schlager sangen – spielte wieder, diesmal aus *Rigoletto,* aus dem *Troubadour* – es ist unglaublich, wieviel Musik er aus dem winzigen Maultrommelchen herausholt. Sein Usbek ließ die pechschwarzen Mongolenaugen keine Sekunde von ihm, sprach hin und wieder rühmende Worte aus, in kindlich unbeholfenem Russisch: »Oh, er ist gut. So wie ihn gibt es keinen mehr.« Am Ende ließ er sich von dem Major überreden, uns ein usbekisches Lied vorzusingen, vorzunäseln, sehr wunderlich. Er versuchte nach unendlichem Zureden sogar einen Tanz auf dicken Beinen. Unser Besuch, eine derbe Berlinerin, trank den Wein des Majors mit und nahm seine zeremoniellen Verbeugungen entgegen. Während er mit der Witwe tanzte, flüsterte sie mir zu: »Also, für den könnt' ich mich glatt vergessen!«

Der Major blieb. Schwierige Nacht. Von all der Tanzerei war sein Knie wieder geschwollen und schmerzte ihn heftig. Er stöhnte, sooft er sich bewegte. Ich wagte mich kaum zu rühren. Mich hat er ganz in Ruhe gelassen. Ich schlief tief.

## Samstag, 5. Mai 1945

Heute düsterer Maihimmel. Die Kälte will nicht weichen. Ich hocke auf dem Schemel vor unserem Herdfeuer, das kümmerlich von allerhand Nazi-Literatur gespeist wird. Wenn es alle Leute so machen – und sie machen es so –, wird *Mein Kampf* von Adolf noch einmal ein bibliophile Seltenheit werden.

Hab soeben eine Pfanne voll Speckgrieben vertilgt, streiche mir die Butter fingerdick, während die Witwe finstere Prophezeiungen auf mich häuft. Ich höre nicht darauf. Was morgen sein wird, ist mir egal. Jetzt will ich so gut leben, wie ich irgend kann, sonst falle ich bei so viel Lebenswandel wie ein nasser Lappen zusammen. Das Gesicht schaut mir wieder rund aus dem Spiegel.

Zu dritt haben wir uns heute über die Zukunft unterhalten. Herr Pauli richtet sich im Geiste schon wieder am Schreibtisch in seinem Metallwerk ein, verkündet einen gewaltigen Wirtschaftsaufschwung mit Hilfe unserer Sieger. Die Witwe überlegt, ob sie nicht vielleicht als Kantinenköchin im gleichen Werk unterkommen könnte, da sie für ihre bescheidene Rente aus der Lebensversicherung ihres Seligen schwarz sieht und befürchtet, daß sie sich Arbeit suchen muß. Und ich? Immerhin hab ich allerlei gelernt; ich werde schon irgendwo unterkommen. Bange ist mir nicht. Ich vertraue mein Schifflein blindlings den Zeitläuften an. Mich trug es bisher stets an grüne Ufer. Aber unser Land, unser Volk – weh ist uns zumute. Verbrecher und Hasardeure haben uns geführt, und wir haben uns führen lassen wie die Schafe zur Schlachtbank. Nun loht Haß in dem elenden Haufen. »Kein Baum ist hoch genug für den«, so hieß es heute früh an der Pumpe über Adolf.

Am Nachmittag kreuzten etliche Männer bei uns auf. Das heißt, deutsche Männer aus unserem Haus. Es war ein ganz sonderbares Gefühl, wieder mal mit Männern umzugehen, die man nicht im geringsten fürchten, abtasten, beobachten, im Auge behalten muß. Sie brachten die Buchhändlers-Saga mit, von der heute unser ganzes Haus widerhallt. Der Buchhändler, ein Bayer, ein kleiner, stämmiger Knorren, hat wirklich und wahrhaftig einen Russen angebrüllt. Dies geschah, als ein Iwan die wasserschleppende Buchhändlerin kurz vor der Wohnungstür abfing. (Den Mann läßt die Frau nicht zur Pumpe, er war in der Partei.) Die Frau kreischte, ihr Mann kam aus der Wohnung gerannt, ging auf den Iwan los und schrie: »Du verfluchter Sauhund! Du Schwanz!« Und die Saga meldet weiter, wie darob der Russe klein wurde, wie er einschrumpfte, wie er kniff. Es geht also doch. Der Bursche hat mit seiner Tier- und Barbarenwitterung gespürt, daß der Ehemann rot sah, daß ihm in der Sekunde alles, aber auch alles gleich war – und hat ihm die Beute gelassen.

Zum ersten Mal hörte ich von solch rotem Zorn eines unserer Männer. Die meisten sind vernünftig, reagieren mit dem Kopf, sind bemüht, ihre Haut zu retten, wobei die Frauen ganz auf ihrer Seite stehen. Kein Mann verliert sein Gesicht, weil er eine Frau, sei es die eigene, sei es eine Nachbarsfrau, den Siegern preisgibt. Im Gegenteil, man würde es ihm verdenken, wenn er die Herren durch Widerstand reizte. Trotzdem bleibt da ein ungelöster Rest. Ich bin überzeugt, daß die Buchhändlerin ihrem Mann diesen Anfall von Mut, von Liebe, wenn man will, nicht vergessen wird. Und die anderen Männer, die diese Geschichte herumerzählen, lassen in ihrem Ton Respekt durchklingen.

Die Männer sind nicht zum Spaß zu uns gekommen. Sie machen sich nützlich, haben Bretter mitgebracht und nageln sie nun, nachdem sie sie am Küchentisch zurechtgesägt haben, quer vor den Rahmen der Hintertür. Es muß schnell gehen. Kein Russe darf dazwischenkommen. Als Lohn spendieren wir den Männern Zigarren aus der wohlgefüllten Kiste, die der Major gestern mitgebracht hat. Ja, wir sind reich.

Als die Bretter schon den ganzen Türrahmen füllen, kreuzt auf der Hintertreppe ein Russe auf. Mit heftigen Tritten versucht er das Werk einzutreten, schafft es aber nicht. Wir atmen auf, sind unendlich erleichtert. Nun werden doch nicht mehr Tag und Nacht fremde Kerle durchbrausen können. Zwar kommen sie ja auch an die Vordertür, aber die hat ein gutes Schloß und ist aus festem Holz. Wer uns kennt, ruft meistens schon draußen beruhigend: »Sdjäs Andrej«, oder wer es sonst ist. Und mit dem Major habe ich ein besonderes Klopfzeichen verabredet.

Etwas Rührendes: Über Mittag kam Fräulein Behn, unsere resolute Leitstute aus dem Keller damals – jetzt haust sie bei der jungen Frau Lehmann, deren Mann im Osten vermißt ist, und hilft ihr bei den beiden Kindern. Weder die junge Frau noch Fräulein Behn sind bisher vergewaltigt worden, obwohl sie beide recht nett aussehen. Ihr Schutz und Schirm: die kleinen Kinder. Schon am ersten Russenabend haben sie gemerkt, was sie an den Kindern haben. Da waren zwei rüde Kerle in die Wohnung eingedrungen, hatten sich mit Gewehrstößen und Geschrei Einlaß verschafft, stießen das öffnende Fräulein Behn vor sich her, zimmerwärts – und stoppten vor dem Gitterbettchen, in dem beim Kerzenschein das Baby und der vierjährige Lutz beisammen schliefen. Einer sagte auf deutsch, ganz baff: »Kleine Kind –?« Beide starrten eine Zeitlang auf das Bettchen – und verzogen sich dann auf Zehenspitzen wieder aus der Wohnung.

Nun bittet Fräulein Behn, ich möchte doch für ein paar Minuten heraufkommen; man habe Russenbesuch, zwei, ein junger und ein älterer Mann, die schon einmal dagewesen seien und die heute Schokolade für die Kinder mitgebracht hätten. Man möchte sich gern mit ihnen unterhalten, bittet mich, den Dolmetscher zu spielen.

Schließlich sitzen wir einander gegenüber, die zwei Soldaten, Fräulein Behn, Frau Lehmann, an deren Knie sich der vierjährige Lutz festklammert, und ich. Vor uns in seinem Wagen sitzt das Baby. Ich übersetze, was der ältere Russe mich zu übersetzen bittet: »Welch hübsches kleines Mädchen! Eine wahre Schönheit.« Und der Sprecher ringelt sich des Babys Kupferlöckchen um den Zeigefinger. Er bittet mich dann, den beiden Frauen zu übersetzen, daß auch er zwei Kinder habe, zwei Jungen, die bei der Großmutter auf dem Lande leben. Er kramt ein Photo aus seiner zerschlissenen Pappkarton-Brieftasche: zwei Borstenköpfchen auf bräunlich nachgedunkeltem Papier. Seit 1941 hat er sie nicht mehr gesehen. Von Urlaub wissen die wenigsten Russen was, das habe ich schon herausbekommen. Fast alle sind sie seit Kriegsbeginn, seit beinah vier Jahren also, von ihren Familien getrennt. Ich nehme an, weil ihr Land die ganze Zeit hindurch Kriegsschauplatz war und die Zivilisten hin und her geworfen wurden, so daß keiner recht wußte, wo seine Familie gerade steckte. Dazu die ungeheuren Entfernungen des Landes, die kümmerlichen Transportwege. Und vielleicht befürchteten die Machthaber auch, wenigstens in den ersten Jahren des deutschen Vormarsches, ihre Leute könnten dann desertieren oder überlaufen. Wie dem auch sei, einen Anspruch auf Urlaub wie die Unsrigen hatten diese Männer nie. Ich erkläre dies den beiden Frauen, und Frau Lehmann meint verständnisvoll: »Ja, das entschuldigt so manches.«

Der zweite russische Gast ist ein junger Kerl, siebzehn Jahre alt, Partisan gewesen und dann mit der kämpfenden Truppe westwärts gezogen. Er sieht mich mit streng gerunzelter Stirn an und fordert mich auf, zu übersetzen, daß deutsche Militärs in seinem Heimatdorf Kinder erstochen hätten und Kinder bei den Füßen gefaßt, um ihre Schädel an der Mauer zu zertrümmern. Ehe ich das übersetze, frage ich: »Gehört? Oder selbst mit angesehen?« Er, streng, vor sich hin: »Zweimal selber gesehen.« Ich übersetze.

»Glaub ich nicht«, erwidert Frau Lehmann. »Unsere Soldaten? Mein Mann? Niemals!« Und Fräulein Behn fordert mich auf, den Russen zu fragen, ob die Betreffenden »Vogel hier« (am Arm) oder »Vogel da« (an der Mütze) hatten, das heißt, ob sie Wehrmacht waren oder SS. Der Russe begreift den Sinn der Frage sofort: den Unterschied zu machen, haben sie wohl in den russischen Dörfern gelernt. Doch selbst wenn es, wie in diesem Fall und ähnlichen Fällen, SS-Leute waren: Jetzt werden unsere Sieger sie zum »Volk« rechnen und uns allen diese Rechnung vorhalten. Schon geht solches Gerede; ich hörte an der Pumpe mehrfach den Satz: »Unsere haben's wohl drüben nicht viel anders gemacht.«

Schweigen. Wir starren alle vor uns hin. Ein Schatten steht im Raum. Das Baby weiß nichts davon. Es beißt in den fremden Zeigefinger, es kräht und quietscht. Mir steigt ein Klumpen in die Kehle. Das Kind kommt mir wie ein Wunder vor, rosa und weiß mit Kupferlöckchen blüht es in diesem wüsten, halb ausgeräumten Zimmer, zwischen uns verdreckten Menschen. Auf einmal weiß ich, warum es den Krieger zum Kindchen zieht.

## Sonntag, 6. Mai 1945

Erst zurückgeschaut auf den Rest vom Samstag. Wieder erschien gegen 20 Uhr der Major mit seinem Mongolen. Diesmal zog der aus seinen unergründlichen Burschentaschen zwei Steinbutts, nicht groß, doch frisch. Die Witwe panierte und buk die köstlichen Fische. Wir aßen zusammen davon, auch der Usbek bekam ein Stück in seine Fensterecke gereicht, die er wie ein treuer Hund stets sogleich besetzt. Eine leckere Sache!

Blieb der Major die Nacht? Allein hätte ich es nicht gewagt, mich zu entkleiden, hätte mich nicht allein im Zimmer schlafen gelegt, das weiß ich. Obwohl jetzt die Hintertür verschlossen ist, obwohl draußen kein Krieg mehr tobt, bleibt ein starker Rest von Angst in uns allen. Angst vor irgendwelchen Betrunkenen, Wütigen. Gegen die beschirmt uns der Major. Heute lahmte er. Sein Knie ist noch immer geschwollen. Die Witwe, die für sowas sanfte Hände hat, machte ihm eine Kompresse, bevor er sich zu mir legte. Er hat mir verraten, mit welch drolligem Kosenamen ihn die Mutter rief, und hat sich meinen Vornamen, zärtlich verkleinert, ins Russische übersetzt. Also sind wir wohl Freunde. Trotzdem ermahne ich mich immer wieder, auf der Hut zu bleiben, möglichst wenig zu reden.

Am Morgen waren wir wieder allein, saßen an Herrn Paulis Bett, frühstückten gediegen und horchten nach draußen hin. Schließlich wagte sich die Witwe in das Treppenhaus, rannte aufwärts zur Buchhändlerswohnung, wo immer noch ein Dutzend Nachbarn beisammen haust. Sie kam zurück, bat mich: »Komm, gib mir den Rest Vaseline.« Sie schluckt bereits, hat die Augen voll Tränen.

Gestern Nacht im Dunklen, so hat sie gehört, ist der Likörfabrikant zu seiner Frau zurückgekehrt, mitten durch die Front und die Truppen hindurch, ist zurückgekrochen, geschlichen, zusammen mit der rothaarigen Elvira, die mit ihm die Stellung in der Likörfabrik gehalten hat – wozu, weiß ich nicht. Ob sie gemeinsam die Likörflaschen verteidigen wollten? Es muß wohl ein Urtrieb im Menschen sein, daß er sich bei Bedrohung an seine Habe krallt.

Zusammen gingen die Witwe und ich zu ihnen hinauf. Die Wohnung liegt im vierten Stock. Es stellte sich heraus, daß die vollbusige Likörfabrikantin, der die Ehre erster russischer Nachstellungen im Keller zuteil wurde, seit damals, also seit – Augenblick mal – über einer Woche unbelästigt oben in ihrem vierten Stock gehaust hat. Sie hatte die Badewanne voll Wasser, hatte etliche Eßvorräte – sie ist ganz für sich geblieben. Das glaub ich. Tatsache ist nämlich (wir haben es ziemlich spät gemerkt), daß die Russen ungern Treppen steigen. Sie sind zumeist Bauernjungen und Parterre, der Erde nahe, aufgewachsen; sind keine gelernten Treppenkletterer. Auch haben sie wohl das Gefühl, daß sie so hoch droben abgeschnitten sind, daß der Rückzug vier Treppen hinab eine Weile dauert. Kurz, sie haben sich kaum je so hoch gewagt.

Wir treten in die Wohnung, auf Zehenspitzen, als kämen wir zu Kranken. Die Rothaarige hockt auf einem Küchenstuhl, stiert vor sich hin. Ihre Füße stehen in einem Eimer voll Wasser. Sie badet ihre Zehen, die, wie der Fabrikant uns sagt, ganz durchgelaufen und blutig sind. Auch des Mannes Füße haben schlimm ausgesehen. Beide kamen auf Strümpfen quer durch die Front, durch Trümmerstraßen und Ruinen. Die Schuhe hatten ihnen die Russen ausgezogen.

Während die Rothaarige, die über dem Unterrock eine viel zu weite, wohl von der Hausfrau geliehene Bluse trägt, ächzend ihre Zehen bewegt, berichtet uns der Mann, daß die Fabrik zwei Tage lang im Kampfgebiet gelegen habe; daß sich anfangs deutsche, sodann russische Truppen an den restlichen Alkoholvorräten gütlich getan hätten. Russen hatten schließlich hinter einem Bretterverschlag beim Stöbern nach Schnaps die Elvira und den Chef aufgetrieben, dazu eine zweite Frau, eine Angestellte der Firma, die auch dort unten Schutz gesucht hatte. Und der Mann zuckt die Achseln, mag nicht weiterreden, geht aus der Küche hinaus.

»Angestanden haben sie«, erklärt uns im Flüsterton die Likörfabrikantin, während die Rothaarige immer noch schweigt. »Einer hat auf den anderen gewartet. Sie sagt, es sind mindestens zwanzig gewesen, aber genau weiß sie es nicht. Sie hat beinah alles allein abgekriegt. Die andere Frau war nicht wohl.«

Ich starre die Elvira an. Aus ihrem käsigen Gesicht hängt der verschwollene Mund wie eine blaue Pflaume. »Zeig es ihnen mal«, sagt die Hausfrau. Wortlos öffnet die Rothaarige ihre Bluse, zeigt uns ihre zerbissenen, verfärbten Brüste. Kann's kaum hinschreiben, es würgt mich wieder.

Wir ließen ihr den Rest Vaseline da. Sagen kann man da nichts. Wir haben auch nichts zu ihr gesagt. Aber sie fing von selbst an zu reden, es war kaum zu verstehen, ihre Lippen waren so verschwollen. »Hab gebetet dabei«, so etwa sagte sie, »immer gebetet: Lieber Gott, ich danke dir, daß ich besoffen bin.« Denn ehe die Burschen sich zur Schlange formten, haben sie die Frau ordentlich vollgefüllt mit dem, was sie an Ort und Stelle fanden, haben ihr auch zwischendurch wieder zu trinken gegeben. Dies alles verdanken wir dem Führer.

Sonst war viel zu tun den Nachmittag über, viel zu wischen und zu waschen, die Zeit ging hin. Ich war ganz erstaunt, als plötzlich der Major im Zimmer stand, die Witwe hatte ihn eingelassen. Diesmal hat er ein nagelneues Kartenspiel mitgebracht, er breitet die Blätter vor Pauli auf dessen Deckbett aus. Die beiden haben offenbar ein Spiel gefunden, auf das sie sich beide verstehen. Ich kenne mich da nicht aus, hab mich in die Küche zur Witwe verkrümelt und schreibe schnell diese Zeilen. Der Major hat sogar »Spielgeld« mitgebracht, deutsche Dreimark- und Fünfmarkstücke, die seit endlosen Zeiten bei uns eingezogen sind. Wie mag er daran gekommen sein? Ich wage ihn nicht zu fragen. Zu trinken hat er uns heute nichts mitgebracht, entschuldigte sich dafür bei jedem einzelnen von uns. Macht nichts, heut ist er unser Gast, wir haben von dem Fabrikanten eine Flasche Likör geerbt.

## Montag, den 7. Mai 1945

Immer noch kühl, doch klart es auf, kleiner Sonnenstrahl. Die Nacht wieder ziemlich unruhig, der Major erwachte öfters und weckte mich durch sein Stöhnen. An sich soll das Knie auf dem Wege der Besserung sein.

Nur wenn er sich daran stößt, tut es ihm weh. Trotzdem gab er mir wenig Ruhe. Übrigens berichtete er mir von den beiden Sauf- und Jubelschwestern, die in die verlassene PG-Wohnung eingerückt sind. Unter den Namen Anja und Lisa sind sie offenbar unter den russischen Offizieren sehr populär. Eine der Schwestern hab ich auf der Treppe gesehen: sehr hübsch, schwarz und weiß, groß und zart. Der Major berichtete achselzuckend und leicht geniert von dem munteren Treiben der beiden Frauen: Man habe ihn heute am hellichten Vormittag in die Wohnung gebeten, wo die Mädchen mit zwei Männern zu Bett gelegen und ihn lachend aufgefordert hätten, sich dazuzulegen – ein Angebot, das den gutbürgerlich denkenden Major noch beim Erzählen schockierte. Ein Anziehungspunkt für die Russen soll auch das sehr niedliche dreijährige Söhnchen der einen Schwester sein – der Major sagt, daß es schon drei Worte Russisch plappert und von den männlichen Besuchern nach Kräften verwöhnt wird.

Weiter, der neue Tag. Es ist so sonderbar, ohne Zeitung, ohne Kalender, ohne Uhrzeit und Ultimo zu leben. Die zeitlose Zeit, die wie Wasser dahinrinnt und deren Uhrzeiger für uns einzig die Männer in den fremden Uniformen sind.

Manchmal erstaunt es mich selbst, mit welcher Ausdauer ich diese zeitlose Zeit fixiere. Es ist mein zweiter Versuch eines schriftlichen Selbstgesprächs. Den ersten unternahm ich als Schulmädel. Wir waren fünfzehn, sechzehn Jahre alt, trugen weinrote Schülermützen und diskutierten endlos über Gott und die Welt. (Manchmal auch über Jungens, aber sehr herablassend.) Als unser Geschichtsprofessor mitten im Schuljahr einen Schlaganfall erlitt, mußte zu seiner Vertretung eine Anfängerin einspringen. Eine stupsnasige Assessorin, die wie eine Explosion in unsere Klasse platzte. Keck widersprach sie unserem patriotischen Geschichtsbuch. Friedrich den Großen nannte sie einen Hasardeur. Dafür lobte sie den sozialdemokratischen Reichspräsidenten Ebert, den unser verflossener Professor gern als »Sattlergesellen« ironisiert hatte. Nach solchen Verwegenheiten blitzte sie uns schwarzäugig an und rief mit beschwörend erhobenen Händen: »Mädels, ändert die Welt, denn sie braucht es!«

Das gefiel uns. Wir mochten die Welt von 1930 auch nicht. Wir lehnten sie höchst energisch ab. Sie war so verworren und für uns junge Menschen so verrammelt. Es gab Millionen Arbeitslose. Täglich bekamen wir zu hören, daß die meisten der von uns erstrebten Berufe aussichtslos seien und daß die Welt keineswegs auf uns warte.

Zufällig fanden damals gerade einmal wieder deutsche Reichstagswahlen statt. Jeder Abend brachte Versammlungen der zehn oder fünfzehn größten Parteien. Wir stiefelten hin, grüppchenweise, angestachelt von unserer Assessorin. Wir arbeiteten uns von den Nationalsozialisten über Zentrum und Demokraten zu den Sozialdemokraten und Kommunisten durch, hoben bei den Nazis die Hand zum Hitlergruß und ließen uns bei den Kommunisten »Genossin« titulieren. Damals startete ich mein erstes Tagebuch, aus dem Wunsch heraus, mir eine Meinung zu bilden. Neun Tage lang, glaube ich, schrieb ich getreulich die Kernsätze der Wahlredner nach – meine jugendlichen Widerworte dazu. Am zehnten Tag gab ich es auf, obwohl mein Schreibheft noch viele weiße Blätter aufwies. Ich fand nicht mehr heraus aus dem Gestrüpp der Politik. Meinen Schulfreundinnen erging es ebenso. Jede Partei, so fanden wir, besaß einen Zipfel des Rechts. Aber jede betrieb und erstrebte auch, was wir Kuhhandel nannten: den Schacher, die Ämterjagd, das Geprügel um die Macht. Keine Partei, so fanden wir, war rein. Keine war unbedingt. Heute meine ich, daß wir wohl eine Partei der Sechzehnjährigen hätten gründen müssen, um unseren moralischen Ansprüchen zu genügen. Was wächst, wird schmutzig.

Der Montag brachte uns über Mittag Besuch. Nicht aus dem Haus und nicht von nebenan, sondern aus einem zwei Fußstunden weit entfernten Stadtteil im Westen, aus Wilmersdorf. Ein Mädchen namens Frieda, der Witwe vom Hörensagen bekannt.

Es hängt eine ganze Geschichte drum herum, die anfängt mit einem Neffen der Witwe, einem jungen Medizinstudenten. Besagter Student hatte eines Nachts in seiner Universität Luftschutzwache. Eine junge Medizinstudentin war gleichzeitig zum Luftschutz eingeteilt. Das Ergebnis dieser gemeinsamen Wache war eine Schwangerschaft und, da des Mädchens Eltern drängten, eine Hals über Kopf geschlossene Ehe – sie neunzehn, er einundzwanzig Jahre alt. Inzwischen hat irgendein General Heldenklau den jungen Mann für die Front geschnappt. Man weiß nicht genau, wo er denn steckt. Seine junge Gattin aber, nun im achten Monat schwanger, ist mit einer Freundin zusammengezogen, eben jener Frieda, die nun bei uns auf dem Küchenstuhl hockt und Botschaft bringt.

Die erste Frage der Witwe: »Haben sie euch auch –?«

Nein, Frieda kam heil durch, das heißt, nicht ganz heil, einer hat sie im Kellergang ein bißchen an die Wand gedrückt, mußte aber gleich weiter, Krieg führen, so daß er sich nicht zu Ende verlustieren konnte. Überhaupt sind die Truppen durch den Block, in dem die Mädels hausen, sozusagen im Galopp durchgebraust, kurz vor der Kapitulation, ohne sich irgendwie festzusetzen. Die werdende Mutter hat auf ihr Bäuchlein getippt und »Baby« gesagt – sie hat man gar nicht angerührt.

So berichtet die Kleine und sieht uns mit blanken, wie poliert wirkenden Augen an. Ich kenne diese Augen, hab allzuoft meine eigenen Augen so aus dem Spiegel schauen sehen, als ich von Brennesseln und Grütze lebte. Tatsächlich hakt es da bei den Mädeln, und deshalb hat Frieda die mühseligen Fußstunden auf sich genommen, die, wie sie sagt, durch völlig stumme, öde Straßen führten. Sie bittet für die angeheiratete Nichte der Witwe und ihren werdenden Bams um Nahrung. Sie berichtet, daß die junge Frau den ganzen Tag flach auf dem Rücken liege und beim geringsten Versuch, aufzustehen, Schwindelanfälle habe. Eine Krankenschwester sieht gelegentlich nach ihr und hat ihr erklärt, daß die Frucht, sobald die Mutter sich nicht ausreichend ernähren kann, ihre Werdestoffe aus dem mütterlichen Körper herausholt, schmarotzend an Kalk und Blut und Muskelsubstanz.

Die Witwe und ich suchen zusammen, was wir glauben, verschenken zu dürfen: etwas von der Majorsbutter und von seinem Zucker, eine Büchse Milch, ein Brot, ein Stück Speck. Frieda ist selig. Auch sie sieht jammervoll aus, hat Beine wie Stecken, die Knie treten knorrig hervor. Dabei ist sie ganz munter und fürchtet sich nicht vor den zwei Stunden Heimweg. Wir freuen uns über die Botin aus dem fernen Stadtteil, lassen uns ausführlich schildern, welchen Weg sie genommen hat, was sie unterwegs sah. Wir streicheln sie und strahlen sie an, die kälbrige, halb verhungerte Achtzehnjährige, die, wie sie uns erzählt, einmal Gymnastiklehrerin werden wollte. Na, einstweilen dürfte für Gymnastik in unserem Lande kaum Bedarf sein. Wir sind froh um jede Bewegung, die wir nicht zu machen brauchen. Das heißt, die anderen, Hugernden, sind dessen froh. Mich trifft es vorläufig noch nicht, ich bin gut bei Kräften. Die Witwe berührt den neuralgischen Punkt, als sie der Frieda vorschlägt: »Wie ist das, Kindchen, könnten Sie sich nicht irgendeinen halbwegs netten Russen anlachen? Damit der euch ein bißchen Futter bringt?«

Frieda lächelt töricht und meint, es gebe bei ihnen im Block so gut wie keine Russen mehr, sonst... Und sie kramt die Geschenke zusammen, verstaut sie in der mitgebrachten Einkaufstasche.

Uns hat dieser Besuch sehr aufgemöbelt. Wir sind also doch nicht abgeschnitten von aller Welt, könnten eine Fußreise in andere Stadtteile zu Freunden und Bekannten riskieren. Seither planen wir immerzu und überlegen, ob wir es wagen sollen. Herr Pauli ist dagegen. Er sieht uns bereits für irgendwelche Zwangsarbeit aufgegriffen und einkassiert, möglicherweise in Richtung Sibirien. Wir pochen auf Frieda, die es ja auch geschafft hat, bohren weiter.

Weiter, dies schreibe ich am späten Nachmittag. Schon habe ich die erste große Reise hinter mir. Es kam ganz überraschend. Ich hockte auf der Fensterbank, obwohl man auf der Straße nur selten einen Menschen sieht außer Wasserholern und Russen. Da, ein Russe kommt herangeradelt, hält vor unserer Tür – der Major.

Ich – sogleich treppab gerannt. Ein blitzblankes, neues deutsches Herrenrad. Ich bitte und bettle: »Darf ich ein Stück fahren? Bloß fünf Minuten?« Der Major steht am Bordstein und wiegt das Haupt. Er weiß nicht recht, befürchtet, daß mir das Rad unterwegs gestohlen werden könnte. Schließlich bekam ich ihn herum.

Sonne. Im Handumdrehen wird es nun warm. Ich trete die Pedale, so schnell ich kann. Wind braust mir in den Ohren. Ich sause, weil es mich glücklich macht nach all der elenden Seßhaftigkeit – und auch, damit mich keiner festhält und mir das Rad klaut. Vorüber an schwarz verbrannten Ruinen. Hier liegt der Krieg einen Tag länger zurück als bei uns. Man sieht bereits Zivilisten, die den Bürgersteig fegen. Zwei Frauen ziehen und schieben einen völlig ausgeglühten Operationswagen, wohl aus Trümmern geholt. Oben darauf liegt eine Greisin unter einer Wolldecke, mit blutleerem Gesicht; doch sie lebt noch.

Je weiter ich südwärts fahre, desto mehr weicht der Krieg zurück. Hier sieht man bereits Deutsche in Gruppen beisammenstehen und schwatzen. An unserer Ecke wagen die Menschen das noch nicht. Sogar Kinder sieht man, hohlwangig und eigentümlich lautlos. In den Schrebergärten buddeln Frauen und Männer. Ganz vereinzelt nur bemerkt man Russen. Vor dem Tunnel ragt noch eine vom Volkssturm errichtete Barrikade. Ich steige ab, schiebe mein Rad durch den freien Spalt an der Seite. Hinter dem Tunnel, auf dem Rasenplatz vor dem S-Bahnhof, wölbt sich kniehoch ein Hügel, mit Grün besteckt, mit drei knalligrot angestrichenen, etwa hüfthohen Holzsäulen geschmückt. An jeder Säule ist eine Tafel befestigt, handbeschriebenes Papier unter Glas, von einem Papierstreifen eingefaßt. Ich lese auf den Tafeln drei russische Namen und dazu die Todesdaten, 26. und 27. April 1945.

Ich stand eine ganze Weile. Dies ist meines Wissens das erste Russengrab überhaupt, das ich so nah sehe. Hab drüben auf meiner Durchreise nur flüchtig Totenäcker zu Gesicht bekommen; verwitterte Tafeln, schief stehende Kreuze, Trübsal und Vergessenheit der Dorfarmut. In unseren Zeitungen ist wieder und wieder berichtet worden, daß der Russe seine Kriegstoten verstecke wie eine Schmach, daß er sie in Massengräbern verbuddle und die Erde darüber feststampfe, um den Fleck unkenntlich zu machen. Dies kann nicht stimmen. Solche Holzsäulen und Schilder müssen sie mit sich führen. Das ist Fabrikware, ist nach einem Schema angefertigt, mit einem weißen Holzstern obendrauf – grob, billig, unschön durch und durch, doch ein Mal, rot leuchtend, überdeutlich, schreiend und grell, nicht zu übersehen. Sie werden solche Säulen auch in ihrem Land aufstellen. Demnach betreiben auch sie Gräberkult, ja Heldenverehrung, obwohl doch ihr offizielles Dogma nichts von einer Auferstehung des Fleisches weiß. Wenn es sich um eine bloße Markierung der Grabstellen handelte, zwecks späterer Umbettung, so würde ein simples Namen- oder Nummernschild genügen. Da könnten sie sich die viele rote Farbe und Sternschnitzerei sparen. Aber nein, sie umgeben den Soldatentod mit rotem Nimbus, opfern Arbeit und nützliches Holz für eine Gloriole, mag sie noch so armselig sein.

Ich trete wieder die Pedale, so schnell ich kann, sehe bereits das Landhaus liegen, in dem zuletzt meine Firma notdürftig untergebracht war. Ob wohl das kleine Würmlein im Erdgeschoß die milchlose Zeit lebend überstand?

Kein Kind, keine junge Mutter, niemand mehr da von den Leuten, die im Erdgeschoß hausten. Auf mein Klopfen und Rufen erscheint nach einiger Zeit ein älterer Mann, stopplig, in einem schmutzigen Trikot-Unterhemd. Es dauert eine Weile, bevor ich ihn erkenne. Es ist der gewesene Prokurist unseres gewesenen Verlages, früher tipptopp bis zum Hemdkragen, nun herabgekommen und dreckig. Er erkennt mich, doch ohne Gefühlsregung, sagt mürrisch, daß er mit seiner Frau hier untergekrochen sei, da es seine Wohnung noch am letzten Kriegstag erwischt habe. Im übrigen ist das Landhaus leer, auch von Möbeln – der Prokurist fand es bereits ausgeräumt vor. Er weiß nicht, ob Deutsche oder Russen das Ausräumen besorgten – vermutlich beide. Das Haus ist durchwühlt und versaut, überall stinkt es nach Kot und Urin. Immerhin liegt im Keller noch ein Berg Kohle. Ich suchte mir einen leeren Karton, packte ihn mit Briketts voll, sehr zum Mißvergnügen des Prokuristen; doch ihm gehören die Kohlen ja nicht mehr als mir. Er dachte nicht dran, mir zu helfen. Mühselig schleppte ich meinen Karton zum Rad und band ihn mit meinem Kleidergürtel und einem gefundenen Stück Strippe auf dem Gepäckblech fest.

Los, zurück, im schnellsten Tempo. Ich raste die Straße hinauf, diesmal vorbei an endlosen Reihen Soldaten, die am Bordstein entlang hockten. Typische Infanterie, Frontschweine, müde, dreckig, verstaubt, mit Stoppelbärten auf den schmutzigen Gesichtern. Solche Russen sah ich noch gar nicht bisher. Es dämmerte mir, daß wir wohl Elitetruppen in den Häusern hatten, Artillerie, Nachrichtentruppen, gewaschene und gutrasierte Leute. Am niedrigsten stand noch der Troß und Train, roch nach Pferden, wirkte aber bei weitem nicht so erschöpft wie dieser Haufen. Die sind viel zu abgekämpft, als daß sie sich um mich oder mein Rad bekümmerten. Sie blickten kaum hoch, haben spürbar einen Gewaltmarsch hinter sich.

Schnell, schnell, da ist schon unsere Ecke. Um die gewesene Schupo-Kaserne herum wimmelt es von Autos. Sie fahren mit tiefem, sattem Gebrumm, es riecht nach richtigem Benzin. So rochen die deutschen Autos nicht.

Keuchend und stolz schleppe ich Rad und Brikettlast die Treppe hinauf. Diesmal kommt der Major mir entgegengerannt, ist ganz aufgeregt, wähnte das Rad bereits geklaut und mich werweißwo. Auch der Usbek ist inzwischen eingetrudelt. Die Witwe schickt ihn gleich mit zwei Eimern zur Pumpe, Wasser für uns zu holen. Er ist schon wie ein Stück Familie für uns, trottet gutmütig los.

Ich bin ganz sonnetrunken und beseligt von der schnellen Fahrt, fühle mich so froh, so beschwingt wie seit Wochen nicht. Überdies hat der Major Tokaier mitgebracht, fünfbuttig, wir trinken, mir ist katzenwohl. Der Major blieb bis 17 Uhr; als er ging, war mir schon mies. Hab geweint.

(Wochen später an den Rand gekritzelt, zur Verwendung für Romanautoren: »Drei Herzschläge lang verschmolz ihr Leib mit dem fremden Leib über ihr. Ihre Nägel krallten sich in das fremde Haar, aus ihrer Kehle brachen Schreie, und sie hörte die fremde Stimme fremde, unverständliche Worte flüstern. Eine Viertelstunde später war sie allein. Durch die zerschlagenen Scheiben fiel Sonne in breiten Garben. Sie streckte sich und genoß die Schwere ihrer Glieder. Sie strich sich die zerwühlten Strähnen aus der Stirn. Plötzlich spürte sie mit unheimlicher Deutlichkeit, wie eine andere Hand, wie die Hand des fernen, vielleicht längst toten Freundes sich unter ihr Haar schob. Sie fühlte etwas in sich anschwellen und überwallen. Tränen stürzten ihr aus den Augen. Sie warf sich herum, sie schlug mit Fäusten auf die Polster, sie biß sich in die Hände und Arme, daß blaurote Zahnkränze hervortraten. Sie heulte in die Kissen hinein und wünschte zu sterben.«)

## Dienstag, 8. Mai 1945, mit Montagsrest

Zum Abend waren wir allein, Herr Pauli, die Witwe und ich. Rot ging die Sonne unter. Ein widerliches Bild, es erinnert mich an all die Brände, die ich in den letzten Jahren sah. Zusammen gingen die Witwe und ich zum kleinen Teich, um Schmutzwasser zu schöpfen. (Fürs Trinkwasser von der Pumpe muß man als Deutscher immer noch eine runde Stunde rechnen.)

Es mochte acht sein, wir leben ohne Uhr; denn der in ein Handtuch gewickelte, hinten im Schrank versteckte Wecker hat Mucken gekriegt und bleibt stehen, wann er will. Rings um den Teich Stille. Im brackigen Wasser schwimmen Holzstücke, Lumpen, grüne Parkbänke. Wir schöpfen die trübe Brühe in unsere Eimer, stapfen zurück, den dritten Eimer überschwappend zwischen uns. Neben der morschen Holztreppe auf dem Rasenhang liegt etwas. Ein Mensch, ein Mann; er liegt rücklings auf dem Rasen, die Knie hochgezogen.

Ein Schläfer? Ja, ein stiller Schläfer, er ist tot. Wir stehen beide da und starren ihn an. Sein Mund ist so weit aufgeklappt, daß man die Faust hineinstecken könnte. Seine Lippen sind blau, die Nasenflügel wächsern und eingekniffen. Ein Mann von etwa fünfzig Jahren, sauber rasiert, Glatze. Er sieht sehr ordentlich aus, trägt einen hellgrauen Anzug und handgestrickte graue Socken in altmodischen, blankgeputzten Schnürschuhen. Ich betaste die Hände, sie liegen neben ihm auf dem Rasen, die Finger sind krallig nach oben gekrümmt. Sie fühlen sich lau an, gar nicht todeskalt. Das sagt aber nichts, mag von der Sonne herrühren, die ihn beschien. Einen Puls hat er nicht, tot ist er. Doch er ist noch nicht gefleddert; in seiner Krawatte steckt eine silbrige Nadel. Wir überlegen, ob wir in seine Weste greifen, nach Papieren suchen, etwaige Angehörige benachrichtigen sollen. Unheimlich ist uns zumute. Wir spähen nach Menschen aus. Niemand ist zu sehen. Ich springe etliche Schritte die Straße hinunter, erblicke in einer Haustür ein Paar, ein junges Mädchen und einen jungen Mann, und bitte die beiden, doch mitzukommen, es liege da einer ... Zögernd folgen sie mir, verharren eine Weile bei dem Toten, fassen aber nichts an und gehen schließlich stumm und achselzuckend wieder fort. Hilflos stehen wir noch eine Zeitlang da, dann gehen auch wir. Uns ist schwer ums Herz. Trotzdem nehmen meine Augen auf dem Rückweg mechanisch jedes Stückchen Holz wahr, und die Hände verstauen es ebenso mechanisch in die eigens dafür mitgeschleppte Umhängetasche.

Vor unserem Haus treffen wir unseren alten Gardinen-Schmidt, zusammen mit unserem Soldaten-Deserteur. Ich bin baff darüber, daß diese beiden sich auf die Straße wagen. Wir berichten von dem Toten, die Witwe ahmt seine Mundstellung nach. »Schlaganfall«, murmelt der Exsoldat. Sollen wir zusammen hingehen? »Ach was«, sagt Gardinen-Schmidt, »nachher fehlt irgendwas in seinen Taschen, dann sollen wir es gewesen sein.« Und im Nu ist auch für uns der Tote vergessen über der Tatsache, die Gardinen-Schmidt nun verkündet: »Alle Russen sind weg.« Sie haben unser Haus geräumt, sind aus dem ganzen Block abgezogen – während wir das Schmutzwasser holten, sind sie auf Lastwagen abgerollt. Gardinen-Schmidt erzählt, daß sie sich ihre Lastwagen gut gepolstert hätten, mit Matratzenteilen und Sofakissen aus den verlassenen Wohnungen.

Weg! Alle weg! Wir können es kaum fassen, blicken unwillkürlich straßenaufwärts, als müßten von dorther Lastwagen mit neuen Truppen anrollen. Aber nichts, nur Stille, seltsame Stille. Keine Gäule mehr, kein Pferdewiehern, kein Hahn. Bloß Pferdemist, und den fegt Portiers Jüngste soeben aus dem Hausflur. Ich sehe mir die Sechzehnjährige an, die einzige bisher, von der ich weiß, daß sie ihre Jungfernschaft an Russen verlor. Sie hat dasselbe dumme, selbstzufriedene Gesicht wie immer. Ich versuche mir vorzustellen, wie es wäre, wenn mir dies Erleben zum ersten Mal auf solche Art zuteil geworden wäre. Ich muß den Gedanken abbremsen, sowas ist nicht vorstellbar. Eines ist klar: Wäre an dem Mädel irgendwann in Friedenszeiten durch einen herumstreunenden Kerl die Notzucht verübt worden, wäre hinterher das übliche Friedensbrimborium von Anzeige, Protokoll, Vernehmung, ja von Verhaftung und Gegenüberstellung, Zeitungsbericht und Nachbarngetue gewesen – das Mädel hätte anders reagiert, hätte einen anderen Schock davongetragen. Hier aber handelt es sich um ein Kollektiv-Erlebnis, vorausgewußt, viele Male vorausbefürchtet – um etwas, das den Frauen links und rechts und nebenan zustieß, das gewissermaßen dazugehörte. Diese kollektive Massenform der Vergewaltigung wird auch kollektiv überwunden werden. Jede hilft jeder, indem sie darüber spricht, sich Luft macht, der anderen Gelegenheit gibt, sich Luft zu machen, das Erlittene auszuspeien. Was natürlich nicht ausschließt, das feinere Organismen als diese abgebrühte Berliner Göre daran zerbrechen oder doch auf Lebenszeit einen Knacks davontragen.

Zum ersten Mal seit dem 27. April wurde am Abend die Haustür wieder verschlossen. Damit beginnt, falls nicht wieder neue Truppen ins Haus gelegt werden, ein neuer Lebensabschnitt für uns alle.

Dennoch rief es gegen 21 Uhr draußen nach mir. Mit seiner gequetschten Stimme wiederholte der Usbek viele Male meinen Namen (das heißt die russifizierte Form des Namens, wie sie mir der Major verliehen hat). Als ich hinausschaute, schimpfte und drohte der Usbek zu mir hinauf und wies ganz empört auf die verschlossene Haustür. Tja, mein Dicker, das hilft dir gar nichts. Ich ließ ihn ein, der Major folgte ihm auf dem Fuße, er hinkte beträchtlich. Das Radeln ist ihm schlecht bekommen. Wieder machte die Witwe ihm Kompressen. Das Knie sah gefährlich aus, dick geschwollen, rot. Mir unbegreiflich, wie einer damit radeln, damit tanzen und Treppen steigen kann. Es sind Roßnaturen, da können wir nicht mit.

Schlechte Nacht mit dem fiebernden Mann. Seine Hände waren heiß, die Augen trüb, er fand keinen rechten Schlaf, ließ auch mich nicht schlafen. Endlich graute der Morgen.

Ich führte den Major und Burschen hinunter, schloß ihnen die Haustür auf, nun wieder unsere Haustür. Hinterher eklige Arbeit: Der Usbek hat eine Art Ruhr, hat Klo und Wand und Fliesen bespritzt. Ich wischte mit etlichen herumliegenden Heften einer NS-Fachzeitschrift für Apotheker auf, machte sauber, so gut ich konnte, verplemperte fast das ganze, gestern abend vom Teich herangeschleppte Spülwasser. Wenn das Herr Pauli wüßte, der unentwegte Manikürer und Pedikürer, der so pimplig ist!

Weiter, nun der Dienstag. Gegen neun Uhr morgens an der Vordertür der Hausdactylus, den wir nach wie vor benutzen, obwohl kein Russe mehr im Haus ist. Es war die Grindige, Frau Wendt, sie hat das Gerücht vernommen, daß Frieden sei. In Süd und Nord soll der letzte, ungeordnete deutsche Widerstand zerschlagen sein. Wir haben kapituliert.

Die Witwe und ich atmen leichter. Gut, daß es so schnell ging. Herr Pauli flucht jetzt noch über den Volkssturm, die sinnlos Getöteten der letzten Stunde, die Alten und Müden, die hilflos Verbluteten, für die es nicht mal einen Lappen gab, die Wunden zu verbinden. Zersplitterte Knochen, die aus Zivilhosen stachen; schneebleiche Bündel auf Tragen, aus denen es eintönig tropfte; die lauen, glitschigen Blutpfützen überall in den Gängen ... Pauli hat bestimmt Schweres durchgemacht. Gerade deshalb halte ich seine Neuralgie, die ihn seit über einer Woche ans Bett fesselt, zur Hälfte für eine Seelenkrankheit, für eine Zuflucht und Retirade. Manche Männer im Haus haben solche Zuflucht. So der Buchhändler seine Parteizugehörigkeit, so der Deserteur seine Desertion, so etliche andere Figuren ihre Nazivergangenheit, für die sie Deportation oder sonst etwas befürchten und hinter der sie sich verschanzen, wenn es Wasser zu holen oder sonst eine Tat zu wagen gilt. Die Frauen tun auch ihr Bestes, das Mannsvolk zu verstecken und es vor dem bösen Feind zu schützen. Denn was können sie uns schon tun? Sie haben uns ja alles getan.

Also spannen wir uns vor die Karre. Das ist logisch. Trotzdem bleibt ein Unbehagen. Ich muß jetzt oft daran denken, was für ein Trara ich um durchreisende Urlauber gemacht habe, welche Verwöhnung, wieviel Respekt. Dabei kamen sie zum Teil aus Paris oder Oslo, Städten also, die frontferner waren als das ständig bombardierte Berlin. Oder sie kamen gar aus tiefstem Frieden, aus Prag oder Luxemburg. Selbst wenn sie von der Front kamen, wirkten sie bis gegen 1943 so proper und gutgenährt, wie es heute nur wenige Menschen sind. Und sie erzählten gern Geschichten, in denen sie selbst eine gute Figur machten. Wir dagegen werden fein den Mund halten müssen, werden so tun müssen, als habe es uns, gerade uns ausgespart. Sonst mag uns am Ende kein Mann mehr anrühren. Hätte man wenigstens richtige Seife! Ich habe oft solche Gier danach, meine Haut gründlich abzuschrubben, glaube fest, daß ich mich hernach auch seelisch sauberer fühlen würde.

Am Nachmittag gutes Gespräch, ich will es möglichst wörtlich notieren, muß immer noch darüber nachdenken. Unvermutet tauchte der bucklige Doktor aus der Limonadenfabrik wieder auf, ich hatte ihn beinahe vergessen, obwohl ich früher öfters einmal ein paar Worte mit ihm im Luftschutzkeller gewechselt habe. Er hat bis zuletzt in einem unentdeckten Nachbarkeller die Zeit überstanden. Dorthin hat kein Russe gefunden. Freilich bekam der Doktor dafür die brühwarmen Berichte genotzüchtigter Wasserholerinnen ab. Eine, sehr kurzsichtig, hat dabei ihre Brille eingebüßt und tappt nun völlig hilflos herum.

Es stellt sich heraus, daß der bucklige Doktor ein »Genosse« ist. Das heißt, er hat bis 1933 der Kommunistischen Partei angehört, hat sogar einmal drei Wochen mit einer Intourist-Gruppe die Sowjetunion bereist und versteht ein paar Worte Russisch. Tatsachen, die er mir im Keller ebensowenig anvertraut hat wie ich ihm meine Reisen und Sprachkenntnisse. Derartige plumpe Vertraulichkeiten hat uns das Dritte Reich abgewöhnt. Trotzdem muß ich mich wundern. »Wieso sind Sie denn nicht vorgetreten und haben sich den Russen als ein Sympathisierender zu erkennen gegeben?«

Er sieht mich verlegen an. »Ich hätte es getan«, meint er dann. »Wollte nur die ersten wilden Tage vorübergehen lassen.« Und er fügt hinzu: »Ich werde mich die nächsten Tage auf dem Rathaus melden. Sobald es wieder Behörden gibt, werde ich mich zur Verfügung stellen.«

(Was ich glaube, ihm aber nicht sage, ist, daß er sich wegen seines Buckels nicht vorgewagt hat. Bei so viel überschäumender Manneswut hätte er seinen Defekt, der ihn in den Augen dieser starken Barbaren zu einem Halbmann, einem kümmerlichen Etwas gemacht hätte, doppelt bitter empfunden.) Sein Kopf sitzt tief zwischen den Schultern, er bewegt sich nur mühsam. Doch seine Augen sind blank und klug, seine Rede ist flüssig.

»Sind Sie nun ernüchtert?« frage ich ihn. »Sind Sie von Ihren Genossen enttäuscht?«

»Kaum«, meint er. Und: »Wir wollen das Geschehene nicht allzu klein und persönlich auffassen. Triebe und Instinkte haben sich ausgetobt. Auch Rachsucht war im Spiel; denn schließlich haben wir ihnen einiges angetan drüben in ihrem Land. Umkehr und Selbstbesinnung müssen folgen, bei uns wie auch bei den anderen. Eine Welt von gestern, das ist unser altes Abendland. Es gebärt nun eine neue Welt, die von morgen, und das geschieht unter Schmerzen. Das Slawentum tritt jung und unverbraucht ins Licht der Weltgeschichte. Die Länder Europas werden ihre Grenzen sprengen und zu größeren Räumen verwachsen. Wie Napoleon einst mit den Thrönchen und Ländchen aufräumte, so räumen jetzt die siegreichen Großmächte mit den Ländern und Nationen auf.«

Ich: »Sie glauben also, daß Deutschland künftig ein Bestandteil der Sowjetunion, eine Sowjet-Republik sein wird?«

Er: »Es wäre zu wünschen.«

Ich: »Dann wird man uns herumstreuen und uns heimatlos machen, um unser Volkstum zu vernichten.«

Er: »Es ist durchaus möglich, daß wir Deutschen, die wir heute leben, nur Opfer und Dünger und Übergang sind – und vielleicht noch Fachlehrer. Doch meine ich, daß es an uns selber liegt, auch unter neuen Bedingungen ein für uns lebenswertes Dasein zu leben. Ein jeder nimmt sich selbst mit – überallhin.«

Ich: »Auch nach Sibirien?«

Er: »Ich getraue mich, guten Willen vorausgesetzt, mir auch in Sibirien ein lebenswertes Leben aufzubauen.«

Zuzutrauen wäre es dem verkrüppelten Mann. Er hat sich ja auch hier eine gute Stellung geschaffen, war leitender Chemiker eines großen Mineralwasserbetriebes. Aber ob er körperlich aushält, was die Zukunft vielleicht von uns fordert? Ob wir anderen es aushalten? Er zuckt die Achseln.

Manchmal glaube ich, daß ich von jetzt an alles auf Erden aushalten könnte, soweit es mir von außen zustößt und nicht aus dem Hinterhalt des eigenen Herzens. Ich fühle mich so durchgeglüht und ausgebrannt, wüßte nicht, was mich heut und morgen noch groß erregen und bewegen könnte. Wenn weiter gelebt werden muß, geht es schließlich auch in Eiswüsten. Der Doktor und ich haben einander die Hände gedrückt, fühlten uns beide gestärkt.

Bei alldem umgibt mich hier in der Wohnung ängstlich gehütete Bürgerlichkeit. Die Witwe fühlt sich wieder als Herrin ihrer Räume. Sie wischt und bürstet darin herum, hat mir einen zahnlückigen Kamm in die Hand gedrückt, damit ich die Fransen der Teppiche auskämme. Sie hantiert in der Küche mit Sand und Soda; jammert um eine Meißner Figur, der bei den Plünderungen im Keller Hand und Nase abgeschlagen wurden; klagt um eine Krawattenperle ihres Seligen, deren Versteck sie glattweg vergessen hat. Manchmal sitzt sie ganz tiefsinnig da und spricht plötzlich aus ihren Gedanken heraus: »Vielleicht hab ich sie doch in meinen Nähkasten getan?« Und fängt an, Garnrollen und alte Knöpfe herumzuschmeißen, und findet ihre Perle doch nicht. Dabei sonst eine patente Frau und vor nichts bange. Sie zerklopft Kisten besser als ich, hat den Trick ihrem Lemberg-Polen abgeguckt, dem dank seiner Neigung zu Wutanfällen das Kistenzerklopfen wohl besonders gut gelang. (Übrigens weiß inzwischen schon das ganze Haus den Unterschied: »Ukrainerfrau – so. Du – so!«)

Heute draußen Sonne. Wir schleppten endlos Wasser, haben Bettlaken gewaschen, mein Bett ist frisch bezogen. Es tat not, nach all den gestiefelten Gästen.

Unten beim Bäcker drängt sich viel Volk, das Lärmen und Schwatzen hallt durch unsere scheibenlosen Fenster. Dabei gibt es heute noch gar kein Brot, nur Nummern für das Brot von morgen oder übermorgen. Alles hängt von Mehl und Kohle ab, auf die der Bäcker wartet. Mit etlichen Restbriketts hat er bereits ein paar Brote fürs Haus gebacken. Ich bekam meinen guten Anteil. Der Bäcker vergaß mir nicht, daß ich für seine Bäckerin eingetreten bin, als damals die Kerle an ihr zerrten. Verkäuferin Erna aus dem Bäckerladen, dieselbe, die hinter der schrankverstellten Kammertür heil durchgekommen ist, brachte uns die Brote in die Wohnung. Für dies Brot hat das Haus auch was geleistet. Etliche Männer, von Fräulein Behn geführt, haben auf einem kleinen Karren Eimer mit Wasser für den Teig herangerollt. Und etliche Frauen haben, wie Frau Wendt sich grob audrückt, »Scheiße geschippt«. Denn die Russen hatten eine im Laden stehende gepolsterte Bank zur Latrine ernannt, hatten einfach die Bank ein wenig von der Wand abgerückt und sich auf die Lehne gehockt ... Die Brote sind also ehrlich verdient.

Ein seltsames Geld haben die Russen mitgebracht. Der Bäcker zeigt uns einen Schein über 50 Mark, eine Art von

Truppengeld für Deutschland, uns bis dato unbekannt. Für ganze vierzehn Brote hat der Bäcker den Schein von einem russischen Offizier gekriegt. Herausgeben konnte der Meister nicht, der Russe legte auch gar keinen Wert darauf, er hatte, wie der Meister sagt, die Brieftasche gespickt voll von solchen Scheinen. Der Meister weiß gar nicht, was er mit dem Geld tun soll, hätte dem Russen die Brote auch so gegeben. Doch der bestand auf Bezahlung. Vielleicht kehrt so etwas wie Treu und Glauben wieder. Ich nehme an, daß man auch uns dieses Geld geben und unser eigenes, vielleicht bloß zum halben Wert, dafür einziehen wird.

Jedenfalls ist die Aussicht auf Brot das erste Zeichen dafür, daß sich oben jemand um uns kümmert, daß für uns gesorgt werden soll. Ein zweites Zeichen klebt unten neben der Haustür: ein Blatt in vervielfältigter Maschinenschrift, ein Aufruf, unterzeichnet von einem Bezirksbürgermeister Dr. Soundso. Der Aufruf fordert zur Rückgabe allen aus Läden und Ämtern gestohlenen Gutes auf, Schreibmaschinen, Büromöbel, Ladenzubehör etcetera – vorerst straffrei. Erst bei späterer Entdeckung solchen Diebesgutes droht Strafe nach Kriegsrecht. Weiter heißt es, daß alle Waffen abgegeben werden müssen. Häusern, in denen Waffen gefunden werden, droht ebenfalls Kollektivstrafe. Und Häusern, in denen einem Russen etwas zustößt, droht der Tod. Ich kann es mir kaum denken, daß die Unsrigen irgendwo mit Waffen liegen und auf Russen lauern. Diese Art Männer ist mir jedenfalls in diesen Tagen nicht begegnet. Wir Deutschen sind kein Partisanenvolk. Wir brauchen Führung und Befehl. Unterwegs in der sowjetischen Eisenbahn, die einen tagelang durch das Land schaukelt, sagte einmal ein Russe zu mir: »Die deutschen Genossen erstürmen einen Bahnhof nur, wenn sie vorher gültige Bahnsteigkarten gelöst haben.« Mit anderen Worten und ohne Spott: Die meisten Deutschen haben einen Horror vor der freihändigen Ungesetzlichkeit. Zudem haben unsere Männer jetzt Angst. Der Verstand sagt ihnen, daß sie besiegt sind, daß jedes Aufzucken und Aufmucken nur Leiden schafft und nichts bessert.

In unserem Haus sind die Männer jetzt eifrig hinter Waffen her. Wohnung für Wohnung gehen sie ab, ohne daß eine Frau sie begleitet. Überall fragen sie nach Gewehren, ergattern aber nur eine alte Knarre ohne Hahn. Zum ersten Mal seit langem hörte ich wieder deutsche Männer laut sprechen, sah sie sich energisch bewegen. Sie wirkten geradezu männlich – oder doch so wie das, was man früher mit dem Wort männlich zu bezeichnen pflegte. Jetzt müssen wir nach einem neuen, besseren Wort Ausschau halten, das auch bei schlechtem Wetter standhält.

## Mittwoch, 9. Mai 1945 – ohne Dienstagrest

Immer gab es die Nacht nachzutragen. Nun ist nichts, aber auch gar nichts über diese Nacht auszusagen, als daß ich sie allein verbringen durfte. Zum ersten Mal allein zwischen meinen Laken seit dem 27. April. Kein Major, kein Usbek ließ sich blicken. Die Witwe war gleich wieder daseins-ängstlich, sie unkte was von schwindender Butter, und daß es gut wäre, wenn der Major recht bald neue Vorräte brächte. Ich hab bloß gelacht. Der kommt wieder. Lag die Nacht wohlig ausgestreckt zwischen meinem frischgewaschenen Bettzeug, räkelte mich, schlief fest und erwachte sehr vergnügt. Wusch mich mit dem warmen Wasser, das mir die Witwe spendierte, zog saubere Sachen an, pfiff mir eins.

So schrieb ich um neun Uhr. Jetzt ist es elf, und alles sieht anders aus.

Von draußen rief man uns mit Kehrichtschaufeln auf die Straße. Wir schippten den Dreckhaufen an der Ecke weg, fuhren Trümmer und Pferdemist auf einem Schubkarren zum nahen Ruinengelände. Uralter Kalk und Schrott noch von den Luftangriffen her, frische Artillerie-Trümmer oben darauf, und Lappen und Büchsen und viele leere Flaschen. Ich fand zwei Bromsilber-Ansichtspostkarten, deutsches Fabrikat – und viele Daumenabdrücke auf den photographierten nackten Umarmungen. Mir fällt ein, wie ich mal in einem Moskauer Büro deutsche und amerikanische Zeitschriften einige Minuten sich selbst überließ. Nahm sie dann wieder an mich und entdeckte erst beim späteren Lesen, daß da und dort ein Stück Seite hastig herausgerissen war – Reklamen für Damen-Unterwäsche, für Hüfthalter und Büstenhalter. Solche Inserate kennen die Russen nicht. Ihre Zeitschriften sind ohne Sexappeal. Wahrscheinlich waren diese albernen Werbephotos, auf die wohl kein westlicher Mann mehr groß hinschaut, für russische Augen tollste Pornographie.

Sinn dafür haben sie, den hat jedes Mannsbild. Aber sie kriegen sowas daheim nicht geboten. Vielleicht ein Fehler. Sie könnten dann doch mit dergleichen Idealfiguren ihre Phantasie bevölkern und würden am Ende nicht mehr auf jede Alte und Schieche losstürzen. Muß drüber nachdenken.

Als ich gegen zehn Uhr auf einen Schluck Malzkaffee in die Wohnung hinaufging, war der Major da, allein. Er wartete auf mich, kam, um Abschied zu nehmen. Da es seinem Knie schlechtgeht, hat er zwei Monate Erholungsurlaub zugeteilt bekommen, die er in einem Soldatenheim nahe seiner Heimatstadt Leningrad verbringen soll. Schon heute fährt er ab.

Er ist sehr ernst, fast streng, beherrscht sich eisern. Umständlich malt er sich meine Adresse auf einen Zettel, will mir schreiben, will mit mir in Verbindung bleiben.

Das Photo, um das er bittet, kann ich ihm nicht geben, weil ich keins habe. Meine ganze photographierte Vergangenheit, in einem Album und einem dicken Umschlag gesammelt, ist mit verbombt, ist verbrannt. Zu einem neuen Bildchen bin ich in den Wochen seither nicht gekommen. Lange schaut er mich an, als wollte er mich mit den Augen photographieren. Küßt mich dann russisch auf beide Wangen und stapft, ohne sich nochmals umzublicken, hinkend hinaus. Mir ist ein wenig weh, ein wenig leer zumute. Ich sinne den Lederhandschuhen nach, die er heut zum ersten Mal vorführte. Er hielt sie elegant in der Linken. Einmal fielen sie ihm zu Boden, er hob sie hastig auf, doch sah ich, daß es zwei verschiedene Handschuhe waren – mit Nähten auf dem Handrücken der eine, der andere glatt. Er wurde verlegen, schaute weg. In der Sekunde mochte ich ihn sehr.

Wieder hinaus, auf die Straße, ich muß weiterschippen. Nachher wollen wir Holz suchen gehen, brauchen Feuerung für den Herd, die vielen Erbsensuppen verbrauchen was. Wobei mir einfällt, daß nun niemand mehr Essen, Kerzen und Zigaretten bringen wird. Ich muß es der Witwe schonend beibringen, wenn sie von der Pumpe zurückkommt. Pauli sag ich gar nichts. Ihm kann die Witwe selber den Tatbestand versetzen.

Beim Holzsuchen betrat ich zum ersten Mal seit zwei Wochen den Rasenplatz vorm Kino, auf dem man jetzt die Toten unseres Blocks begräbt. Zwischen Trümmerbrocken und Geschoßtrichtern drei Doppelgräber, drei Ehepaare, dreimal Selbstmord. Eine mümmelnde Alte, die auf einem Stein kauerte, erzählte mir mit bitterer Befriedigung, immerfort nickend, Näheres über die Toten: Im Grab ganz rechts liegt der Nazi-Ortsgruppenleiter mit seiner Frau (Revolver). Im Mittelgrab, auf dem etliche hineingesteckte Fliederzweige welken, ein Oberstleutnant mit Frau (Gift). Von dem Ehepaar im dritten Grab weiß die Alte nichts; dort hat jemand ein Holzscheit in den Sand gesteckt, auf dem mit Rotstift geschrieben steht »2 Müller«. In einem der Einzelgräber liegt die Frau, die aus dem dritten Stock sprang, als Iwans sie wollten. Eine Art Kreuz steht darauf, aus zwei Stücken einer weißpolierten Türfüllung schief mit Draht zusammengefügt. Es zog mir die Kehle zu. Wieso spricht die Kreuzesform so stark zu uns? Selbst wenn wir uns nicht mehr Christen nennen dürfen? Frühe Kindereindrücke kamen wieder. Ich sah und hörte Fräulein Dreyer, wie sie uns Siebenjährigen mit unendlichen Einzelheiten und tränenden Auges die Heilandspassion schilderte... Immer hängt für uns christlich erzogene Abendländer ein Gott am Kreuz – mag dies auch bloß aus zwei Stücken Türfüllung und etwas Draht bestehen.

Ringsum Dreck und Pferdemist und spielende Kinder. Darf man das Spielen nennen? Sie drücken sich so herum, blinzeln uns an, flüstern miteinander. Hört man eine laute Stimme, so ist es ein Russe. Einer stapfte daher, Gardinen überm Arm. Er rief uns eine Schweinerei nach. Man sieht sie jetzt nur vereinzelt oder in abmarschierenden Trupps. Rauh und herausfordernd gellen uns ihre Lieder ins Ohr.

Hab dem Bäcker 70 Pfennig für die zwei erhaltenen Brote gebracht, kam mir ganz sonderbar vor und hatte das Gefühl, daß ich ihm etwas völlig Wertloses in die Hand drückte, kann mich noch immer nicht entschließen, unser deutsches Geld weiter für richtiges Geld zu halten. Im Haus sammelte die Erna vom Bäcker alle Haushalts-Ausweise ein, notierte auf eine Liste Namen und Kopfzahl der verbliebenen Hausbewohner. Anscheinend sind neue Lebensmittelkarten in Sicht. Erna hatte sich feingemacht, kam im geblümten Sommerkleid daher – ein ungewohnter Anblick, nachdem sich vierzehn Tage hindurch die Frauen nur wie die Schlampen zurechtgemacht nach draußen getraut haben. Auch mir ist nach einem neuen Kleide zumute. Man faßt es noch nicht, daß kein Russe mehr an unseren Türen klopft, keiner sich mehr auf Sofa und Sesseln räkelt. Ich habe die Stube gründlich aufgeräumt, fand unter dem Bett einen kleinen Sowjetstern aus rotem Glas und ein Präservativ in Papierhülle. Wer letzteres verlor, ahne ich nicht. Ich wußte gar nicht, daß sie überhaupt sowas kennen. Jedenfalls war es ihnen nicht der Mühe wert, deutschen Frauen gegenüber davon Gebrauch zu machen.

Das Grammophon haben sie mitgenommen, auch die Reklameplatte der Textilfirma (»... für die Dame, für das Kind, Jedermann bei uns was findt...«). Dafür blieben uns insgesamt 43 klassische Musikplatten, von Bach bis Pfitzner, und der halbe Lohengrin dabei. Auch der von Anatol zerbrochene Deckel ist zurückgeblieben, dankbar verfeuern wir ihn im Herd.

Nun ist schon Abend, Mittwoch, 9. Mai. Schreibend hocke ich auf der Fensterbank. Draußen Sommer, der Ahorn ist dunkelgrün, die Straße sauber gefegt, leer. Ich nutze den letzten Tagesschein, denn nun heißt es Kerzen sparen. Niemand wird uns neue bringen.

Vorbei ist es nun auch mit Schnaps, Zucker, Butter, Fleisch. Könnten wir nur erst an die Kartoffeln heran! Noch getraut sich keiner, die Barrikade vorm Hauskeller niederzulegen. Man weiß ja nicht, ob sie wiederkommen oder ob neue Truppen nachrücken. Die Witwe predigt und predigt, allerdings nicht von den Lilien auf dem Felde, deren Beispiel allein für uns paßte. Sie spinnt bange Zukunftsgedanken, sieht uns alle verhungern, wechselte einen Blick mit Herrn Pauli, als ich um einen zweiten Teller Erbsensuppe bat.

Flak knattert in mein Geschreibe hinein. Es heißt, sie üben für eine Siegesparade, zu der auch Amerikaner eintreffen sollen. Schon möglich. Sollen sie feiern, uns geht es nichts an. Wir haben kapituliert. Trotzdem spüre ich Lebenslust.

Weiter, dies schreibe ich nachts, bei Kerzenschein, mit einer Kompresse um die Stirn. Gegen acht Uhr abends schlugen Fäuste an unsere Vordertür: »Feuer! Feuer!« Wir – hinaus. Draußen grelle Helle. Flammen züngelten aus dem Ruinenkeller zwei Häuser weiter, leckten schon zur Brandmauer des heilen Nebenhauses empor. Beißender Qualm drang aus einem Loch im Getrümmer, kroch die Straße hinauf. Es wimmelte von Schatten, Zivilisten. Rufe und Geschrei.

Was tun? Wasser gibt es nicht. Der Feuerherd lag unten im Keller der Ruine. Glutheiße Luft, Wind kam auf, es war wie in Bombennächten. Deshalb regte sich auch keiner auf. »Ersticken«, hieß es. »Mit Trümmern das Feuer zudecken.« Im Nu hatten sich zwei Ketten formiert. Gesteinsbrocken wanderten von Hand zu Hand. Der Letzte schleuderte sie in die Flammen. Einer rief, daß wir uns beeilen müßten, es sei gleich neun – und um zehn Uhr abends müssen Zivilisten von der Straße verschwunden sein.

Von irgendwoher rollten Gestalten ein Faß an, wir schöpften mit Eimern eine stinkige Brühe daraus. Beim Weitergeben der Eimer haute mir eine Frau versehentlich die Zinkkante gegen die Schläfe. Ich sah gleich Funken, taumelte zu einem Steinbrocken auf dem Rasen gegenüber, dem Gräber-Rondell, hockte mich nieder. Eine Frau setzte sich zu mir und berichtete eintönig, daß »die da unten« ein Offiziers-Ehepaar seien, mit Cyankali vergiftet. Das wußte ich schon, ließ aber die Frau reden. »Kein Sarg, gar nichts«, sagte sie. »Die sind bloß in Verdunkelungspapier gewickelt, mit der Strippe drum rum. Die hatten ja nicht mal Laken auf den Betten, waren bloß als Verbombte eingewiesen.« Aber das Gift müssen sie doch parat gehabt haben.

Mir war schwindlig, ich spürte förmlich, wie die Beule auf der Stirn wuchs. Das Feuer war bald eingekreist und zugedeckt. Ich gesellte mich zu einer schimpfenden Gruppe und erfuhr die Ursache des Brandes: Ein Feinkosthändler, der früher in diesem zerstörten Haus sein Geschäft führte, hatte im teilweise erhaltenen Keller Reste seines Weinlagers belassen. Die Russen hatten es entdeckt, ich möchte sagen, gerochen, und hatten die Regale, Kerzen in Händen, ausgeräumt. Dabei war versehentlich Flaschenstroh ins Glimmen geraten, woraus sich langsam der Brand entwickelt hatte. Ein Mann berichtet: »Stockblau haben die Kerls den Rinnstein lang gelegen. Ich hab selber gesehen, wie einer, der noch aufrecht in seinen Stiefeln stand, an der Reihe langgegangen ist und seinen Genossen die Uhren vom Arm geknöpft hat.« Darob Gelächter.

Nun liege ich im Bett, schreibe, kühle meine Beule. Für morgen planen wir eine große Reise quer durch Berlin nach Schöneberg.

## Donnerstag, 10. Mai 1945

Der Morgen ging hin mit Hausarbeit, Holzzerklopfen, Wasserholen. Die Witwe badete ihre Füße in Sodawasser und probierte Frisuren aus, bei denen sich möglichst viel Grauhaar verstecken läßt. Um drei Uhr nachmittags waren wir endlich startbereit. Unser erster Gang durch die eroberte Stadt.

Arme Worte, ihr reicht nicht aus.

Wir stiegen über den Friedhof an der Hasenheide, mit den langen, gleichförmigen Gräberreihen im gelben Sand, vom letzten großen Luftangriff im März her. Sommersonne brannte. Der Park lag wüst. Die Unsrigen hatten seinerzeit noch die Bäume gefällt, um das Schußfeld freizulegen. Überall Laufgräben, darin verstreut Lumpen, Flaschen, Büchsen, Drähte, Munition. Auf einer Bank hockten zwei Russen mit einem Mädel. Selten bewegt sich draußen ein Russe allein. Zu zweit fühlen sie sich wohl sicherer. Weiter, durch einstmals dichtbevölkerte Arbeiterstraßen. Jetzt könnte man glauben, daß die zehntausend, die hier lebten, ausgewandert oder tot seien; so stumm sind die Straßen, so verschlossen und verkrochen wirken die Häuser. Kein Lebenslaut von Mensch oder Tier, von Auto, Radio oder Straßenbahn. Nur lastende Stille, in der wir unsere Schritte hören. Wenn uns aus den Häusern jemand nachblickt, so tut er es verstohlen. Wir sehen kein Gesicht hinter den Fenstern.

Weiter, hier beginnt der Stadtteil Schöneberg. Gleich wird sich zeigen, ob wir weiterkönnen, ob eine der Brükken heil blieb, die über die S-Bahn führen, zum Westen hin. Zum ersten Mal sehen wir an einigen Häusern rote Fahnen, vielmehr Fähnchen – offenbar aus ehemaligen Hakenkreuzfahnen herausgeschnitten; manchmal sieht man noch den dunkleren Kreis, von dem der weiße Stoff mit dem schwarzen Hakenkreuz darauf abgetrennt wurde. Die Fähnchen sind – wie könnte es in unserem Lande anders sein? – von Frauenhand sauber umsäumt.

Am Wege überall Hinterbleibsel der Truppen, ausgeweidete Autos, ausgebrannte Panzer, verbogene Lafetten. Hin und wieder ein Schild, ein Plakat in Russisch, das den 1. Mai feiert, Stalin, den Sieg. Auch hier kaum Menschen. Manchmal huscht ein armseliges Geschöpf vorbei, ein Mann in Hemdsärmeln, eine ungekämmte Frau. Keiner beachtet uns groß. »Ja, die Brücke steht noch«, antwortet auf unsere Frage eine barfüßige, verkommene Frau und hastet davon. Barfuß? In Berlin? Hab sowas nie zuvor bei einer Frau gesehen. Auf der Brücke noch eine Barrikade aus Trümmersteinen. Wir schlüpften durch den Spalt, mein Herz klopfte heftig dabei.

Grelle Sonne. Die Brücke leer. Wir verhielten, blickten auf den Bahndamm hinunter. Ein Gewirr von strohgelben Gleisen, dazwischen metertiefe Krater. Schienenstücke ragen hochgebogen in die Luft. Polster und Fetzen quellen aus zerbombten Schlafwagen und Speisewagen. Die Hitze brütet. Brandgeruch hängt über den Schienen. Rings Öde und Verlassenheit, kein Hauch von Leben. Das ist der Kadaver von Berlin.

Weiter nach Schöneberg hinein. Da und dort in der Tür eine Frau, ein Mädel: blicklos das Auge, die Züge schwammig und gedunsen. Ich kann von ihnen ablesen, daß der Krieg hier erst wenige Tage vorbei ist. Die haben sich noch nicht gefangen, sind noch so betäubt, wie wir es vor etlichen Tagen waren.

Wir traben die Potsdamer Straße hinunter, vorbei an schwarz ausgebrannten Ämtern, leeren Hochhäusern, Schutthaufen.

An einer Ecke rührendes Bild: Vor einem Schutthaufen, der sie weit überragte, zwei alte, klapprige Frauen, die etwas Dreck mit einer Kohlenschaufel abkratzten und in ein Kärrchen füllten. Wenn sie so weitermachen, brauchen sie Wochen für den Berg. Sie haben knorrige Hände, vielleicht schaffen sie es.

Der Kleistpark ist eine Wüste. Unter den Arkaden lagern Lumpen, Matratzen und herausgerissene Autopolster. Überall Kothaufen, von Fliegen umsummt. Mittendrin der halbfertige Hochbunker, wie ein Igel von Eisenstacheln umstanden. Vermutlich sollten wir darin im siebten Kriegsjahr Zuflucht vor Bomben suchen. An einem Balkenstapel davor zerren zwei Zivilisten, einer sägt handliche Stücke herunter. Alles gehört allen. Kläglich kratzt die Säge durch all die Stille. Unwillkürlich flüsterten die Witwe und ich miteinander, der Hals war uns trocken, die tote Stadt verschlug uns den Atem. Die Luft im Park war voll Staub, alle Bäume schienen weiß überpudert, waren von Schüssen durchsiebt und schwer verwundet. Ein deutscher Schatten hastete vorbei, schleppte Bettzeug. Am Ausgang ein Russengrab, mit Draht umzäunt. Wieder grellrote Holzstelen darauf, und dazwischen eine flache Granitplatte, auf die mit Kalk gepinselt steht, daß hier Helden ruhen, fürs Vaterland gefallen. *Geroi,* so lautet das Wort, Heros, Held. Es klingt so preußisch.

Zwanzig Minuten später standen wir vor dem Haus, in dem die Freunde der Witwe wohnen. »Ein Korpsbruder meines Mannes«, so sagt sie – Studienrat, Altphilologe, verheiratet. Das Haus wirkt völlig tot. Die Vordertür ist mit Latten vernagelt. Als wir einen Hintereingang suchen, stoßen wir auf eine Frau, die ihre Röcke gehoben hat und ungeniert vor unseren Augen in einem Hofwinkel ihre Notdurft verrichtet. Auch etwas, das ich zum ersten Mal so öffentlich in Berlin sah. Endlich fanden wir den Aufgang, klommen zwei Treppen hoch, klopften, riefen als Parole den Namen der Witwe ... Drinnen Rumoren, Schritte und Geflüster, bis man begriff, wer draußen steht. Da fliegt die Tür auf, wir umhalsen uns, ich presse mein Gesicht an ein gänzlich fremdes Gesicht; denn ich habe diese Leute nie zuvor gesehen. Es ist die Frau des Studienrats, hinter ihr taucht der Mann auf, streckt uns die Hände entgegen, bittet uns herein. Die Witwe redet wie im Fieber, alles geht ihr durcheinander, auch die andere Frau redet, und keine hört zu. Es dauert eine Weile, bis wir in dem einzig bewohnbaren Raum der schwer durchgeblasenen Wohnung sitzen. Wir kramen die mitgebrachten gebutterten Brotschnitten aus der Tasche, bieten sie an. Da staunen die beiden. Brot hat es hier noch keines gegeben, es ist auch keines von Russen hinterlassen worden. Auf die stereotype Frage »Wie oft haben die ...?« erklärt die Dame des Hauses in ostpreußisch breitem Tonfall: »Mich? Bloß einmal, am ersten Tag. Von da ab haben wir uns im Luftschutzkeller eingeriegelt, wir hatten unten einen Waschkessel voll Wasser.« Hier kamen die Sieger später und verschwanden früher, alles ging ruck-zuck.

Wovon leben die beiden Leute? »Ach, wir haben noch ein Säckchen Grütze und ein paar Kartoffeln. Ach ja, und unser Pferd!«

Pferd? Gelächter, und die Hausfrau berichtet mit anschaulichen Gesten: Während noch deutsche Truppen in der Straße lagen, kam jemand in den Keller gerannt mit der frohen Botschaft, draußen sei ein Pferd gefallen. Im Nu war das ganze Kellervolk draußen. Das Tier zuckte noch und verdrehte die Augen, da stachen schon die ersten Brotmesser und Taschenmesser in den Leib – selbstverständlich bei Beschuß. Ein jeder schnitt und wühlte, wo er gerade angefangen hatte. Als die Studienratsfrau hinübergriff, wo gelblich das Fett schimmerte, kriegte sie einen Hieb mit dem Messergriff auf die Finger: »Sie! Bleiben Sie, wo Sie sind!« Ein sechs Pfund schweres Stück konnte die Hausfrau heraussäbeln. »Mit dem Rest haben wir meinen Geburtstag gefeiert«, so sagte sie. »Hat tadellos geschmeckt, ich hatte es in meinem letzten Essig eingelegt.«

Wir gratulierten heftig. Eine Flasche Bordeaux kam zum Vorschein. Wir tranken, ließen die Hausfrau leben, die Witwe gab den Vergleich mit der Ukrainerfrau zum besten – wir haben alle kein Maß mehr.

Wieder und wieder nahmen wir Abschied. Der Studienrat wühlte im Zimmer herum, suchte nach irgendwas, das er uns schenken, uns für die Brotschnitten geben könnte, fand aber nichts.

Weiter, ins Bayerische Viertel hinein, wir wollen noch nach meiner Freundin Gisela schauen. Unendliche Reihen von deutschen Personenautos blockieren die Straße, ausgeweidet fast alle. Drüben hat ein Friseur wieder aufgemacht; ein Zettel vermeldet, daß er Männerhaare schneidet und auch Frauenköpfe wäscht, wenn man ihm warmes Wasser mitbringt. Tatsächlich erspähten wir hinten im Halbdunkel einen Kunden und einen, der mit einer Schere in Händen drum herum sprang. Das erste Lebenszeichen im Stadtkadaver.

Treppauf zu Gisela. Ich klopfte und rief, mir war ganz zittrig vor Aufregung. Wieder Gesicht an Gesicht; und dabei haben wir uns früher höchstens die Hand gedrückt.

Gisela war nicht allein. Sie hat zwei junge Mädchen bei sich aufgenommen, die irgendein Bekannter ihr geschickt hat. Zwei geflüchtete Studentinnen aus Breslau. Stumm saßen sie in einem fast leeren, scheibenlosen, doch sauberen Zimmer.

Nach den ersten aufgeregten Worten und Wechselreden trat Stille ein. Ich spürte: hier herrscht Leid. Die Augen der beiden jungen Mädchen waren schwarz umrändert. Was sie sagten, klang so hoffnungslos, so bitter. Beide sind, wie Gisela mir auf dem Balkon zuflüsterte, auf den sie mich hinauslotste, von den Russen entjungfert worden und haben es viele Male aushalten müssen. Die blonde Hertha, eben zwanzig, hat seitdem ständig Schmerzen und weiß sich nicht zu helfen. Sie weint viel, sagt Gisela. Von ihren Angehörigen weiß Hertha nichts, die sind aus Schlesien in alle Winde zerstreut, falls sie noch leben. Hysterisch klammert das Mädchen sich an Gisela. Die zierliche, erst neunzehnjährige Brigitte wehrt sich mit bösem Zynismus gegen die seelische Verletzung. Sie läuft über von Galle und Haß, findet das Leben dreckig und alle Menschen – sie meint, alle Männer – Schweine. Sie will weg, weit weg, irgendwohin, wo es die Uniform nicht gibt, deren bloßer Anblick ihr Herz aus dem Takt bringt.

Gisela selber kam heil davon, mit einem Trick, den ich leider zu spät erfahren habe: Ehe Gisela sich zur Redakteurin entwickelte, hatte sie schauspielerische Ambitionen gehabt und im Unterricht auch ein bißchen Schminken gelernt. So hat sie sich im Keller eine wunderbare Greisinnenmaske aufs Gesicht gestrichelt und hat ihr Haar unter einem Kopftuch versteckt. Als Russen kamen und sich mit Taschenlampen die beiden jungen Studentinnen herausleuchteten, haben sie Gisela mitsamt ihren Kohle-Runzeln aufs Lager zurückgedrückt: »Du Babuschka schlaffen.« Unwillkürlich mußte ich lachen, dämpfte aber sogleich meine Heiterkeit – die beiden Mädels blickten gar zu düster, zu herb drein.

Diese Mädchen sind auf immer um die Erstlingsfrüchte der Liebe betrogen. Wer mit dem Letzten begann, und dazu auf so böse Art, kann nicht mehr vor der ersten Berührung erbeben. Paul hieß der, an den ich jetzt denke, er war siebzehn wie ich, als er mich auf der Ulmenstraße in den Schatten eines fremden Haustors drängte. Wir kamen aus einem Schülerkonzert, Schubert, glaube ich, noch warm von der Musik, über die wir doch nichts zu sagen wußten. Unerfahren wir alle beide; Zähne preßten sich gegen Zähne, während ich gläubig auf das Wunderbare wartete, das vom Küssen kommen sollte. Bis ich merkte, daß sich mein Haar gelöst hatte. Die Spange, die es sonst im Nacken zusammenhielt, war weg.

Was für ein Schreck! Ich schüttelte Kleid und Kragen. Paul tastete im Dunklen auf dem Straßenpflaster herum. Ich half ihm suchen, unsere Hände trafen und berührten sich, doch nun ganz kalt. Die Haarspange fanden wir nicht. Ich hatte sie wohl schon unterwegs verloren. Das war sehr ärgerlich. Die Mutter würde es gleich merken, sie würde mich fragen, mich scharf ansehen. Und ob ihr dann mein Gesicht nicht verriet, was Paul und ich im Torweg getan? Wir trennten uns überhastet, in plötzlicher Verlegenheit, und kamen einander später nie mehr nahe. Trotzdem haben jene scheuen Minuten im Torweg für mich einen Silberglanz behalten.

Langer Abschied nach einer Stunde. Man trennt sich jetzt so schwer von Freunden, weiß nie, wann und wie man einander wiedersieht. Es kann so vieles geschehen. Immerhin lud ich Gisela für den kommenden Tag zu uns ein. Auch die Witwe hat ihre Freunde eingeladen. Wir wollen zusehen, daß wir ihnen einen Kanten Brot verschaffen können.

Zurück, den gleichen öden, langen, staubigen Weg. Nun wurde es der Witwe doch zuviel, ihre Füße brannten, wir mußten hin und wieder am Bordstein sitzend rasten. Ich schlich wie unter einer Zentnerlast, hatte das Gefühl, daß Berlin nie wieder hochkommen könne, daß wir Trümmerratten bleiben würden unser Leben lang. Zum ersten Mal beschlich mich der Gedanke, diese Stadt zu verlassen, mir anderswo Brot und Obdach zu suchen, wo es noch Luft und Landschaft gibt.

Im Park rasteten wir auf einer Bank. Neben uns saß eine junge Frau, die zwei kleine Buben spazierenführte. Ein Russe kam heran, winkte den unvermeidlichen zweiten Russen hinzu, der mit ihm ging, und sagte zu ihm auf russisch: »Komm her, hier sind Kinder, das sind doch die Einzigen, mit denen man hier reden kann.« Die Mutter blickte achselzuckend und ängstlich zu uns herüber. Tatsächlich entspann sich eine Unterhaltung zwischen den Männern und den beiden Knirpsen, die sich ruhig auf die Knie nehmen und zu einem russischen Hoppereiter-Liedchen schaukeln ließen.

Dann wandte sich der eine Soldat zu mir und sagte im freundlichsten Ton der Welt auf russisch: »Ist ja ganz egal, wer mit euch schläft. Schwanz ist Schwanz.« (Den Ausdruck lehrte mich Anatol in ländlich-sittlicher Plumpheit.) Ich mußte an mich halten, um das doofe Nichtverstehen zu wahren, mit dem dieser Bursche rechnete. Also lächelte ich bloß, worauf die beiden Kerle schallend loslachten. Bitte sehr!

Heimzu auf müden Füßen. Herr Pauli hatte sich in seinem Sessel ans Fenster postiert, hatte nach uns ausgespäht. Er wollte gar nicht glauben, daß uns auf den drei Wanderstunden nur die paar zufällig umherstreunenden Russen begegnet waren. Er hatte sich vorgestellt, daß es im Stadtkern von Truppen nur so wimmelte. Nachträglich wunderten wir uns selber darüber und überlegten, wo all die Sieger geblieben sein könnten. Tief atmeten wir die reine Luft an unserer Ecke, dachten mit Schaudern an die Schöneberger Staubwüstenei zurück.

Ich schlief nur schwer ein. Trübe Gedanken. Ein trauriger Tag.

## Freitag, 11. Mai 1945

Hausarbeit. Wir weichten Wäsche ein, schälten unsere letzten Kartoffeln vom Küchenvorrat. Fräulein Behn überbrachte uns die neuen Lebensmittelkarten. Sie sind auf Zeitungspapier in deutscher und russischer Sprache gedruckt. Es gibt ein Muster für Erwachsene und eines für Kinder unter 14 Jahren.

Ich hab meine Karte neben mir liegen und notiere die Tagesration: 200 Gamm Brot, 400 Gramm Kartoffeln, 10 Gramm Zucker, 10 Gramm Salz, 2 Gramm Malzkaffee, 25 Gramm Fleisch. Kein Fett. Gibt man uns die Sachen wirklich, so ist es doch etwas. Ich bin starr darüber, daß überhaupt schon wieder so viel Ordnung in den Wirrwarr kommt.

Als ich unten beim Gemüsehändler eine Schlange sah, stellte ich mich mit an, bekam Rote Rüben und Trockenkartoffeln auf unsere Karten. In der Schlange genau das gleiche Gerede wie an der Pumpe: Jeder rückt jetzt von Adolf ab, und keiner ist dabeigewesen. Jeder wurde verfolgt, und keiner hat denunziert.

War ich selber dafür? Dagegen? Ich war jedenfalls mittendrin und habe die Luft eingeatmet, die uns umgab und die uns färbte, auch wenn wir es nicht wollten. Paris hat mir das gezeigt oder vielmehr ein junger Student, dem ich im dritten Jahr der Hitler-Ära im Jardin du Luxembourg begegnete. Vor einem Regenguß flüchteten wir unter eine Baumkrone. Wir schwatzten französisch und hörten beide gleich heraus, daß wir Ausländer waren. Wo zu Hause? Mit viel Spaß und Neckerei gaben wir uns ans Raten. Meine Haarfarbe ließ ihn auf Schwedin tippen, während ich darauf bestand, ihn einen Monegassen zu nennen, weil ich diese Bezeichnung für die Bürger von Monaco frisch gelernt hatte und lustig fand.

Der Regen endete so jäh, wie er begonnen. Wir setzten uns in Gang, und ich machte einen kleinen Wechselschritt, um meinen Tritt dem seinen anzupassen. Er blieb stehen und rief aus: »Ah, une fille du Fuhrer!« – Eine Tochter von Hitler also, eine Deutsche, erkannt in dem Augenblick, da sie bemüht war, im gleichen Schritt und Tritt mit dem Nebenmann zu marschieren.

Aus war's mit Spaß und Neckerei. Denn nun stellte sich der junge Mann vor: kein Monegasse, sondern Holländer und Jude. Was sollten wir da noch reden? Wir trennten uns an der nächsten Wegbiegung. Mir hat dies Erlebnis damals bitter geschmeckt, hab lange daran herumgekaut.

Mir fiel ein, daß ich seit geraumer Zeit nichts mehr von Herrn und Frau Golz gehört hatte, Flurnachbarn aus meinem abgebrannten früheren Bau und gewesenen Parteigläubigen. Ich ging die paar Häuser weit, fragte aber vergeblich nach ihnen, hörte nur von Nachbarn, die nach endlosem Geklopfe meinerseits die Tür hinter vorgelegter Kette einen Spalt weit öffneten, daß Herr und Frau Golz sich unbemerkt davongemacht hätten – was auch gut sei, so wurde hinzugefügt; denn es hätten neulich schon

Russen nach dem Mann gesucht, der offenbar denunziert worden sei.

Am späten Nachmittag klopfte es an unsere Tür und rief nach mir. Zu meinem Erstaunen eine fast vergessene Figur aus unserer Keller-Vergangenheit: Siegismund, der Sieggläubige, der von irgendeiner Seite hat läuten hören, daß ich Beziehungen zu »hohen Russen« hätte. Begehrte von mir zu wissen, ob es Tatsache sei, daß sich alle früheren Parteigenossen freiwillig zur Arbeit melden müßten, andernfalls man sie an die Wand stellen werde. Es gehen so viele Gerüchte um, man kommt gar nicht nach. Ich sagte ihm, daß ich von nichts wüßte und auch nicht glaubte, daß dergleichen geplant sei – er solle abwarten. Der Mann war kaum wiederzuerkennen. Die Hose schlotterte ihm um den abgemagerten Leib, der ganze Mensch wirkte elend und zerknautscht. Die Witwe verabfolgte ihm eine Predigt von wegen harmloser Mitläuferei, und nun sehe er selbst, was dabei herausgekommen sei... Siegismund – seinen richtigen Namen weiß ich immer noch nicht – schluckte alles voll Demut, bat um ein Stückchen Brot. Er bekam es auch. Darob nach seinem Weggang Familienkrach. Herr Pauli tobte und schrie, es sei unerhört von der Witwe, diesem Kerl noch was zuzustecken – der allein sei an dem ganzen Schlamassel schuld, dem könne es gar nicht dreckig genug gehen, einbuchten müsse man den, ihm die Lebensmittelkarte entziehen. (Pauli selbst war bestimmt immer dagegen, denn er hat einen Gegen-Charakter – absprechend, negierend, ein »Geist, der stets verneint«. Es gibt, soweit ich bis jetzt sehe, nichts auf Erden, dem er uneingeschränkt zustimmt.) Ja, nun will keiner mehr was von Siegismund wissen. Hier im Hause darf er sich nicht vernehmen lassen, jeder fährt ihm scharf über den Mund, keiner will mit ihm zu tun haben. Und wer in gleicher Lage ist, der hält sich erst recht zurück. Es muß wüst und wirr aussehen in diesem Mann. Auch ich hab ihn scharf abfahren lassen, was mich in diesem Augenblick ärgert. Wie komme ich dazu, alle Pöbelstimmungen mitzumachen? Immer wiederholt sich das »Hosiannah-Crucifige!«

Vor einer halben Stunde, in der Abenddämmerung, plötzlich Schüsse. Ein ferner, schriller Frauenschrei: »Hiiilfe!« Wir haben nicht einmal aus dem Fenster geblickt. Wozu auch? Aber ganz gut sowas; es erinnert uns wieder, macht uns wachsam.

## Samstag, 12. Mai 1945

Am Vormittag hat die ganze Hausgemeinschaft – man nennt das jetzt offiziell wieder so – gemeinsam im Hintergarten, den ich seinerzeit in meiner Phantasie schon als Friedhof eingerichtet hatte, eine Grube ausgehoben – aber nur für den Müll des Hauses, der sich zu Bergen um die Müllkästen herum türmte. Munterer Arbeitseifer, lustige Redensarten, alle fühlten sich erleichtert, freuten sich des nützlichen Tuns. Es ist so sonderbar, daß keiner mehr »ins Geschäft« gehen muß, daß jeder gewissermaßen Hausurlaub hat, daß die Ehepaare von früh bis spät zusammenstecken.

Hernach hab ich im Wohnzimmer aufgewischt, hab Russenspucke und Stiefelwichse und den letzten Krümel Pferdemist von den Dielen gescheuert. Das gab guten Hunger. Noch haben wir Erbsen und Mehl. Die Witwe fettet mit dem Butterschmalz, das sie aus dem ranzig gewordenen Rest von Herrn Paulis Volkssturmbutter gewonnen hat.

Die Wohnung blinkte, als unsere Gäste aus Schöneberg eintrafen. Sie hatten sich gemeinsam auf den Weg gemacht, obwohl meine Freundin Gisela die Freunde der Witwe bisher nicht gekannt hatte. Alle drei waren gewaschen, ordentlich frisiert, sauber gekleidet. Sie hatten den gleichen Weg genommen wie wir und das gleiche gesehen – kaum Menschen, nur vereinzelte Russen, sonst Öde und Stille. Es gab Kaffeelorke und für jeden drei Fettschnitten – eine üppige Bewirtung!

Ich holte mir Gisela zum Palaver ins Wohnzimmer, wollte wissen, wie sie sich das Weiterleben denkt. Sie sieht schwarz. Ihre Welt, die abendländische, die kunst- und kulturgetränkte, die allein ihr wert ist, sieht sie nun versinken. Für einen Neubeginn fühlt sie sich seelisch zu müde. Sie glaubt nicht, daß für einen differenzierten Menschen Raum zum Atmen oder gar zu geistiger Arbeit bleibt. Nein, auf Veronal und ähnliche Giftkost hat sie keine Lust. Ausharren will sie, wenn auch ohne Mut und Freude. Sie sprach davon, daß sie »das Göttliche« in sich selber suchen, sich mit den eigenen Tiefen versöhnen wolle, von dort her Erlösung erhoffe. Sie ist unterernährt, hat tiefe Schatten unter den Augen und wird weiter hungern müssen mit den beiden jungen Mädchen, die sie aufgenommen hat – und denen sie nach meinem Gefühl noch von ihrem Eigenen zusteckt. Ihr bißchen Vorrat an Hülsenfrüchten und Haferflocken wurde ihr schon vor dem Eindringen der Russen von Deutschen aus dem Keller gestohlen. Homo homini lupus. Zum Abschied gab ich ihr zwei Zigarren mit, hab sie klammheimlich aus der Majorskiste geklaut, die Herr Pauli schon zur Hälfte leer geraucht hat. Schließlich hab ich für diese Gabe hingehalten, nicht er; mein Anteil steht mir zu. Gisela kann sich Eßbares dafür eintauschen.

Abends ging ich noch Wasser holen. Unsere Pumpe ist ein tolles Möbel. Der Stamm abgebrochen, der Schwengel, mehrfach herausgebrochen, mit etlichen Metern Strippe und Draht kümmerlich festgezurrt. Dreie müssen immer den Aufbau stützen, während zwei pumpen. Das

Kollektivwerk hat sich gut eingespielt, es wird kein Wort dabei geredet. Auf meinen beiden Eimern schwammen nachher Splitter und Späne, von der Pumpe abgespritzt. Wir mußten das Wasser durchseihen. Wieder wundre ich mich darüber, daß »die« zwar Barrikaden bauten, die zu nichts nütze sind, daß sie aber nicht im geringsten daran dachten, für die Belagerung ein paar ordentliche Wasserzapfstellen vorzubereiten. Die haben doch selber Städte belagert, müßten es also wissen. Aber vermutlich wäre jeder führende Mann, der von Pumpenbau gesprochen hätte, als Defaitist und Lumpenhund abgetan worden.

Stiller Abend heute. Zum ersten Mal seit drei Wochen habe ich ein Buch aufgeschlagen, Joseph Conrad: *Schattenlinie.* Ich fand aber nur schwer hinein, bin selber zu voll von Bildern.

## Sonntag, 13. Mai 1945

Strahlender Sommertag. – Von früh an optimistische Geräusche: Klopfen, Schrubben, Gehämmer. Dabei schwebt über uns die Angst, daß wir unser Haus, unsere Wohnungen für Militär räumen müssen. An der Pumpe ging das Gerücht, daß Truppen in den Block gelegt werden sollten. Nichts gehört uns mehr in diesem Land, nur die Stunde. Und die haben wir genossen, als wir zu dritt um einen reichlich gedeckten Frühstückstisch saßen, Herr Pauli noch in seinem Morgenrock, aber schon halbwegs wohlauf.

Über Berlin läuten die Glocken zum Sieg der Alliierten. Irgendwo steigt in dieser Stunde die berühmte Parade, die uns nichts angeht. Es verlautet, daß heute Festtag bei den Russen sei, daß die Mannschaften zur Feier des Sieges Wodka zugeteilt bekämen. An der Pumpe hieß es, Frauen sollten nach Möglichkeit die Häuser nicht verlassen. Wir wissen nicht recht, ob wir das glauben sollen. Die Witwe wiegt bedenklich den Kopf. Herr Pauli reibt sich schon wieder das Kreuz, meint, daß er sich legen müsse ... Ich warte es ab.

Mittlerweile hatten wir das Thema Alkohol beim Wickel. Herr Pauli hat mal gehört, daß eine Anweisung an die kämpfende deutsche Truppe ergangen sei, Alkoholvorräte niemals zu vernichten, sondern sie dem nachsetzenden Feinde zu überlassen, da erfahrungsgemäß dieser durch Alkohol aufgehalten und in seiner weiteren Kampfkraft beeinträchtigt werde. Das ist so Männerschnack, von Männern für Männer ausgeheckt. Die sollen sich bloß mal zwei Minuten überlegen, daß Schnaps geil macht und den Trieb gewaltig steigert. Ich bin überzeugt, daß ohne den vielen Alkohol, den die Burschen überall bei uns fanden, nur halb so viele Schändungen vorgekommen wären. Casanovas sind diese Männer nicht. Sie müssen sich erst selber zu frechen Taten anstacheln, haben Hemmungen wegzuschwemmen. Das wissen sie oder ahnen es doch; sonst wären sie nicht so heftig hinter Trinkbarem her. Beim nächsten Krieg, der mitten unter Frauen und Kindern geführt wird (zu deren Schutz früher angeblich das Mannsvolk hinauszog), müßte vor Abzug der eigenen Truppen jeder verbliebene Tropfen an aufputschenden Getränken in den Rinnstein gegossen, Weinlager müßten gesprengt, Bierkeller hochgejagt werden. Oder meinetwegen sollen sie vorher für die eigenen Leute schnell noch eine lustige Nacht veranstalten. Bloß weg mit Alkohol, solange Frauen in Greifweite des Feindes sind.

Weiter, es ist Abend. Der vielgefürchtete Sonntag ist vorüber. Nichts ist passiert. Es war der friedlichste Sonntag seit dem 3. September 1939. Ich lag auf dem Sofa; draußen Sonne und Gezwitscher. Ich knabberte Kuchen, den die Witwe uns mit sündhaft viel Holz gebacken hat, und dachte über das Leben nach. Hier die Bilanz:

Auf der einen Seite stehen die Dinge gut für mich. Ich bin frisch und gesund. Es hat mir physisch nichts geschadet. Hab das Gefühl, als sei ich bestens für das Leben ausgerüstet, als hätte ich Schwimmhäute für den Modder, als sei meine Faser besonders biegsam und zäh. Ich passe in die Welt, bin nicht fein. Meine Großmutter hat Mist gefahren. Auf der anderen Seite stehen lauter Minuszeichen. Ich weiß nicht mehr, was ich noch auf der Welt soll. Ich bin keinem Mitmenschen unentbehrlich, stehe bloß so herum und warte, sehe derzeit weder Ziel noch Aufgabe vor mir. Ich habe lebhaft an ein Gespräch denken müssen, das ich einmal mit einer klugen Schweizerin durchfocht, und bei dem ich, gegen alle Weltverbesserungspläne, auf meinem Satz beharrte: »Die Summe der Tränen bleibt konstant.« Ganz gleich, unter welchen Fahnen und Formeln die Völker leben; ganz gleich, welchen Göttern sie anhängen und welchen Reallohn sie beziehen: die Summe der Tränen, der Schmerzen und Ängste, mit denen ein jeder für sein Dasein zahlt, bleibt konstant. Satte Völker suhlen sich in Neurosen und Überdruß. Den im Übermaß Gequälten kommt, wie jetzt uns, Stumpfheit zu Hilfe. Sonst müßte ich ja von früh bis in die Nacht weinen. Ich tu's so wenig wie die anderen. Es waltet da ein Gesetz. Freilich taugt, wer an die Unveränderlichkeit der irdischen Tränensumme glaubt, schlecht zum Weltverbesserer und überhaupt nicht zu heftiger Tat.

Einmal nachzählen: Ich war in zwölf Ländern von Europa, hab unter anderen in Moskau, Paris, London gelebt und Bolschewismus, Parlamentarismus, Faschismus aus der Nähe abbekommen, als einfacher Mensch unter einfachen Menschen. Unterschiede? Ja, beträchtliche sogar. Sie liegen aber, wie mir scheinen will, in der Form und Farbe, in den jeweils gültigen Spielregeln; nicht im größeren oder geringeren Glück der meisten, wie es noch das Anliegen von Candide war. Der kleine, dumpfe, untertänige Mensch, der einzig das Sein kennt, in das er hineingeboren wurde, erschien mir in Moskau nicht unglücklicher als in Paris oder in Berlin. Er hat sich den Lebensbedingungen, die er vorfand, seelisch angepaßt.

Für mich entscheidet zur Zeit das Allerpersönlichste, mein Geschmack. In Moskau möchte ich nicht leben. Was mich dort am meisten bedrückte, war die pausenlose ideologische Schulung; sodann die Unmöglichkeit für Eingeborene, frei in der weiten Welt umherzureisen; und schließlich das Fehlen jeden erotischen Fluidums. Das Regime dort liegt mir nicht. In Paris oder London hingegen war ich gern. Doch hab ich dort stets aufs schmerzlichste verspürt, daß ich daneben stand, fremd blieb, bloß geduldet, Ausländer. Ich bin freiwillig nach Deutschland zurückgekehrt, obwohl Freunde mir zur Auswanderung rieten. Es war gut, daß ich heimkehrte. In der Fremde hätte ich nirgends Wurzeln schlagen können. Ich fühle mich meinem Volk zugehörig, will sein Schicksal teilen, auch jetzt noch.

Aber wie? Zur roten Fahne, die mir in jungen Jahren so leuchtend erschien, führt kein Weg für mich zurück. Die Summe der Tränen ist auch in Moskau konstant geblieben. Meine fromme Kinderwiege ging mir verloren, Gott und Jenseits wurden zu Symbolen und Abstracta. Fortschritt? Ja, zu größeren Bomben. Das Glück der meisten? Ja, für Petka und Konsorten. Idylle im Winkel? Ja, für die Teppichfransenkämmer. Besitz, Behagen? Daß ich nicht lache, unbehauster Großstadt-Nomade, der ich bin. Liebe? Die liegt zertreten am Boden. Und stünde sie wieder auf, so würde ich ständig darum bangen, fände keine Zuflucht darin, wagte nie mehr, Dauer zu erhoffen.

Vielleicht die Kunst, die Fron im Dienst der Form? Ja, für die Berufenen, zu denen ich nicht zähle. Bin nur ein kleiner Handlanger, muß mich bescheiden. Einzig im engen Kreis kann ich wirken und gut Freund sein. Der

Rest ist Warten auf das Ende. Trotzdem reizt das dunkle und wunderliche Abenteuer des Lebens. Ich bleibe schon aus Neugier dabei; und weil es mich freut, zu atmen und meine gesunden Glieder zu spüren.

## Montag, 14. Mai 1945

Motorlärm riß mich gestern abend aus dem ersten Schlaf. Draußen Rufe, Gehupe. Ich stolperte ans Fenster. Da stand unten wahrhaftig ein russischer Lastwagen voll Mehl. Kohle hat der Bäckermeister schon, also kann er backen, kann die Karten und Nummern beliefern. Ich hörte ihn jauchzen und sah, wie er dem russischen Fahrer um den Hals fiel. Der strahlte ebenfalls. Sie spielen gern den Weihnachtsmann.

In grauer Frühe weckte mich heute die schnatternde Brotschlange. Sie wand sich um den halben Block herum, dauert jetzt am Nachmittag noch an. Viele Frauen haben sich Hocker mitgebracht. Ich höre förmlich die Fama zischeln.

Wasser holten wir zum ersten Mal von einem richtigen Hydranten, gar nicht weit weg. Das ist etwas Wunderbares. Eine automatische Pumpe mit drei Hähnen, aus denen das Wasser in dickem Strahl sprudelt. Im Nu ist der Eimer gefüllt. Man braucht nur ein paar Minuten zu warten, bis man dran ist. Das ändert unseren Tag, macht unser Leben leichter.

Auf dem Weg zum Hydranten kam ich an vielen Gräbern vorbei. Fast jeder Vorgarten hat die stille Einquartierung. Mal liegt ein deutscher Stahlhelm darauf, mal leuchten grellrot die russischen Einheits-Holzsäulen mit den weißen Sowjetsternen. Sie müssen ganze Wagenladungen von diesen Mälern hergeschleppt haben.

An den Bordsteinen ragen Holztafeln mit deutschen und russischen Inschriften. Eine besagt mit Stalins Worten, daß die Hitler etcetera verschwinden, daß Deutschland aber bleibe. »Losungi« nennen die Russen mit einem deutschen Fremdwort solche Kernsätze.

Neben unserer Haustür kleben jetzt gedruckte »Nachrichten für Deutsche«. Das Wort klingt mir in diesem Zusammenhang so fremd in den Ohren, fast wie ein Schimpfwort. Auf dem Blatt ist der Text unserer bedingungslosen Kapitulation zu lesen, unterzeichnet von Keitel, Stumpff, Friedeburg. Dazu Berichte über Waffenstreckung an allen Fronten. Göring ist gefangen. Eine Frau will über Detektor gehört haben, er habe wie ein Kind geweint bei seiner Festnahme und sei durch Hitler bereits zum Tode verurteilt gewesen. Ein Koloß auf tönernen Füßen.

Ein anderer, sehr umlagerter, sehr umstrittener Anschlag meldet, daß die Russen neue und höhere Lebensmittelrationen zur Verfügung stellen, die in fünf Gruppen gestuft an uns ausgegeben werden sollen: Für Schwerarbeiter, Arbeiter, Angestellte, Kinder, Sonstige Bevölkerung. Brot, Kartoffeln, Nährmittel, Ersatzkaffee, Bohnenkaffee, Zucker, Salz, ja sogar Fett. Im ganzen nicht übel, wenn es stimmt. Zum Teil höhere Rationen als zuletzt unter Adolf. Die Wirkung dieser Neuigkeit ist stark. Ich hörte: »Da sieht man wieder, daß unsere Propaganda uns bloß dumm gemacht hat.«

Ja, es stimmt, man hat uns so oft den Hungertod, die völlige physische Auslöschung durch die Feindmächte an die Wand gemalt, daß uns jedes Stück Brot, jede Andeutung, daß auch weiterhin für uns gesorgt werden soll, baß erstaunt. Insofern hat Goebbels den Siegern gut vorgearbeitet. Jede Brotkruste aus deren Hand erscheint uns wie ein Geschenk.

Am Nachmittag stand ich nach Fleisch an. Nichts instruktiver als so eine Schlangenstunde. Ich vernahm, daß in Richtung Stettin, Küstrin und Frankfurt/Oder bereits wieder Züge verkehren. Dagegen liegt der Stadtverkehr offenbar noch gänzlich still.

Eine Frau erzählte mit Befriedigung, wieso die Russen nach kurzem Durchgang ihr Wohnhaus mieden: Im ersten Stock fanden sie eine Familie vergiftet auf den Betten, im zweiten Stock eine Familie erhängt an den Fensterkreuzen in der Küche. Worauf sie voll Schrecken flohen und nicht wiederkehrten. Man ließ für alle Fälle die Abschreckungsobjekte noch eine Zeitlang an ihrem Platz... Mein Fleisch bekam ich glatt und gut. Schieres Rindfleisch, es hilft uns weiter.

»Um halb fünf Uhr nachmittags trifft sich im Keller die Hausgemeinschaft«, so wurde es von Tür zu Tür durchgesagt. Endlich soll die Kellerbarrikade weggeräumt werden. Gut so; dann wird der Weg zu den restlichen Kartoffeln der Witwe frei. Wir standen in langer Reihe den Gang entlang. Ein Kerzlein, auf einen Stuhl geklebt, gab schwachen Schein. Ziegelsteine, Bretter, Stühle und Matratzenteile wanderten von Hand zu Hand.

Im Keller Kraut und Rüben, d.h. wilder Wirrwarr. Kotgeruch. Jeder packte seinen Kram zusammen. Herrenloses Gut sollte im Lichthof niedergelegt werden. (Wobei die Witwe eine seidene Wäschegarnitur, die nicht ihr gehörte, sanft in ihren Sack verschwinden ließ. Sie besann sich allerdings später wieder auf die Zehn Gebote und gab das Stück, auf dessen Eigentümerin ein gesticktes Monogramm hinwies, als »irrtümlich eingesteckt« an die rechte Adresse zurück.) Die Eigentumsbegriffe sind völlig zerrüttet. Jeder bestiehlt jeden, weil jeder bestohlen wurde und jeder alles brauchen kann. So sammelte sich als »herrenlos« schließlich nur Schamott an: verwaschene Unterröcke, Hüte, ein Einzelschuh. Während die Witwe noch verbissen nach der Krawattenperle wühlte, deren Versteck sie vergessen hat, schleppte ich die Kartoffeln aufwärts, stellte sie vor Herrn Paulis Bett ab. Als die Witwe nachkam, kündete sie sofort wieder kassandragleich von Hungersnöten, die nach Verzehrung dieser letzten Kartoffelknollen über uns hereinbrechen würden. Herr Pauli sekundierte ihr kräftig. Ich habe das Gefühl, daß man in diesem Haushalt anfängt, mich als lästigen Mitesser zu empfinden, daß man mir die Bissen in den Mund zählt und mir jede Kartoffel mißgönnt. Dabei futtert doch auch Pauli von meinem Majorszucker mit. Ich will trotzdem versuchen, wieder auf eigene Futterbeine zu kommen. Nur – wie?

Zürnen kann ich den beiden nicht. Zwar hab ich es noch nicht ausprobiert; doch könnte es gut sein, daß ich in ähnlicher Lage auch ungern mein Essen teilen würde. Und ein neuer Major ist nicht am Horizont.

## Dienstag, 15. Mai 1945

Die übliche Hausarbeit, es ödet einen an. Oben in der Dachwohnung, die ich zum ersten Mal seit dem Russeneinmarsch wieder betrat, kramen zwei Dachdecker herum. Ihren Lohn erhalten sie in Form von Brot und Zigaretten. Kein Russe hat in die Dachwohnung gefunden. Der feine Kalkbelag auf den Dielen, der jeden Fußabdruck verrät, war unberührt, als ich die Dachdecker einließ. Mit genügend Wasser und Mundvorrat hätte ich dort oben vermutlich als unentdecktes Dornröschen verharren können. Aber darüber wäre ich mit Sicherheit verrückt geworden, so allein.

Im Rathaus müssen sich mal wieder alle Leute melden. Heute war mein Buchstabe dran. Ungewohnt viele Menschen waren zur Stunde der Registrierung auf der Straße. Im Vorraum war ein Mann dabei, das Adolf-Relief mit

Meißel und Hammer wegzuklopfen. Ich sah, wie die Nase absplitterte. Was ist Stein, was sind Denkmäler? Ein Bildersturm ohnegleichen geht in diesen Tagen durch Deutschland. Ob es nach solcher Götterdämmerung wohl jemals wieder eine Auferstehung der Nazigrößen gibt? Unbedingt muß ich, sobald ich den Kopf freier habe, mich mal mit Napoleon befassen, den sie auch seinerzeit verbannt und ausgetilgt, doch dann wieder hervorgeholt und erhöht haben.

Droben im dritten Stock mußten wir Frauen uns anstellen. Stockfinsterer Flur, Gedränge von Frauen, die man hörte, aber nicht sah. Vor mir ging die Rede vom Spargelstechen, zu dem schon etliche Frauen hinausgeschickt worden seien. Das wäre nicht übel. Hinter mir zwei Frauen, der Redeweise nach Damen. Die eine: »Wissen Sie, mir war alles gleich. Ich bin sehr eng, mein Mann hat darauf immer Rücksicht genommen.« Es scheint, daß diese Frau versucht hat, sich nach mehrfacher Vergewaltigung durch Gift das Leben zu nehmen. Aber: »Ich wußte das ja nicht. Man hat es mir hinterher erklärt, daß der Magen dafür angesäuert sein muß. Ich habe das Zeug nicht bei mir behalten können.«

»Und jetzt?« fragt leise die andere zurück.

»Pah, man lebt eben. Das Schöne ist ohnehin vorbei. Ich bin nur froh, daß mein Mann dies nicht mehr erlebt hat.«

Wieder einmal muß ich darüber nachsinnen, was es bedeutet, in Furcht und Elend allein dazustehen. Es erscheint mir leichter, da die Qual des Mitleidens fehlt. Was mag die Mutter eines zerstörten Mädchens empfinden? Was jeder wirklich Liebende, der nicht helfen kann oder nicht zu helfen wagt? Die langjährigen Ehemänner halten es anscheinend noch am besten aus. Man schaut nicht dahinter. Ihre Rechnung kriegen auch sie eines Tages von den Frauen präsentiert. Schlimm muß es für Eltern sein. Ich verstehe so gut, daß ganze Familien sich im Tode zusammenkrallen.

Drinnen bei der Registrierung ging alles im Handumdrehen. Jeder mußte sagen, welche Fremdsprachen er spricht. Als ich mein bißchen Russisch gestand, bekam ich einen Zettel in die Hand gedrückt, der mich verpflichtet, mich morgen früh bei der russischen Kommandantur zu Dolmetscherdiensten zu melden.

Den Abend über präparierte ich russische Vokabeln, empfand das Kümmerliche meiner Sprachbrocken. Ein Besuch treppab bei der Hamburgerin machte den Tagesschluß. Stinchen, die achtzehnjährige Studentin, ist endlich vom Hängeboden herabgestiegen. Die Risse von den Trümmerbrocken auf ihrer Stirn sind ausgeheilt. Sie gab sich ganz als wohlerzogenes höheres Töchterlein, trug die Kanne mit echtem Tee aus der Küche herzu und horchte auf unser Gespräch. Es scheint, daß unser junges Mädchen, das wie ein junger Mann aussieht, auch heil durchgerutscht ist. Ich erwähnte, daß ich gestern abend im Treppenhaus dieses Mädel gesehen hätte, wie es gerade einen Zank mit einem anderen Mädel durchfocht. Eine bronzebraune Person in weißem Pullover, recht hübsch, aber ordinär und hemmungslos in ihren Schimpfworten. Hier am Teetisch erfuhr ich nun, daß Eifersucht im Spiele war: Die Braune hat sich mehrfach und nachher mit einer gewissen Freiwilligkeit mit einem russischen Offizier eingelassen, hat mit ihm getrunken und Essen angenommen. Das geht der jungen Freundin an den Nerv, sie gehört zu den altruistischen Liebenden, hat im Verlauf der letzten Jahre ohne Ende für die Braune geschenkt und geschleppt. Das alles wurde ruhig und beiläufig beim Bürgertee abgehandelt. Es fiel kein Urteil, keine Wertung. Wir tuscheln nicht mehr. Wir zögern nicht mehr vor gewissen Worten und Dingen. Wir nehmen sie in den Mund, achselzuckend und wie vom Sirius her.

## Mittwoch, 16. Mai 1945

Um sieben Uhr Moskauer Zeit stand ich auf. In den leeren Straßen Morgenstille. Noch sind die Läden leer und die neuen Karten nicht ausgeteilt. Am Gittertor der Kommandantur stand ein uniformiertes Mädchen und wollte mir den Eintritt verwehren; doch ich bestand auf meinem Schein.

Schließlich saß ich drinnen im Büro, beim Kommandanten, der zur Zeit Herr über mindestens hunderttausend Seelen ist. Ein schmales Kerlchen, blitzblank, hellblond, spricht auffallend leise. Er kann bloß Russisch, hat aber eine Dolmetscherin zur Seite, die Deutsch und Russisch nur so rasselt, beides akzentfrei. Ein bebrilltes Mädchen in kariertem Kleid, keine Soldatin. Windgeschwind übersetzt sie, was gerade eine spitznasige Kaffeehaus-Inhaberin äußert. Sie will ihren Laden wieder aufmachen? Großartig, das soll sie. Was braucht sie dazu? Mehl, Zucker, Fett, Wurst. Hm, hm. Was hat sie denn noch? Malzkaffee? Gut, so soll sie den ausschenken und, wenn möglich, Musik dazu bieten, vielleicht einen Plattenspieler aufstellen, denn es kommt darauf an, daß sich das Leben recht bald wieder normalisiert. Strom soll sie morgen mit ihrer ganzen Straße wieder bekommen, verspricht der Kommandant. Aus dem Nebenraum tritt, von der Dolmetscherin gerufen, ein Mann, wohl Elektro-Ingenieur, der anhand von Blaupausen nun dem Kommandanten zeigt, wie es mit der Stromversorgung seines Bezirks steht. Ich reckte den Hals; unser Block war aber nicht mit drauf.

Es folgten etliche Bittsteller: Ein Mann im blauen Monteurkittel fragt, ob er ein Pferd, das lahm und blutig drüben im Park liegt, heimholen und gesund pflegen darf. Bitte sehr – wenn er sich auf Pferde versteht. Heimlich wundere ich mich, daß dieses Pferd noch nicht in paßgerechte Stücke für den Kochtopf zerteilt worden ist. Oder ist die Zeit wilden Schlachtens vorüber? Erstaunlich, wie ein jeder plötzlich bemüht ist, für sein Tun eine Erlaubnis einzuholen, sich den Rücken zu decken. Das Wort »Kommandant« ist in diesen Tagen ein Schlüsselwort.

Ein Betriebsführer mit zwei Stenotypistinnen meldet seinen Kleinbetrieb an, eine Werkstatt für Ofenrohre, die aber mangels Material derzeit stilliegt. »Budit«, sagt der Kommandant. »Budit«, die russische Zauberformel, von der Dolmetscherin tröstend übersetzt mit: »Wird schon wieder werden.« Ja, »budit« kann auch ich übersetzen, ebenso die zweite Zauberformel »sawtra«, was »morgen« heißt.

Es folgen zwei Herren, die offenbar Direktoren einer Schokoladenfabrik sind. Sie haben ihren eigenen Dolmetscher mitgebracht, etwa von meiner Güte, wohl jemand, der als Arbeiter oder Soldat etliche Zeit in Rußland war. Zwar ist es noch nichts mit Schokolade; dafür wollen die Männer Roggenmehl aus einem Vorort-Lager holen, wollen Nudeln daraus fabrizieren. Sollen sie! Einen Lastwagen verspricht ihnen der Kommandant für »sawtra«.

Sachliche Luft, gar keine Stempel, wenig Papier. Der Kommandant arbeitet mit kleinen Kritzelzetteln. Ich war ganz Auge und Ohr, sah die Obrigkeit funktionieren, fand's spannend und erfreulich.

Schließlich war die Reihe an mir. Ich legte dreist los, gestand, was der Kommandant ohnehin hörte: daß ich so vielfältigen Übersetzungsanforderungen sprachlich nicht gewachsen sei. Freundlich erkundigte er sich, woher mein Russisch stammt, welche Art von Arbeit ich gelernt hätte. Meinte dann, in absehbarer Zeit würden gewiß wieder Leute verlangt, die mit Kamera und Zeichenstift umgehen könnten – ich solle es abwarten. Ich bin's zufrieden.

Derweil waren zwei Russen eingetreten, beide blank gestiefelt, reich dekoriert, in frisch geplätteten Uniformen. Das Gewaschen- und Gestriegeltsein ist bei ihnen ein Stück »Kultura«, ein Zeichen höheren Menschentums. Ich entsinne mich noch der Plakate, die damals in allen Moskauer Ämtern und Straßenbahnwagen hingen, mit dem Slogan: »Wasche dir täglich Gesicht und Hände, mindestens einmal im Monat das Haar.« Dazu kleine, niedliche Bilderchen mit viel Gepruste und Waschnapfgeschwenke. Auch das Stiefelputzen gehört zu dieser Kultura und Reinlichkeitsreligion. Drum wundert es mich nicht, wie betont blank sie daherkommen, sobald sie können.

Die beiden Männer unterhalten sich halblaut mit dem Kommandanten. Schließlich wendet sich dieser an mich und fragt mich, ob ich wohl den Oberleutnant Soundso (Tsch-tsch-tsch ..., zwar diesmal deutlich, doch vergaß ich es gleich wieder) auf einigen Wegen dolmetschend begleiten könne – er sei beauftragt, die Banken des Bezirks zu inspizieren. Mir ist das recht. Ich bin froh über jedes Tun, das nicht aus Wasserholen und Holzsuchen besteht.

Neben dem dunklen, gutaussehenden Offizier trabe ich durch die Berliner Straßen. Langsam und in deutlichster Aussprache, so wie man mit sprachschwachen Ausländern redet, erklärt er mir, daß wir zuerst den deutschen Bürgermeister aufsuchen und von ihm eine Liste der Bankfilialen erbitten würden.

»Burgemestr«, so heißt nun dieser Bürgermeister auf russisch. Im Rathaus Volksgewimmel, Gerenne durch die düsteren Gänge. Männer spritzen von Zimmer zu Zimmer; ständig klappern die Türen. Irgendwo tackt eine Schreibmaschine. An einigen Pfeilern, die etwas Licht haben, kleben gleichlautende handgeschriebene Zettel: Danach wird eine Frau, die am 27. April den Verstand verlor und davonlief, von ihren Angehörigen gesucht. »Die Betreffende ist dreiundvierzig Jahre alt, hat schadhafte Zähne, schwarzes gefärbtes Haar und trägt Hausschuhe.«

Beim Bürgermeister drin ein Schwarm von Männern um den Schreibtisch herum. Sie reden, gestikulieren heftig, ein Dolmetscher schnattert dazwischen. In wenigen Minuten erhält der Oberleutnant die gewünschte Aufstellung der Bankfilialen. Ein Mädel tippt die Adressen in die Maschine. Die Fensterbank schmückt ein Fliederstrauß.

Wir wandern los. Der Oberleutnant ist zurückhaltend und sehr höflich. Er fragt, ob er nicht zu schnell gehe, ob ich mit Bankdingen vertraut sei, ob es mir auch wirklich nicht lästig sei, ihn zu begleiten...

In der Dresdner Bank treffen wir schon Ordnung an: saubere Tische, auf denen rechtwinklig ausgerichtet die Bleistifte liegen. Die Kladden sind aufgeschlagen, alle Safes heil. Der Eingang zu dieser Bank liegt in einem Torweg, er wurde wohl übersehen.

Anders bei der Commerzbank; ein Dreckstall sondergleichen, verlassen und leer. Alle Safes aufgeklopft, die Tresore zerschlagen, die Koffer aufgeschnitten und zertreten. Überall Exkremente, es stinkt. Wir fliehen.

Bei der Deutschen Bank sieht es halbwegs sauber aus. Zwei Männer fegen und hantieren herum. Die Safes sind ausgeräumt, doch in aller Ruhe, aufgeschlossen mit den zugehörigen Schlüsseln der Bank. Einer der beiden Männer sagt mir, »die« hätten sich die Adresse des Bankdirektors verschafft, seien mit ihrem Lastwagen hingebraust, ihn zu holen, hätten jedoch den Mann mit Frau und Tochter vergiftet vorgefunden. Ohne Zeitverlust seien sie zum stellvertretenden Direktor weitergefahren und hätten von ihm die Öffnung der Safes verlangt. Diese Bank arbeitet bereits. Ein Schild verkündet, daß die Schalter zwischen 13 und 15 Uhr zur Annahme von Zahlungen geöffnet sind. Na, den möchte ich sehen, der jetzt hier was einzahlt. Da erscheint mir die altmodische Strumpf- oder Matratzenmethode doch entschieden sicherer.

So ganz kapiere ich nicht, wieso die Russen sich derart zielbewußt in die Banken hineinwühlen konnten. Denn offiziell und befohlen können diese Safe-Aufklopfereien doch nicht gewesen sein; dagegen sprechen die roh geplünderten Tresore der soeben besichtigten Bank, die vielen Fäkalien dort unten, die den Räubergeruch liefern. Vielleicht wissen sie aus ihren Schulungskursen, daß Banken hierzulande die Trutzburgen der bösen Kapitalisten sind, daß sie mit deren Ausplünderung sozusagen Expropriation der Expropriateure betreiben, wie es ihr Dogma ausdrückt und als löbliche Tat feiert. Etwas stimmt da nicht. Alles sieht eher nach wilden Plünderungen aus, bei denen sich der einzelne Mann tüchtig was unter den Nagel riß. Gern würde ich den Oberleutnant nach diesen Dingen fragen. Ich wage es nicht.

In der Städtischen Sparkasse großes Wischen und Waschen. Zwei ältere Frauen schrubben den Boden. Safes gibt es hier keine. Die Kassen, soweit zu sehen, sind gänzlich leer. Der Oberleutnant sagt für morgen Bewachung zu. Aber was soll hier bewacht werden?

Vergeblich suchten wir eine Zeitlang die Filiale der Kredit- und Bodenbank. Endlich fanden wir sie in einem Hinterhof, hinter herabgelassenen Scherengittern, unberührt in friedlichem Dornröschenschlaf. Ich fragte im Hause herum und konnte dem Oberleutnant schließlich die Adresse des Geschäftsführers bringen. Kein Russe sah die Bank. Das Glasschild, das früher an der Straße von dieser Filiale kündete, besteht nur noch aus etlichen Scherben, die lose in den Schrauben hängen.

Bleibt noch eine zweite Filiale der Deutschen Bank, am Rande des Bezirks gelegen. Wir machen uns auf den

Weg. Die Sonne brennt. Ich bin matt, schleiche müde. Rücksichtsvoll mäßigt der Oberleutnant seine Schritte. Er fragt nach persönlichen Dingen, nach meiner Schulbildung, meinen Sprachkenntnissen. Und plötzlich sagt er auf französisch, halblaut und ohne mich dabei anzusehen: »Dites-moi, est-ce qu'on vous a fait du mal?«

Verblüfft stottere ich: »Mais non, pas du tout.« Verbessere mich dann: »Oui, monsieur, enfin, vous comprenez.«

Mit einem Mal ist andere Luft zwischen uns. Wieso spricht er solch reines Französisch? Ich weiß es, ohne daß er es mir sagt: Weil er ein »Biewsche« ist, ein Gewesener, ein Angehöriger der ehemals herrschenden Schicht im alten Rußland. Nun berichtet er auch von seiner Herkunft: Moskauer, sein Vater war Arzt, sein Großvater ein bekannter Chirurg und Universitätsprofessor. Der Vater hat im Ausland studiert, in Paris, in Berlin. Man war wohlhabend, hatte eine französische Gouvernante im Haus. Der Oberleutnant, 1907 geboren, hat noch etwas von diesem »gewesenen« Lebensstil abbekommen.

Nach dem ersten Austausch von französischer Rede und Gegenrede ist es wieder still zwischen uns. Der Oberleutnant ist mir gegenüber spürbar unsicher geworden. Unvermittelt sagt er in die Luft hinein: »Oui, je comprends. Mais je vous prie, Mademoiselle, n'y pensez plus. Il faut oublier. Tout.« Er sucht nach den rechten Vokabeln, spricht eindringlich und ernst. Ich darauf: »C'est la guerre. N'en parlons plus.« Und wir sprachen nicht mehr davon.

Schweigend betraten wir den offen daliegenden, gänzlich zerschlagenen, ausgeplünderten Raum der Bankfiliale. Wir stolperten über Schubladen und Karteikästen, wateten durch Papierfluten, traten vorsichtig um Kothaufen herum. Überall Fliegen, Fliegen, Fliegen ... Nie hab ich in Berlin solche Fliegenmassen gesehen und gehört. Hab gar nicht geahnt, daß die solchen Lärm machen können.

Auf einer Eisenleiter kletterten wir hinab in den Tresorraum. Unten lagen massenhaft Matratzen herum. Dazwischen die ewigen Flaschen und Fußlappen, und zerschnittene Koffer und Mappen. Über allem dicker Gestank, Totenstille. Wir krochen wieder aufwärts ans Licht. Der Oberleutnant notierte.

Draußen die stechende Sonne. Der Oberleutnant will rasten, ein Glas Wasser trinken. Wir wandern ein Stück straßenabwärts, die einsame, öde, schweigende Straße hinunter, die für uns allein daliegt. Auf einem Stück Vorgartenmauer unter Fliederbäumen setzen wir uns nieder. »Ah, c'est bien«, sagt der Russe. Aber lieber noch spricht er russisch mit mir. Sein Französisch, so rein und gut es in der Aussprache ist, ermangelt doch offenbar der Übung und ist nach den ersten Phrasen und Fragen so ziemlich erschöpft. Mein Russisch findet er ganz wacker, lächelt allerdings über meinen Akzent, den er – »Excusez, s'il vous plaît« – jüdisch findet. Begreiflich; denn des russischen Juden Muttersprache ist ja das Jiddische, also ein deutscher Dialekt.

Ich schaue dem Oberleutnant in das bräunliche Gesicht und überlege, ob er wohl ein Jude sei. Ob ich ihn danach frage? Aber gleich verwerfe ich diesen Einfall als taktlos. Nachträglich fällt mir auf, daß mir unter allen Schmähungen und Vorwürfen von seiten der Russen niemals die Judenverfolgungen vorgeworfen worden sind; und wie der Kaukasier damals gleich beim ersten Satz, den er zu mir sprach, sich energisch dagegen verwahrte, für einen Juden gehalten zu werden. In die Fragebögen, die jedermann in Rußland ausfüllen mußte, als ich dort war, trug man das Wort »Jude« in die ethnographische Spalte ein, wie »Tatare« oder »Kalmücke« oder »Armenier«. Und mir fällt die Büro-Angestellte ein, die mit

Gezeter die Eintragung »Jude« verweigerte – ihre Mutter sei eine Russin gewesen. Trotzdem findet man auf den Ämtern, bei denen man als Ausländer vorstellig werden muß, sehr viele jüdische Bürger mit den typisch deutschen Namen von sinnig blumigem Klang, wie Goldstein, Perlmann, Rosenzweig. Meistens sprachkundige Leute, dem Sowjetdogma ergeben, ohne Jehovah, Bundeslade und Sabbath.

Wir sitzen im Schatten. Hinter uns wieder eine von den roten Holzsäulen. Ein stiller Schläfer liegt darunter, der Feldwebel Markoff. Als sich die Tür zur Kellerwohnung einen winzigen Spalt weit öffnet und eine Uralte herausspäht, bitte ich für den Russen um ein Glas Wasser. Es wird freundlich herausgereicht, kühl im beschlagenen Trinkglas. Der Oberleutnant erhebt sich und bedankt sich mit einer Verbeugung.

Ich muß an den Major und sein Knigge-Benehmen denken. Immer Extreme. »Frau komm!« und Exkremente im Zimmer; oder Zartheit und Verbeugungen. Der Oberleutnant jedenfalls könnte nicht höflicher sein, mich nicht damenhafter behandeln. Offenbar bin ich in seinen Augen wirklich eine Dame. Überhaupt hab ich das Gefühl, daß wir deutschen Frauen, soweit wir einigermaßen sauber und manierlich und mit Schulwissen ausgerüstet daherkommen, in den Augen der Russen höchst achtbare Geschöpfe sind, Vertreter einer höheren Kultura. Selbst der Holzfäller Petka muß etwas Derartiges gespürt haben. Vielleicht wirkt auch der Rahmen mit, in dem sie uns finden: die paar polierten Restmöbel, die Klaviere und Bilder und Teppiche, all der Bürgermief, der ihnen so großartig vorkommt. Mir fällt ein, wie Anatol sich mal über den Wohlstand unserer Bauern verwunderte, auf den er in den Dörfern am Wege des Krieges gestoßen ist: »Sie hatten alle Schubladen voll Sachen!« Ja, die vielen Sachen! Das ist ihnen etwas Neues. Bei ihnen hat man nur wenig Sachen. Sie lassen sich in einem Zimmer verstauen. Und statt des Kleiderschrankes gibt es in manchen Familien bloß ein paar Haken an der Wand. Haben sie aber einige Sachen, so kriegen sie sie flink kaputt. Das ewige Geflick und Gepussel deutscher Hausmütter macht den Russinnen keinen Spaß. Ich hab's selber in einer Ingenieurs-Familie miterlebt, wie die Hausfrau in der Stube den Dreck zwar zusammenfegte, ihn aber zum Schluß unter einen Schrank kehrte, wo sicherlich schon mehr lag. Und hinter der Stubentür hing ein Handtuch, in dem sich alle drei Kinder der Familie schneuzten – das Kleinste unten, die Größeren höher. Ländlichsittlich.

Wir saßen eine ganze Weile auf dem Mäuerchen, schwatzten und ruhten aus. Nun will der Oberleutnant wissen, wo ich wohne, wie ich lebe. Er möchte mich besser kennenlernen, wobei er sich gleich gegen jeden falschen Verdacht verwahrt: »Pas ça, vous comprenez?« – So sagt er und schaut mich mit nebligen Augen an. Oh ja, ich verstehe.

Wir verabreden uns für den Abend. Er wird auf der Straße nach mir rufen. Ich werde um die abgemachte Zeit am Fenster horchen. Er heißt Nikolai. Seine Mutter nennt ihn Kolja. Nach seiner Frau frage ich nicht. Sicherlich hat er Weib und Kinder. Was geht es mich an? Zum Abschied sagt er: »Au revoir.«

Ich heim und der Witwe alles brühwarm berichtet. Sie ist entzückt. »Du, den halte dir. Endlich mal ein gebildeter Mensch aus gutem Haus, mit dem man sich unterhalten kann.« (Auch Pauli und die Witwe können etwas Französisch.) Dazu sieht die Witwe im Geiste bereits wieder die Produkte anrollen, ist überzeugt, daß Nikolai Zugang zu Lebensmitteln hat, etwas für mich – und damit für uns alle drei – tun wird. Ich weiß nicht recht. Einerseits kann ich nicht bestreiten, daß er sympathisch ist. Er ist der westlichste unter all den Russen, die ich bisher als Sieger traf. Andererseits hab ich keine Lust auf einen neuen Mann, berausche mich immer noch am Alleinsein zwischen sauberen Laken. Überdies will ich endlich aus dem ersten Stock und von der Witwe weg; vor allem von Herrn Pauli, der mir jede Kartoffel mißgönnt. Ich möchte wieder hinaufziehen in die Dachwohnung, sie säubern, bewohnbar machen. Was soll ich also noch für die paar Tage dem trägen Pauli Essen anschlafen? (Auch so ein neues Wort von uns. Wir haben mit der Zeit einen seltsamen Jargon entwickelt, reden von Majorszucker und Schändungsschuhen, von Plünderwein und Klaukohle.)

Weiter, am späten Abend. Gegen 20 Uhr lauerte ich am Fenster, wie abgesprochen, doch kein Nikolai kam. Herr Pauli verulkte mich mit meiner ungetreuen Eroberung. Die Witwe, noch hoffnungsvoll, behielt immerfort den Wecker im Auge. Da, als es schon dämmerte, draußen der Ruf: »C'est moi!« Ich öffnete, nun doch ganz aufgeregt, führte ihn hinauf in unsere Wohnung. Er kam jedoch nur für eine Viertelstunde, und nur, um zu sagen, daß er nicht kommen, nicht bleiben könne. Die Witwe und Herrn Pauli begrüßte er in feierlichem Französisch und verabschiedete sich gleich wieder mit seinem »Au revoir«. Im Flur sagte er auf russisch, wobei er mir die Hände drückte: »Bis Sonntag abend um acht.« Und, wieder auf französisch: »Vous permettez?« Was wir schon zu erlauben haben? Aber vielleicht weht nun wirklich ein anderer Wind. Auf Inflation oder neues Geld tippt Nikolai übrigens nicht, ich hab ihn heute morgen danach gefragt. Er meint, unser bisheriges Geld werde vorläufig im Umlauf bleiben, doch werde das Bankwesen stark vereinfacht. Ich: »Aha, wohl sozialisiert?« Darauf er: »Nein, doch nicht, es sind ganz andere Verhältnisse.« Und er sprach von etwas anderem.

## Donnerstag, 17. Mai 1945

Früh auf, Wasser geholt am neuen Hydranten. In einem Ladenfenster hängt eine Zeitung, nennt sich *Tägliche Rundschau,* ein Blatt der Roten Armee für die »Berliner Bevölkerung«. Jetzt sind wir kein Volk mehr, wir sind nur noch Bevölkerung, sind wohl noch vorhanden, stellen aber nichts mehr dar. Auch in anderen Sprachen dieser Wertunterschied: *peuple* und *population, people – population.* Bitteres Gefühl, als ich von den Siegesfeiern in Moskau, Belgrad und Warschau las. Graf Schwerin-Krosigk soll zu den Deutschen gesprochen und sie ermahnt haben, den Tatsachen ins Gesicht zu sehen. Wir Frauen tun das schon lange. Aber was, wenn nun die Ritterkreuzträger und Generäle und Gauleiter das gleiche tun sollen? Ich möchte wohl wissen, wie hoch die Zahl der deutschen Selbstmorde in diesen Tagen ist.

Herr Pauli legt neuerdings Optimismus an den Tag. Er redet von schnellem Wirtschaftsaufschwung, von der Einschaltung Deutschlands in den Welthandel, von wahrer Demokratie und einer Kur in Bad Oeynhausen, die er sich als nächstes gönnen will. Als ich, ausgerüstet mit Nikolais Weisheit, Wasser in seinen Wein goß, wurde er richtig wütend und verbat sich mein Dreinreden in Sachen, von denen ich keine Ahnung hätte. Ich spürte, daß sein Zorn über den dummen Anlaß hinausging, daß er mich einfach dick hat. Früher war die Witwe für ihn allein da, umsorgte ihn früh und spät. Ich störe.

Nach dem Essen – es gab Erbsensuppe, und ich futterte auf Vorrat – wurde Pauli wieder friedlich. Die Witwe nötigte mich sogar, nochmals zuzulangen. Ich spüre, wie mein Börsenwert in diesem Hauswesen wieder steigt. Die Hausse hat Nikolai bewirkt. Soll ich mich darüber aufregen, soll ich den moralischen Maßstab an meine Wohnungsgenossen legen? Ich tu's nicht. Homo homini lupus – das stimmt immer und überall. Sogar zwischen Blutsverwandten wird es in diesen Zeiten stimmen. Allenfalls kann ich mir vorstellen, daß Mütter sich hungernd bemühen, ihre Kinder zu sättigen – wohl weil sie die Kinder als eigenes Fleisch empfinden. Aber wie viele Mütter hat man in den letzten Jahren verknackt, weil sie die Milchmarken ihrer Kinder verkauft oder sie gegen Zigaretten eingetauscht hatten. Das Wölfische im hungernden Menschen überwiegt. Ich warte auf den Augenblick, wo ich zum ersten Mal im Leben einem Schwächeren sein Stück Brot aus der Hand reißen werde. Manchmal glaub ich, dieser Augenblick kommt nie. Ich könnte mir vorstellen, daß ich so nach und nach matt werde, zusammensacke, wegdämmere und gar nicht mehr die Kraft zu Raub und Plünderung habe. Seltsames Gespinn bei vollem Bauch und einem neuen russischen Versorger im Hintergrund!

Im Treppenhaus eine Neuigkeit: Man hat in unserem Hause ein ehemaliges Parteitier aufgestöbert, einen Reichsamtsleiter oder sowas Ähnliches, ich kenne die Nazigrade schlecht. Im Keller hab ich ihn öfters gesehen, erinnere mich noch an die eingewiesene Blonde, die keiner recht kannte und die mit ihrem dito unbekannten Untermieter ständig Hand in Hand dasaß – zwei Turteltauben. Der Täuberich also war das hohe Tier. Dabei sah er nach gar nichts aus, saß in schäbigem Zeug herum, redete wenig und blöde. Das nennt man gut getarnt.

Ich möchte nur wissen, wie es herausgekommen ist. Die Geliebte hat ihn nicht denunziert. Sie sitzt nun, wie die Buchhändlerin berichtete, jämmerlich heulend in der Wohnung im dritten Stock, in der sie, bis auf zwei Iwans in der ersten Nacht, nichts weiter abbekam. Sie traut sich kaum mehr heraus, befürchtet, gleichfalls abgeholt zu werden. Den Mann haben sie in einem Militärauto fortgebracht.

Zwiespältige Gefühle bei uns, als wir darüber sprachen. Schadenfreude ist nicht abzuleugnen. Die Nazis haben sich zu wichtig getan, haben das Volk, besonders in den letzten Jahren, zu sehr mit kleinen Schikanen belästigt – und nun müssen sie für die allgemeine Niederlage büßen. Trotzdem möchte ich nicht diejenige sein, die solche früheren Schreier ans Messer liefert. Vielleicht wäre das anders, wenn sie mich persönlich geschlagen oder mir nahestehende Menschen umgebracht hätten. Meistens wird sich aber jetzt nicht die große, feurige Rache austoben, sondern die kleine Niedertracht: Der hat mich von oben herab angesehen, seine Frau hat meiner Frau ihr spitziges »Heil Hitler« zugekläfft, außerdem hat er mehr verdient, hat dickere Zigarren geraucht als ich – also werd' ich ihn ducken, werde ihm und seiner Alten das Maul stopfen …

Übrigens erfuhr ich im Treppenhaus, daß am kommenden Sonntag Pfingsten ist.

## Freitag, 18. Mai 1945

Früh auf, Wasser geholt, Holz gesucht. Allmählich kriege ich die richtigen Holzaugen, mir entgeht so leicht kein Scheit. Ich entdecke immer neue, noch nicht abgesuchte Plätze in Kellern, Ruinen, verlassenen Baracken. Zu Mittag brachte Fräulein Behn uns die neuen Karten. Die Witwe, Pauli und ich gehören einstweilen zur fünften, niedrigsten Kategorie der »sonstigen Bevölkerung«. Ich notiere anhand meiner Karte die Mengen für einen Tag: 300 Gramm Brot, 400 Gramm Kartoffeln, 20 Gramm Fleisch, 7 Gramm Fett, 30 Gramm Nährmittel, womit sie Gries, Graupen, Haferflocken usw. meinen, 15 Gramm Zucker. Dazu pro Monat 100 Gramm

Kaffee-Ersatz, 400 Gramm Salz, 20 Gramm echten Tee und 25 Gramm Bohnenkaffee. Zum Vergleich einige Zahlen der Karte für Schwerarbeiter von Gruppe I, in die auch »namhafte Künstler« und Techniker, Betriebsleiter, Pfarrer, Schuldirektoren, Seuchenärzte und Seuchen-Schwestern eingereiht sind: 600 Gramm Brot am Tag, 100 Gramm Fleisch, 30 Gramm Fett und 60 Gramm Nährmittel; und im Monat 100 Gramm Bohnenkaffee. Dazwischen liegen die Karten II für Arbeiter und III für Angestellte, mit 500 und 400 Gramm Brot am Tag. Bloß die Kartoffeln werden demokratisch gleich auf alle Mägen verteilt. Für Kopfarbeiter zweiter Garnitur ist Karte II vorgesehen; vielleicht kann ich da hineinschlüpfen.

Im Volk ist Beruhigung spürbar. Jeder sitzt da und studiert seine Karte. Es wird wieder regiert, es wird von oben für uns gesorgt. Ich wundere mich darüber, daß wir überhaupt so viel erhalten sollen, und bezweifle die Möglichkeit pünktlicher Zuteilungen. Die Witwe freut sich auf den Bohnenkaffee, verspricht, Stalin bei der ersten Tasse hochleben zu lassen.

Am Nachmittag spazierte ich mit der Hamburgerin und ihrer Tochter Stinchen zum Rathaus. Stinchens wegen hatte mich die Hamburgerin darum gebeten. Es scheint, daß Stinchen Jungmädelführerin oder etwas Ähnliches war, wofür sie Repressalien befürchtet, denen ich notfalls mit russischem Palaver entgegentreten soll. Die Witwe schloß sich uns an.

Unterwegs auf der Straße zum Rathaus wieder Getriebe und Gewimmel. Sogar ziemlich viele Männer darunter; doch immer noch spürbarer Frauenüberschuß im Freien. Ich sah sogar eine Frau mit Hut – die erste seit langem.

Vor einigen Bankfilialen, die ich neulich mit dem Oberleutnant inspiziert hatte, waren Posten aufgestellt: zwei Russen mit erhobener Knarre. Auf eventuelle Bankkunden wirken sie entschieden abschreckend.

Das Rathaus wieder ein Bienenkorb. Wir standen im stockfinsteren Gang und warteten. Um uns ging im Dunklen das Gerede. Thema: Verschütt.

Ja, das interessiert uns alle, soweit sie uns zu fassen bekamen.

»Jede zweite Frau soll verschütt gegangen sein«, behauptet eine Stimme.

Darauf eine andere, schrill: »Wenn schon. Das macht einem doch jeder weg.«

»Stalin soll ja angeordnet haben, daß die mit einem Russenkind Karte Eins kriegen«, meinte eine dritte.

Darob allgemeines Gelächter: »Möchten Sie dafür –?«

»Nee, lieber tät' ich mir sonstwas an.« Die Witwe stieß mich im Dunkeln an, wollte meinen Blick erhaschen. Ich mochte nicht. Mag nicht daran denken. Nächste Woche um diese Zeit weiß ich es besser.

»Waren Sie schon im Krankenhaus?« so ging dann in der Frauenschlange die Frage.

»Nein, wieso?«

»Da haben sie doch jetzt eine Untersuchungsstation für vergewaltigte Frauen eingerichtet. Da müssen alle hin. Von wegen der Geschlechtskrankheiten.«

Wieder stieß die Witwe mich an. Ich weiß noch nicht, fühle mich sauber, möchte es abwarten.

Natürlich ging mit Stinchen alles glatt, kein Mensch fragte sie nach ihrer ruhmreichen Vergangenheit. Auch ein Witz, daß schon die Unmündigen für Dinge bestraft werden sollen, an denen sie unter dem Kopfnicken sämtlicher Eltern, Lehrer und Führer teilnahmen. Wenn unsere Vorfahren, wie ich es aus Quellen weiß, kindliche Hexen verbrannt haben, so doch immerhin deshalb, weil sie diese Hexenkinder für Wohnsitz und Sprachrohr sehr ausgewachsener Teufel hielten. Schwer, den Punkt herauszufinden, wo Zurechnung im abendländischen Sinne beginnt.

Auf dem Heimweg kam eine Frau aus dem Haus nebenan mit. Sie erzählte uns, wie ihre Flurnachbarin, nachdem sie mehrfach mit dem gleichen Russen gesoffen und geschlafen hatte, von ihrem eigenen Mann hinterrücks am Küchenherd mit einer Pistole erschossen worden sei – worauf sich der Mörder, ein wegen seines Herzleidens von der Wehrmacht heimgeschickter Beamter, selber eine Kugel in den Mund schoß. Zurück blieb das einzige Kind der beiden, ein Mädchen von sieben Jahren. »Ich hab sie schon die ganzen Tage bei meinem Jungen gehabt«, erklärte die Frau. »Ich will sie auch gern behalten. Meinem Mann wird es schon recht sein, wenn er wiederkommt. Der hat sich immer noch ein Mädel gewünscht.« Die Eltern hat man in Wolldecken gewickelt und hastig im Hof des Hauses begraben. Die Pistole wurde mit verbuddelt. »Gut, daß kein Russe im Haus war«, meint die Frau. Bestimmt hätte es wegen verbotenen Waffenbesitzes Zunder gegeben.

Eine Weile standen wir vor den Gräbern auf dem Rasenrondell. Die Hamburgerin meinte, alles habe so kommen müssen, wie es gekommen sei – wäre Hitler am 20. Juli 1944 schon abserviert worden, so wäre ihm bestimmt ein Rest von seinem Nimbus verblieben. Viele hätten weiter an den Toten geglaubt. Ob er wirklich jetzt tot ist? Oder ausgeflogen? Oder im U-Boot entwischt? Es gehen Gerüchte aller Art, doch niemand hört groß hin.

Am Abend kam die Grindige zu uns und brachte uns eine traurige Geschichte: Heute ist sie zum Lützowplatz marschiert, um ihren Chef aufzusuchen, einen Rechtsanwalt, für den sie seit Jahren die Schriftsätze schrieb. Dieser Anwalt hatte, da jüdisch verheiratet und nicht gewillt, sich scheiden zu lassen, im Dritten Reich viel auszustehen gehabt, besonders in den letzten Jahren, wo er kaum noch sein Brot fand. Seit Monaten hatte sich das

Ehepaar auf die Befreiung Berlins gefreut, hatte nächtelang am Radio gehockt und die fremden Sender abgehört. Als dann die ersten Russen in den Keller drangen und Frauen wollten, gab es Gerangel und Schießerei. Ein Querschläger prallte von der Mauer ab und traf den Anwalt in die Hüfte. Seine Frau warf sich den Russen entgegen, flehte auf deutsch um Hilfe. Worauf man sie hinaus auf den Gang schleppte, drei Kerle über ihr, während sie immerfort heulte und schrie: »Ich bin Jüdin, ich bin doch Jüdin.« Inzwischen verblutete der Mann. Man hat ihn im Vorgarten begraben. Die Frau ist seitdem auf und davon, keiner weiß, wohin. Mich überläuft es kalt, da ich dies hinschreibe. Dergleichen kann nicht erdacht, nicht erfunden werden, es ist äußerste Grausamkeit des Lebens, blindwütiger Zufall. Die Grindige weinte, ihre Tränen verfingen sich in den Krusten. Sie sagte: »Wär' es nur schon vorbei, das arme bißchen Leben.

## Samstag, 19. Mai 1945

Wir existieren ohne Zeitung und ohne rechte Zeit, richten uns wie die Blumen nach der Sonne. Nach Wasserholen und Holzsammeln ging ich einkaufen. Ich bekam als erstes auf die neuen Karten Grütze, Schweinefleisch und Zucker. Die Grütze ist voller Spelzen, der Zucker klumpig, da naß geworden; und das Fleisch starrt von Salz. Trotzdem Nahrung. Wir sind froh damit. »Bin gespannt, ob morgen dein Nikolai kommt«, meinte die Witwe, als ich die Tütchen und Päckchen auf den Tisch des Hauses legte.

Am Nachmittag feierten wir Hausputz. Auftakt war ein Ruf der Witwe: »Nun sieh dir das an!« Wahrhaftig, aus dem Hahn tropfte es, richtige dicke Wassertropfen aus unserer so lange trockenen Leitung. Wir drehten auf, so weit wir konnten; ein starker Strahl schoß heraus, erst braun, doch bald hell und klar. Vorbei die Wassernöte, die endlose Eimerschlepperei! Wenigstens für uns im ersten Stock; denn später hörten wir, daß der Wassersegen im dritten Stock endet. Doch holen sich die Höherwohnenden ihr Wasser jetzt unten in unserem Hof – oder bei Bekannten eine Treppe tiefer. Wozu noch zu sagen ist, daß die berühmte Volks- und Haus- und Luftschutzgemeinschaft langsam zerbröckelt. Auf gut großstädtische Manier schließt sich wieder jeder in seine vier Wände ein und wählt seinen Umgang mit Vorsicht.

Wir stellten die Wohnung auf den Kopf und veranstalteten einen tollen Hausputz. Ich konnte mich gar nicht satt sehen an dem Wasser, fummelte immer wieder am Hahn herum. Zwar versiegte der Sprudel gegen Abend; doch da hatten wir schon die Badewanne bis zum Rand gefüllt.

Sonderbares Gefühl, jetzt eins nach dem anderen die »Wunder der Technik«, die Errungenschaften der Neuzeit wieder beschert zu bekommen. Jetzt freue ich mich schon auf den elektrischen Strom.

Zwischendurch, als alles bei uns schwamm, fand sich die Blonde, Eingewiesene ein, deren Geliebten die Russen vorgestern als hohes Parteitier abgeholt haben. Ich mußte mir eine Magazin-Story von Liebe und Treue anhören: »So etwas wie unsere Liebe, hat er zu mir gesagt, das hat er noch nie erlebt. Das muß die ganz große Liebe sein, hat er gesagt.« Vielleicht redet die ganz große Liebe wirklich so. Mir jedenfalls waren diese Sätze greulich, wie allerbilligster Kintopp und Groschenroman. Sie barmte herum, während ich den Flur schrubbte: »Wo mag er jetzt bloß sein? Was mögen die mit ihm machen?« Ich weiß es auch nicht. Sie verweilte übrigens nicht lange dabei, kam rasch auf sich selbst zu sprechen: »Ob sie mich wohl auch noch holen? Ob ich besser von hier abhauen soll? Aber wohin?«

»Unsinn! Es war doch nirgends angeschlagen, daß Parteigenossen sich melden müßten.« Und ich fragte: »Wer hat es denn ausgeschwatzt?«

Sie zuckte die Achseln: »Ich nehme an, seine Frau. Die war mit den Kindern nach Schwiebus evakuiert, ist sicher mittlerweile nach Berlin in das Haus zurückgekehrt, das sie in Treptow haben. Da wird sie wohl von irgendwelchen Nachbarn gehört haben, daß er öfters mit mir draußen gewesen ist, Sachen holen.«

»Kannten Sie denn die Frau?«

»Ein bißchen. Ich war doch früher mal seine Sekretärin.«

Das übliche »Ausweichlager« also, wie der Berliner Witz die Bettzuflucht der Ehemänner nannte, die auf höheren Befehl – und oft nicht ungern – Weib und Kind evakuieren mußten. Auch über die evakuierten, gattenlosen »Mu-Ki's«, die Mutter-und-Kind-Verschickten, wurden allerlei Historchen über Fensterln und flotten Lebenswandel erzählt. Man verpflanzt den Durchschnittsmenschen in seiner moralischen Schwäche nicht ungestraft. Die gewohnte Umwelt von Sippe, Nachbarschaft, polierten Möbeln und stundenfüllender Tätigkeit ist ein starkes Moralkorsett. Es kommt mir ganz wahrscheinlich vor, daß die erzürnte Ehefrau ihren Mann preisgegeben hat – vielleicht, weil sie annahm, daß die Gefährtin seines Ausweichlagers mit bestraft würde.

»Ach, er war so entzückend«, versicherte sie mir, als ich sie endlich zur Tür hingelotst hatte. Und sie tupfte sich eine Träne weg.

(Juli 45 an den Rand gekritzelt: War die erste Frau im Haus, die einen Ami hatte: Koch, Bauch, Specknacken, schleppt Pakete an.)

## Pfingstsonntag, 20. Mai 1945

Strahlender Tag. Von frühmorgens an widerhallte unsere Straße von den Tritten ungezählter Marschierer, die unterwegs sind zu Freunden und Verwandten in anderen Stadtteilen. Wir frühstückten bis elf mit Kuchen und bohnengemixtem Kaffee. Die Witwe gab allerlei Familien-Anekdoten zum besten. Das ist ihre Stärke. Ihre Sippe ist aber auch wirklich komisch, da völlig unübersichtlich: Der Schwiegerpapa war dreimal verheiratet, in großen Abständen; hat zwei seiner Frauen überlebt. Aus allen Ehen laufen nun Kinder und Kindeskinder herum; Tanten, die jünger sind als ihre Nichten; Onkel, die mit ihren Neffen in die gleiche Schulklasse gehen. Obendrein, so gesteht die Witwe, hat sich die letzte, überlebende Gattin anschließend in zweiter Ehe mit einem Juden vermählt. Dieser jüdische Stief-Schwiegervater starb zwar bereits lange vor Beginn des Dritten Reiches; doch blieb er ein Fleck in der Familiengeschichte. Heute hingegen erzählt die Witwe geradezu mit Behagen von ihm und rühmt sich seiner.

Nach dem Mittagessen verzog ich mich hinauf in die Dachwohnung, wühlte mich durch Berge von Kalk und Schutt, schleppte Dreckeimer treppab, wischte die Böden. In die morschen Balkonkästen pflanzte ich Kerbel und Borretsch; das heißt, ich streute in flache Rillen die braunen Körner und schwarzen Würmchen, aus denen mein Küchengarten wachsen soll. Wie die Kräuter aussehen werden, weiß ich nur von den Vorderseiten der Samentüten, die mir die Hamburgerin aus altem Restbestand geschenkt hat. Nachher lag ich am Boden der Terrasse in der Sonne. Tiefzufriedene Stunde. Doch hinterdrein Unruhe. Es mahnt und bohrt in mir. Ich kann nicht so pflanzenhaft weiterleben, muß mich rühren, muß etwas anfassen. Mir ist, als ob ich ein gutes Spiel Karten in

Händen hätte. Ob ich es ausspielen kann? Mit wem? Das Schlimmste zur Zeit ist unser Abgeschnittensein.

Als ich in den ersten Stock zur Witwe zurückkehrte, platzte ich in großen Jubel. Unversehens und ohne zu suchen, ist die Witwe auf die verkramte Krawattenperle ihres Seligen gestoßen; sie hatte das gute Stück in der Zehenspitze einer vielgestopften Socke versteckt. »Wie man sowas bloß vergessen kann!« wundert sie sich nachträglich.

Friedlich ging der Pfingstsonntag vorüber. Ab acht Uhr abends wartete ich auf den Oberleutnant – auf Nikolai, der mich Mittwoch gefragt hat, ob er heute kommen dürfe. Er kam nicht, wird wohl auch nicht mehr kommen. Herr Pauli konnte sich eine entsprechende Bemerkung nicht verkneifen.

## Montag, 21. Mai 1945

Von einem feiertäglichen Pfingstmontag war nichts zu spüren. Noch arbeitet ja kaum ein Mensch beruflich. Berlin hat Ferien. Ich suchte Holz und stieß auf einen Anschlag, daß sich alle »Kulturschaffenden« heute um elf Uhr im Rathaus melden sollten: Künstler, Presseleute, Verlagsleute. Das Arbeitsbuch sowie Proben der ausgeübten Kunst sollten mitgebracht werden.

Ich – hin. Schlange im zweiten Stock. Da, das sind sie, unverkennbar. Durchgeformte Köpfe, eigenwillige Kleidung, Theatermädel neben ältlichen Malerinnen, die sich mit ölduftenden Gemälden abschleppen. Dort die männliche Frau, drüben der weibliche junge Mann mit langwimprigem Blick, wohl Tänzer. Ich stehe so mittendrin und lausche den Reden von links und rechts, z. B. über den angeblich aufgehängten berühmten Kollegen

Soundso, bis schrill eine Frauenstimme berichtigt: »Aber nein, im Gegenteil! Erst jetzt ist doch rausgekommen, daß er ein Halbjude war.« Vielleicht stimmt das sogar. Überall werden jetzt die bisher so ängstlich versteckten »Nichtarier« in den Ahnentafeln dick unterstrichen und auf neu poliert.

Die Registrierung war bloß Formsache. Eine ältere Frau mit jüdischem Gesichtsschnitt notierte die Personalien in eine dicke Kladde, gab jedem einen Registrierschein, und fertig. Ob von hier etwas zu erwarten ist, ein Fingerzeig, eine Hilfe? Wohl kaum.

Zum Mittagsmahl öffnete die Witwe eines ihrer seit 1942 ängstlich gehüteten Vorratsgläser mit eingemachtem Huhn. Ja, Huhn, aber Huhn mit Mottenpillengeschmack. Das Glas hat jahrelang zwischen eingemotteten Brücken im Keller gestanden, war durch und durch vom Naphtalindunst durchzogen. Darob großes Gelächter. Selbst der gefräßige Herr Pauli verzichtete. Die Witwe würgte einige Brocken hinunter und überließ mir den Rest. Ich erfand eine Methode, die Bissen bei zugehaltener Nase herunterzuschlucken. Allerdings stieß ich noch Stunden nachher mottenkugelig auf.

Gegen halb vier startete ich zum Fußmarsch nach Charlottenburg, um Ilse aufzusuchen; Frau Ilse R., Photographin eleganter Moden und Redakteurin bei einer Frauenzeitschrift, bis sie sich mit einem Ingenieur verheiratete. Ein Fachmann aus der Rüstungsindustrie – den mußte General Heldenklau ihr lassen.

Nach ausgiebigem Abschied von der Witwe zog ich los. Lange, öde, tote Straßen. Unter dem Tunnel, wo früher auch tagsüber Laternen brannten, Stockfinsternis und Kotgeruch. Mir klopfte bang das Herz, als ich hindurchhetzte.

Weiter, in Richtung Schöneberg. Ich traf während einer Viertelstunde nur zwei Menschen, Frauen, die eine barfuß mit Krampfadern so dick wie Stricke. Alles kam mir so verzerrt und geisterhaft vor – vielleicht durch die Sonnenbrille, die ich gegen den Staub aufgesetzt hatte. An der Kreuzung tanzte auf einem Holzpodest eine schwarzgelockte Russin in Uniform herum. Sie schwenkte, wenn Russenautos kamen, rote und gelbe Fähnchen und lachte den Vorbeifahrenden zu. Ihre vollen Brüste tanzten mit. Scheu drückten sich etliche Deutsche mit Wassereimern an ihr vorbei.

Endlos die leeren Straßen. Plötzlich ungewohnte Menschenfülle, wohl zwanzig, dreißig Mann, sie quollen aus einem Kino, in dem ein Russenfilm namens *Tschapajew* läuft, wie handgemalte Zettel melden. Eine Männerstimme, halblaut: »So ein Quatsch!« An den Mauern kleben bunte, handgekleckste Plakate, die Varietéprogramme in verschiedenen Wirtshaussälen ankünden. Die Artisten sind die ersten auf dem Plan.

Über den Fahrdamm rasselten Räder. Sie rasselten wirklich, da sie ohne Pneus auf den nackten Felgen rollten – eine neue, wirksame Methode, der russischen »Beschlagnahme« zu entgehen. Übrigens hat auch mancher Deutsche in diesen Tagen ein Rad »gefunden«, denn die Russen lassen die Räder, auf denen sie fahren, beim ersten Reifenschaden liegen und halten nach neuen, besseren Ausschau.

Weiter, durch grüne Wohnstraßen. Überall Stille, ja Starre. Alles wirkt so verkrochen und verschreckt. Manchmal trippelt ein junges Ding vorbei, nett angetan. Es soll da und dort sogar schon wieder getanzt werden, die Witwe hat es beim Bäcker gehört.

Der Hals war mir trocken vor Spannung, als ich in die Wohnstraße meiner Freundin einbog. Wenn man einander zwei Monate nicht gesehen hat – und was für Monate! –, so weiß man ja nicht, ob die Häuser noch stehen und die Menschen darin noch am Leben sind.

Da stand das Haus, heil, doch verschlossen, tot. Rufend und pfeifend irrte ich wohl eine Viertelstunde drum herum, bis ich mit einer Hausbewohnerin hineinschlüpfen konnte. Oben an der Korridortür noch der wohlbekannte Name. Klopfen und Rufen. Ich gebe mich zu erkennen. Drinnen ein Freudenschrei. Wieder Umarmung mit einer Frau, mit der ich sonst höchstens einen Händedruck tauschte. Der Mann ruft: »Sowas! Da kommt sie angetänzelt, als ob gar nichts wäre!«

Hastig wechseln Ilse und ich die ersten Sätze: »Wie oft geschändet, Ilse?« – »Viermal, und du?« – »Keine Ahnung, hab mich vom Train zum Major hochdienen müssen.«

Wir sitzen in der Küche beisammen, trinken echten Tee, zur Feier des Tages herausgekramt, essen Marmeladebrot dazu, berichten ... Ja, wir haben alle etliches durchgestanden. Ilse hat es einmal im Keller erwischt, die übrigen Male im ersten Stock, in einer leeren Wohnung, in die man sie mit Kolbenstößen in den Rücken hineingepufft hat. Einer, so berichtet sie, hat sich mit dem Gewehr zu ihr legen wollen. Da hat sie es mit der Angst gekriegt und ihm mit Gesten klargemacht, daß er vorher seine Knarre beiseite legen müßte – was der Kerl auch tat.

Während wir das Thema beim Wickel hatten, verzog sich Ilses Mann, um, wie er sagte, bei den Nachbarn für mich ein paar Detektor-Neuigkeiten einzuholen. Ilse grinste hinter ihm her: »Tja, das kann er nicht gut hören.« Er quält sich mit Selbstvorwürfen, weil er tatenlos im Keller zurückblieb, während die Iwans seine Frau zwischenhatten. Bei der ersten Vergewaltigung im Keller war er sogar in Hörweite. Es muß ein sonderbares Gefühl für ihn gewesen sein.

Im übrigen nutzten wir die Abwesenheit von Herrn R. für einen kleinen Weibertratsch. Ilse ist eine verwöhnte

Frau, weltgereist, von mondänem Habitus. Was hat sie zu den russischen Kavalieren zu sagen?

»Kümmerlich«, so sagte sie und zog die Nase kraus. »Denen fällt aber auch gar nichts ein. Simpel und grob, einer wie der andere, so weit ich hier im Haus herumgehorcht habe. Aber vielleicht hast du mit deinen höheren Offizieren bessere Erfahrungen gemacht.«

»Nein, in dem Punkt nicht.«

»Mag sein, daß die zu Haus das Neueste an sozialistischer Planwirtschaft haben«, meint Ilse. »In puncto Erotik sind sie jedenfalls bei Adam und Eva stehengeblieben. Das hab' ich auch meinem Mann zum Trost gesagt.« Sie kneift ein Auge zu: »Bei dem knappen Futter ist so ein armer Ehemann natürlich nicht viel wert. Meiner kriegt schon Komplexe deswegen und bildet sich ein, daß die Rote Armee mit ihrer Draufgängerei tatsächlich bei uns Frauen Chancen hätte.« Wir lachten sehr und kamen überein, daß unsere werten Feinde auf freier Wildbahn, als normale Bewerber, in 99 von 100 Fällen nicht die geringsten Chancen bei uns hätten. Allenfalls den Hundertsten würde man hier einer Vorprüfung für wert erachten.

So tratschten wir und rächten uns mit Spott an denen, die uns demütigten.

Tatsächlich brachte der Ingenieur einige Neuigkeiten von den Nachbarn mit. Danach soll Berlin eine internationale Stadt für alle Sieger werden und Leipzig die Russenhauptstadt. Es heißt, daß Himmler gefangen sei. Über Adolf immer noch keine sicheren Nachrichten. Während Ilse sehr gelassen wirkte und mit damenhafter Überlegenheit die derzeitigen Zustände glossierte, ist ihr Mann verstört und verwirrt. Seine Laufbahn ist erst einmal zu Ende. Sein Rüstungsbetrieb, soweit noch unverbombt, wird zur Zeit ausgeräumt. Die Russen holen sich die deutschen Maschinen heraus. Unterwegs bin ich mehreren Lastautos mit riesigen Holzverschlägen darauf begegnet. Nun weiß ich, was drin ist. Herr R. fürchtet, daß er sozial absteigen, als Handarbeiter neu beginnen muß. Er giert nach Kontakt und Neuigkeiten, steckt voll Lebensangst und ist krampfhaft bemüht, wieder irgendwo in Lohn und Brot zu kommen. Er hat sich beim Krankenhaus um einen Posten bei der Heizung beworben. Vom Sturz ist er noch betäubt. Wieder einmal sieht man, daß wir Frauen das Stürzen besser aushalten, uns wird nicht so leicht schwindlig dabei. Ilse und ihr Mann lernen beide Russisch. Er faßt, wenn auch widerwillig, eine Übersiedlung nach Rußland ins Auge. Denn »hier fahren sie uns ja die Produktionsmittel hinaus«. Er glaubt nicht, daß uns Deutschen in absehbarer Zeit wieder eine nennenswerte Produktion gestattet werde, hat auch von den Detektor-Nachbarn gehört, daß ganz Deutschland in einen Kartoffelacker verwandelt werden soll. Warten wir es ab.

Mehrmaliger Abschied. Man weiß ja nie, ob und wann man einander wiedersieht. Auf dem Rückweg sprang ich noch zu der angeheirateten Nichte der Witwe hinauf – zu der jungen werdenden Mutter, die mit ihrer Freundin Frieda zusammen haust und auf ihren Bams wartet. Lag auf dem Rücken, die Kleine, sah lieb aus und leuchtete von innen. Aber der gewölbte Bauch saß auf einem allzu mageren Körper, sprang förmlich daraus hervor. Man glaubt zu sehen, wie das werdende Kind alle Säfte und Kräfte aus dem Mutterleib zieht. Von dem werdenden Vater natürlich keine Nachricht. Er schien ganz vergessen über den täglichen Nöten der Nahrungs- und Holzsuche. Da es in der Wohnung nur einen – jetzt sinnlosen – Elektroherd gibt, haben sich die Mädels auf dem Balkon aus Ziegelsteinen eine Art Herd gebaut, den sie mit mühsam gesuchten Fichtenzweigen speisen. Es dauert ewig, bis das bißchen Brei gar ist. Zudem muß Frieda ständig vor dem Feuerchen hocken, es anstacheln und Zweige nachlegen. Es roch weihnachtlich vom Harz.

Dann der Heimweg, marschieren, marschieren. Ein Anschlag in Deutsch und Russisch meldet, daß demnächst ein »freier Markt« eröffnet werden soll. Von wem? Für wen? Eine »Wandzeitung« nennt neue Stadtoberhäupter. Lauter unbekannte Größen, vermutlich heimgekehrte Emigranten aus Moskau. Bunte Trupps von Italienern kamen mir entgegen, singend, mit Bündeln und Koffern beladen, offenbar zur Heimreise gerüstet. Wieder Fahrräder, die auf den nackten Felgen rasselten. In Schöneberg wurde es einsamer, und der Gespenstertunnel an der S-Bahn war schwarz und verlassen. Ich war froh, als ich ihn hinter mir hatte, als ich die Häuser unseres Blocks sah. Kehrte heim wie von einer großen Reise und teilte von meinen Neuigkeiten aus.

Müde Füße, schwüler Tag. Nun bringt der Abend Ruhe und Regen.

## Dienstag, 22. Mai 1945

Früh um 6 kroch die Witwe schon in der Wohnung herum. Am Vorabend hatte sie durch unseren Hausobmann einen Zettel erhalten. (Hausobmann – auch so eine neue Erfindung! Bei uns spielt der Mann von der Hamburgerin diese Rolle.) Der Befehl, ein vervielfältigter Schnipsel, besagt, daß die Witwe sich um 8 Uhr vor dem Rathaus anzufinden habe, zur Arbeit. Nichts weiter. »Wäre fein, wenn's zum Spargelstechen wäre«, meinte sie und malte uns bereits die köstlichsten Spargelmähler aus.

Also habe ich heute die Hausfrau gespielt, kochte für Herrn Pauli und mich eine Erbsmehlsuppe. Gegen 14 Uhr lautes Rufen auf der Straße vor unserem Haus: ein von Amts wegen bestellter Ausrufer wie vor tausend Jahren.

Er hatte sich unter dem Ahorn aufgebaut und leierte von einem Blatt Papier herunter, daß alle arbeitsfähigen und noch nicht arbeitstätigen Männer und Frauen zwischen fünfzehn und fünfundfünfzig Jahren sich sofort zwecks Arbeitseinsatz vor dem Rathaus einzufinden hätten.

Große Diskussion im Treppenhaus: Sollen wir hingehen oder nicht? Die Buchhändlerin war dafür, da sie befürchtete, wir könnten sonst zwangsweise geholt werden. Ich schloß mich ihr an. Zusammen wanderten wir los. Ich fragte sie, ob sie schon wüßte, was mit ihrer Buchhandlung los sei. »Ende April abgebrannt«, war die knappe Antwort. Trotzdem sieht die Buchhändlerin optimistisch in die Zukunft. Im Keller, so sagt sie, hat sie eine Riesenkiste voller Bücher durchs Dritte Reich gerettet – meist »verbotene« Literatur. Das heißt, was man bei uns seit 1933 verboten hat: erst die Bücher von Juden und Emigranten, später die Bücher unserer Kriegsgegner. »Danach giepern doch jetzt die Leute«, meint die Buchhändlerin. »Wir werden in unserem Geschäft eine Ecke aufmauern und darin eine Leihbücherei einrichten, mit hohem Pfandgeld natürlich, sonst sind unsere Bücher gleich futsch.« Ich habe mich als erste Leserin angemeldet, habe allerlei nachzuholen.

Vor der Rathaustreppe drängelten sich schon viele Frauen. Männer hingegen sah man nur vereinzelt. Ein Jüngling verarbeitete mit viel Geschrei und Gefuchtel unsere Namen zu einer Liste. Die Straße vor dem Rathaus bot das Bild einer wildbelebten Baustelle. Der Graben in der Mitte des Fahrdamms, der zu geheimnisvollen Kriegszwecken seinerzeit von etlichen Deutschen und vielen in Wattejacken gehüllten Russenmädchen ausgehoben worden ist, wird nun von den Unsrigen zugeschüttet – ein Vorgang, dessen Logik mir einleuchtet. Mit Sand, Ziegeltrümmern und schwarzem Brandschutt wird der Graben ausgefüllt. Frauen schieben Loren, sie rollen die

Füllmasse an den Grabenrand, kippen sie hinein. Aus allen Nebenstraßen ziehen sich die Händeketten und reichen Eimer auf Eimer zu den Loren hin. Morgen früh um acht soll auch ich zu dieser Arbeit antreten. Ich habe nichts dagegen.

Vergeblich spähte ich unter den arbeitenden Frauen nach der Witwe aus. Einmal fuhr ein Lautsprecherwagen vor, mit gebrüllten Nachrichten in russisch gefärbtem Deutsch. Nichts Neues für mich dabei.

Zum Abend gab es Brote mit Büchsenfleisch. Immer noch fehlte die Witwe. Es war schon 21 Uhr, als endlich ihr roter Hut unten auftauchte. Sie war ausgepumpt, fertig, erschossen, stieß bloß kurze, unverständliche Wutlaute aus und wollte uns nicht Rede stehen. Erst nach endloser Körperwäsche ließ sie sich zu ein paar Sätzen herbei: Danach war es nichts mit dem Spargelstechen. Ein russischer Lastwagen hat die Frauen zu einer Maschinenfabrik gefahren, wo die Witwe zusammen mit etwa zweihundert anderen Frauen den ganzen Tag unter russischem Triezkommando Sachen in Kisten gepackt, sie wieder ausgepackt, umgepackt, neu verpackt hat; ständig gestupst und gestoßen und zu Mittag mit einem Kanten trocken Brot abgespeist.

»Wenn das Organisation sein soll«, so empörte sich die Witwe uns gegenüber. »Dieses Kuddelmuddel, dieses Durcheinander!«

Und sie erzählte: »Wir haben gleich gesagt, daß die Eisenteile zu schwer für die Kisten seien, daß die Kistenböden herausbrechen würden. Da haben sie uns angebrüllt: ›Halt den Mund!‹ und ›Rabotta, rabotta!‹ Und wie dann richtig beim Anheben gleich die erste Kiste in Stücke brach, da ging das Gebrüll erst recht los, und natürlich waren wir schuld!« Die Witwe schüttelt sich: »Es ist mir schleierhaft, wie diese Menschen den Krieg gewinnen konnten. Die haben doch weniger Verstand als ein deutsches Schulkind.« Und so fort, sie zählt weitere verfehlte Maßnahmen und Verbohrtheiten der Russen auf und kann sich gar nicht beruhigen. Sie mußte die anderthalb Stunden Heimweg zu Fuß laufen, kein Lastwagen fuhr nach vollbrachter Arbeit die Frauen heim. Eine Blase am Zeh der Witwe ist die Folge; sie jammert darüber, klagt über unser aller Los und über die deutsche Niederlage. Nichts kann sie trösten, nicht mal der Hammer oder die Zange, der Staublappen oder die Blechtasse – Sachen, welche die Witwe unter ihrem Kleid aus der Fabrik hinausgeschmuggelt hat.

## Mittwoch, 23. Mai 1945

Mit Eimer und Müllschippe ausgerüstet, marschierte ich in grauer Regenfrühe zum Rathaus. Schon unterwegs goß es wie aus Kübeln. Ich spürte ordentlich, wie mein Strickkleid Wasser zog.

Es regnete immerzu, mal feiner, mal stärker. Trotzdem schippten wir und füllten Eimer auf Eimer mit Dreck, damit die Händekette nicht abriß. Wir waren an die hundert Frauen aller Sorten. Die einen zeigten sich träge und lustlos und rührten sich nur, wenn einer unserer beiden deutschen Aufseher hinsah. (Immer kriegen die Männer die Aufseherposten.) Andere Frauen schufteten mit Hausfraueneifer, ja verbissen. »Getan muß die Arbeit doch werden«, sagte eine tief überzeugt. Zu viert schoben wir die vollen Loren an den Graben heran. Ich lernte eine Drehscheibe bedienen. Bis wilde Regengüsse uns zu einer Pause zwangen.

Dicht gedrängt wie die Tiere standen wir unter einem Balkon. Die nassen Sachen klebten uns am Leib; die Frauen schauderten und zitterten. Wir nutzten die Gelegenheit und aßen unser nasses Brot ohne was drauf. Eine Frau murmelte: »Bei Adolf ha' ick sowat nich jejessen.«

Von allen Seiten kam Widerspruch: »Sie, det schreiben Se man ooch noch Ihrem Adolf uff Rechnung.«

Darauf die Frau, ganz betreten: »So ha' ick det ja nich jemeint.«

Über eine Stunde standen wir so. Der Regen prasselte um uns hernieder. Als er sachter rieselte, holte unser Aufseher, ein wienerisch sprechender junger Mann mit tschechischem Namen, uns wieder an die Loren zurück. Die Lore, die ich bediente, trug die Aufschrift »Die lachende Lore«. Eine andere Lore war mit Kreide als »Die weinende Lore« gekennzeichnet. Doch hatte eine Hand das Wort »weinende« ausgestrichen und »schmunzelnde« darüber geschrieben.

Gegen 15 Uhr wurden wir endlich von unserem Wiener auf der Liste abgehakt und durften heimgehen. Übermütig schwenkte ich unterwegs meinen Dreckeimer, nach dem Motto: »Was mich nicht umbringt, macht mich stärker.«

Daheim fand ich die Witwe in großer Unruhe vor. Wie sie gestand, hatte sie in den letzten Tagen »ein Jucken und Brennen« verspürt und war deswegen übers Lexikon gegangen. Stichworte »Tripper« und »Syphilis«. Zwar hat sie als Apothekersfrau ganz gute Kenntnisse über die menschlichen Gebresten gesammelt; doch auf diesem Spezialgebiet fehlen ihr die nötigen Erfahrungen. »Ich habe Knötchen«, so behauptet sie steif und fest. Im Lexikon werden diese Knötchen als charakteristisch für eine beginnende Syphilis bezeichnet; drei bis vier Wochen nach der Ansteckung sollen sie fällig sein. Die Witwe rechnet sich aus, daß ihr Treppenschänder, der Kleine, Bartlose, sie vor genau vier Wochen gehabt hat.

»Was? Der Wanja? Dieses Kind?« Ich kann es nicht glauben: »Der soll –?«

»Warum nicht. Gerade so'n dußliges Wurm. Außerdem weiß ich ja nicht, ob es wirklich der Wanja gewesen ist. Wie willst du es also wissen? Und dann noch dieser Pole –!«

Die Witwe schluchzt jammervoll. Was sollte ich tun? Nachzuschauen hätte keinen Zweck gehabt; ich verstehe nichts von sowas. Mein Vorschlag, Herrn Pauli zu befragen, wurde mit wilder Abwehr beantwortet. Bleibt also nichts weiter übrig, als den morgigen Tag abzuwarten und möglichst früh die Stelle aufzusuchen, die im Krankenhaus für die vergewaltigten Frauen eingerichtet worden ist. Wobei mir einfällt, wie mir die Ohren juckten, damals, als wir in der Schule anhand von übergroßen anatomischen Modellen das menschliche Ohr durchnahmen. Vermutlich haben bei der Witwe die Symptome auch erst dann richtig eingesetzt, als sie die Beschreibung im Lexikon las. Mal abwarten bis morgen. Vielleicht muß ich auch bald hingehen und mich untersuchen lassen. Bin einen Tag überfällig.

## Donnerstag, 24. Mai 1945

Der Wecker rasselte – auf zum Schippen. Diesmal zog ich die blauen Trainingsbuxen an und band mir eine Küchenschürze um. Wieder Wolkenhimmel. Es nieselte, als wir antraten. Wir schippten emsig. Sogar zwei Männer schaufelten diesmal mit, das heißt, wenn des Aufsehers Blick sie traf, sonst nicht. Plötzlich gegen zehn Uhr Geschrei, eine Russenstimme: »Frau, komm! Frau, komm!« Ein Ruf, der nur allzu populär ist. Im Nu waren die Frauen wie weggefegt. Sie verkrochen sich hinter Türen, Loren, Schuttbergen, machten sich kauernd ganz klein. Doch nach einer Weile kamen die meisten, darunter ich, wieder zum Vorschein. »Sie werden doch nicht –? Hier, auf offener Straße? Ist ja auch bloß ein einziger.«

Dieser nun schritt zur Tat. Er schien mit Befehlen ausgerüstet, sammelte die Restbestände von uns Frauen und trieb uns zu einem Haufen zusammen. Wir zockelten hinter ihm drein, vor ihm her. Er rannte um uns herum wie ein Hund um die Schafherde; ein Leutnant mit gezückter Knarre. Quer durch die Schrebergärten trabten wir und landeten schließlich auf dem Gelände einer Werkzeugmaschinen-Fabrik.

Die weiten Hallen mit den Hunderten von Werkbänken lagen verödet. Ein deutsches »Hau-ruck!« hallte von den Mauern wider. Gerade wurden die übermannshohen Teile einer Schmiedepresse von deutschen Männern unter russischem Befehl mit Kränen auf Waggons verladen. Überall sah man Männer, die etwas losschraubten, abdrehten, einschmierten, wegschleppten. Draußen auf den Werksgleisen stand Güterwagen an Güterwagen, etliche bereits hoch beladen mit Maschinenteilen.

Was sollten wir Frauen hier? Wir drückten uns in der Halle herum, wußten nicht, wohin. Ausrücken konnten wir nicht, das sahen wir gleich; alle Tore waren von Soldaten bewacht.

Schließlich erging der Befehl an uns, in der großen Montagehalle alles einzusammeln, was Messing oder sonstwie »helles Metall« sei, und es in Kisten zu einem der Waggons zu tragen.

Mit irgendeiner Zufallsgefährtin, die mich gar nicht ansah und auf meine Redeversuche beharrlich schwieg, schleppte ich eine Kiste, griff da und dort nach Glänzendem, nach Kupfergewinden, Messingbarren – wie eine Elster. Ich durchwühlte die Eisenschränke der Arbeiter, fand Pfeifen, verkrumpelte Taschentücher, sauber gefaltetes Stullenpapier – ganz, als habe der Kumpel erst gestern mit der Arbeit aufgehört. Unsere Elsternbeute warfen wir einfach auf den Boden eines Waggons. Drinnen turnten zwei Frauen herum und sortierten die Metallteile nach Hausfrauenart, schön der Größe nach.

Über Mittag wurden wir in eine Halle beordert, eine Art Lagerschuppen. Auf hohen Borden türmten sich Metallbarren verschiedenster Art, Gewinde und Schrauben und Muttern, letztere von Faustgröße. Endlos reichten wir das Zeug durch die Händekette. Die Frau am Schluß stapelte laut Befehl alles in Kisten.

Ich dachte an die gestrigen Erfahrungen der Witwe und wartete mit einiger Spannung auf den Augenblick, wann die Kistenböden beim Transport herausbrechen würden. So weit kam es jedoch nicht. Schon als die erste Kiste angehoben werden sollte, erwies es sich, daß sie zu schwer war. Nicht einmal unser Antreiber, ein schielender Unteroffizier mit einem Brustkasten wie ein Schrank, konnte die Kiste bewegen. Karren oder derartiges fand sich nicht. Also erteilte der Schielende nach rauhen Flüchen den Befehl, alles aus den Kisten heraus durch der Hände Kette bis draußen zum Waggon weiterzureichen. So war ein Minimum an Arbeit mit einem Maximum an Aufwand bewältigt.

Neue Trupps kamen daher, Frauen zumeist, junge, aber auch ganz alte. Es ging die Sage, daß wir was zu essen bekommen sollten. Wirklich beorderte man uns nach 15 Uhr in die Werkskantine. Es gab eine dampfende dicke Brotsuppe. Die Blechteller waren knapp, die Blechlöffel ebenfalls. So mußte immer eine Frau auf die andere warten. Selten, daß eine hinauslief zum Wasserhahn. Die meisten wischten bloß den Löffel flüchtig an Rock oder Schürze ab und nahmen den Teller von ihrer Vor-Esserin so, wie er war.

Zurück, rabotta! Im Schuppen zog es beträchtlich. Diesmal reichten wir Zink-Armaturen weiter, Stunden und Stunden lang. Endlich, es muß so gegen 20 Uhr gewesen sein, erschien unser schielender Treiber und verkündete: »Frau – nach Chause!«, wobei er eine scheuchende Bewegung mit den Armen machte, als hätte er Hühner vor sich. Erleichtertes Juhu-Geschrei. Danach gab man uns in der Kantine noch ein Stückchen Brot von 100 Gramm. Dann wurde ein Faß hereingerollt; aus dem Spundloch quoll es zäh und weiß – eine Art von Zuckersirup. Wir stellten uns in einer Schlange danach an. »Schmeckt prima«, versicherten schleckend die ersten am Faß. Ich wußte nicht, wohin damit, bis eine Frau mir ein Stück giftgrünes Papier gab, das sie im Schuppen gefunden hatte. Das Grün färbt ab, soll aber, wie die Frauen sagten, nicht giftig sein.

Stolz kreuzte ich mit meinem Raub gegen 22 Uhr bei der Witwe auf. Die schüttelte bloß den Kopf, als ich den grün gewordenen Leim aus dem grünen Papier polkte. Ich löffelte und leckte und bekam den Mund voll Papier. Tut nichts – schmeckt süß. Erst nach einer Weile fiel mir die Sache mit dem Lexikon und den »Knötchen« der Witwe ein.

»Ach, nichts«, erwiderte sie auf meine Frage. »Der Arzt sagte, alles sei bei mir in Ordnung.«

Ich bohrte weiter, wollte wissen, wie es auf der Untersuchungsstelle zugehe.

»Es waren außer mir noch zwei Frauen da«, berichtete die Witwe. »Der Arzt war ganz fidel. Er hat ein bißchen herumhantiert und dann gesagt ›Grünes Licht, Bahn frei‹!« Die Witwe schüttelte sich: »Nein, damit bin ich durch.« Übrigens hat sich inzwischen ein amtlicher Ausdruck für den ganzen Schändungsbetrieb gefunden: »Zwangsverkehr« nennen es die Behörden. Eine Vokabel, die man vielleicht bei der Neuauflage von Soldatenwörterbüchern berücksichtigen könnte.

## Freitag, 25. Mai 1945

Wieder früh aufgestanden, durch den klaren Morgen zum Werk marschiert. Frauen kamen von allen Seiten. Heute hatten die meisten Essentöpfe mitgebracht. Auch mir baumelte ein Soldaten-Kochgeschirr am Gürtel. Wir stellten uns auf, laut Befehl zuerst in Dreierreihen, dann zu vieren, wurden endlos abgezählt, sortiert, registriert. Unser Wiener, der uns von der Arbeit an den Loren hierher gefolgt ist – er soll ein Musiker sein –, brauchte fast eine Stunde, bis er uns alle in seinen Listen drin hatte. Manche Frau ist neu hinzugekommen. »Arbeiten müssen wir doch«, hörte ich eine sagen. »Und hier haben wir wenigstens unser Essen.«

Wirklich begann dieser Arbeitstag mit einer dicken Graupensuppe. Über den Bahndamm schlenderten wir dann zu den Hallen. Am Damm schufteten deutsche Gefangene, Grauköpfe in armseligstem Zeug, wohl Volkssturm. Ächzend luden sie schwere Radkränze auf Waggons. Sie schauten uns so eindringlich an, drückten sich herum. Ich begriff nicht, wieso. Andere Frauen begriffen und steckten den Männern verstohlen Brotstücke zu. Das ist verboten. Doch der russische Posten blickte eisern in eine andere Richtung. Die Männer waren unrasiert und abgezehrt, hatten einen elenden Hundeblick. Mir war, als sähen sie gar nicht deutsch aus. Sie glichen den Russengefangenen, wie man sie während des Krieges schon einmal auf Trümmerstellen aufräumen sah. Auch das ist eine Umkehrung, deren Logik überzeugt.

Wieder in der Halle. Wir schleppten zu zweit und zu dritt unhandliche Eisenbarren, reichten dann Platten und Stangen durch die Händekette zum Waggon hinaus. Ein Russe tauchte in der Halle auf, musterte die Frauenreihe und winkte dann zweien, einer dritten, mitzukommen. Die dritte war ich. Wir trabten hinter ihm drein. Wohin?

Eine von uns mutmaßte: »Vielleicht zum Kartoffelschälen?« Dazu haben sie nämlich schon ein Dutzend Frauen hinüber zum Bahndamm geholt, wo die sinnig mit Gardinen gezierten russischen Wohnwagen stehen.

Nein, er führte uns anders herum, zu einer Baracke, einen düsteren Gang entlang, in immer dickeren Kotgeruch. Die eine Frau büxte aus, sie rannte einfach zurück, quer übers Gelände. Worauf der Russe uns zwei übriggebliebene vorangehen ließ. Er führte uns in einen Raum mit Steinboden. Man sah einen Waschkessel, Wannen, Waschbretter, Eimer. Darauf wies er hin und machte die Gebärde des Wäschewaschens.

Na, bitte. Aber nicht hier drinnen in diesem Kabuff! Zusammen mit meiner Zufallsgefährtin, einer Kleinen mit frechen Augen, schleppte ich die größte der Waschbütten hinaus ins Freie, vor die überdachte Barackentür auf eine Art Veranda. Dort fühlten wir uns sicherer, und es stank nicht so. Dem Russen war das recht. Er brachte uns zwei Stücke Kernseife und eine Anzahl ehemals weißer Kittelschürzen, Hemden und Handtücher und befahl uns mit Gebärden, dies Zeug zu säubern. Er sprach kurz angebunden, doch nicht unfreundlich, und betatschte uns in keiner Weise, nicht mal mit den Augen.

Meine Mitwaschfrau gibt sich als Danzigerin zu erkennen und wechselt mit dem Russen etliche Brocken Polnisch. Um so besser! Da brauche ich nicht zu reden, kann mein Russisch verstecken. Ich mag nicht als Waschfrau mit ihnen palavern.

Dauernd kommen sie in Gruppen daher, lümmeln sich um die Bütte herum und quatschen über uns. Zum Beispiel stritten sich zweie, wie alt wir wohl seien. Mir gaben sie nach langem Hin und Her 24 Jahre. Nicht schlecht!

Die Stunden schlichen. Wir seiften, rieben, schleppten Wasser heran, warmes aus dem Truppenkessel, kaltes vom Hydranten an der Straße. Hab mir die Finger wund gerieben an dem verdreckten Zeug. Die Handtücher starrten von Fett. Es waren durchweg deutsche Familientücher mit Monogramm, Beute. Ich bürstete die Sachen mit einer Haarbürste und quälte mich sehr damit ab. Derweil immerfort Russen um uns herum, sie kniffen uns, wo sie uns zu fassen kriegten. Ich schlug aus wie ein Pferd und spritzte sie mit meiner Haarbürste naß, sagte aber keinen Ton. Manchmal kam unser Auftraggeber und jagte die Knutscher weg. Dann brachte er uns einen Stapel Unterhosen; sie haben keine Knöpfe daran, alles ist mit Bändelchen zugebunden.

Monoton erzählte mir derweil die Danzigerin, wie etliche Iwans ihre alte Mutter zwischengehabt hätten. Die Mutter, schon Großmutter, hat in ihrem Danziger Polnisch gefragt, ob sich die Burschen nicht schämten, eine so alte Frau zu vergewaltigen.

Worauf sie in Deutsch die klassische Antwort bekam: »Du alt, du gesund.«

Ich dachte schon, daß ich an der Waschbütte zusammenklappen würde, als unser Chef erschien und die Mittagspause verkündete. Er brachte jeder von uns beiden ein Kochgeschirr voll fetter Suppe, mit Fleischstücken, Gurken und Lorbeer darin, dazu einen Blechteller voll Erbsenbrei mit ausgelassenem Speck. Es scheint, daß unser Chef Koch ist, und ein guter obendrein. Das Essen schmeckte prächtig. Ich spürte ordentlich, wie mir neue Kräfte zuwuchsen.

Wir wuschen weiter, endlos. Zwei Uhr nachmittags, drei Uhr, vier Uhr, fünf Uhr, sechs Uhr. Wir wuschen pausenlos, waren pausenlos unter Aufsicht. Wir seiften, wrangen, schleppten Wasser. Die Füße schmerzten, längst waren die Handknöchel durchgerieben. Die Russen ringsum glaubten, daß sie uns mit dieser Wascherei einen großen Tort antun. Sie rieben sich schadenfroh die Hände:

»Hihi, waschen müßt ihr für uns, das geschieht euch recht!« Die Danzigerin griente bloß. Ich markierte taubstumm, lächelte nach allen Seiten und wusch, wusch. Die Kerle wunderten sich. Ich hörte, wie einer zum anderen sagte: »Die arbeiten gut. Und immer lustig.«

Wir zogen die letzten Handtücher bis 18 Uhr hin, säuberten unsere Waschbütten und wanderten hinüber zur Kantine, wo es einen Schlag Grütze für alle gab. Hernach, als wir mit den anderen Frauen heimgehen wollten, jagte man uns am Tor zurück: »Rabotta!« Die Frauen schrien durcheinander, drängten zum Tor, meuterten. Aber für Besiegte gibt es keinen Achtstundentag. Ein Soldat stieß uns mit erhobenem Gewehr zurück, rief drohend: »Frau! Rabotta!« Ein Russenwort, das jede gelernt hat.

Wir mußten alle zurück in die Halle, weiter Eisenteile aufladen. Stumm und stumpf reichten wir einander die Platten und Stangen zu. Es tut schrecklich weh, kaltes Eisen mit aufgewaschenen Händen anzufassen.

Endlich, gegen 20 Uhr, rief unser Aufseher, daß der Waggon voll sei. Ja, er war übervoll, er ächzte förmlich, als die Lok ihn aus der Halle schleppte. Vielleicht bricht bis Moskau der Boden durch. Ein alter Arbeiter sprang vom fahrenden Zug und meinte, eigentlich hätten sie ihn gleich drauflassen und mit nach drüben verfrachten sollen, denn »wat sollen wir noch hier?« Und er wies in die verödete, ausgeräumte Halle. Und die Frauen fragten: »Wo sollen unsere Männer jetzt arbeiten?«

Eine Stunde später war ich zu Hause, todmüde diesmal, mit steifen Händen, die mir das Schreiben heute sauer werden lassen. Dabei immer noch leicht berauscht von dem fetten, reichlichen Mittagessen. Morgen wird weitergewaschen. Unser Chef hat uns schon neue Arbeit angekündigt.

## Samstag, 26. Mai 1945

Wieder endlose Viehzählung auf dem Fabrikgelände, obwohl unser Wiener es nun eigentlich schon besser können müßte. Der Tag begann wieder mit heißer Graupensuppe. Zufrieden zählten die Frauen die Fleischstücke darin. Und ich freue mich, daß ich keinen Herrn Pauli mir gegenüber habe, der mir die Bissen in den Mund zählt.

Vergeblich hielt ich nach meiner Mitwäscherin Ausschau. Die kleine, freche Danzigerin war nicht erschienen. Drum überredete ich zwei andere Frauen, eine blutjunge und eine etwa vierzigjährige, beide freundlichen Aussehens, mit mir zur Waschbütte zu kommen. In Eimern standen schon vorgeweichte Uniformblusen für uns bereit, fleckig und ölig; denn dies ist eine motorisierte Truppe.

Ein Tag wie gestern. Die neuen Wäscherinnen sind emsig und nett. Wieder umdrängen uns die Russen. Wir wehrten uns mit Püffen und albernem Gelächter. Einer, ein Schlitzäugiger, hat es sich in den Kopf gesetzt, uns in Wut zu bringen. Er warf uns ein paar Blusen, die bereits auf der Trockenleine hingen, wieder in die Bütte zurück, wobei er auf etliche noch sichtbare Flecke in den Sachen wies. Ja, freilich sind noch Flecken darin. Das bißchen kümmerliche Seife und unsere Bürsterei reichen nicht aus. Andere Burschen zeigten sich freundlicher, legten Brotstücke neben ihre Blusen.

Gegen Mittag baute unser Chef draußen vor dem Bau aus einer Kiste und zwei umgekippten Schubladen für uns eine Art Eßzimmer, hieß uns Platz nehmen und servierte uns, immer mit dem gleichen freundlich-unbewegten Gesicht, einen großen Topf fettester Fleischsuppe. Bedächtig aßen wir in der Sonne. Auch meine Mitwäscherinnen genossen dies Essen sehr. Übrigens bekam ich auf meine stereotype Frage, wie oft es ihnen passiert sei, von beiden eine ausweichende Antwort. Die Ältere, eine kesse Person mit verwüsteten Zähnen, doch mit unverwüstlichem Humor, sagte, ihr sei alles egal gewesen – die Hauptsache sei jetzt, daß ihr Mann, wenn er mal von der Westfront wiederkomme, nichts davon erfahre. Ansonsten bekennt sie sich zu dem Satz, daß »ein Rußki auf'm Bauch« nicht so schlimm sei wie »ein Ami auf'm Kopf«. Sie kann darüber mitreden; sie ist, wie sie sagt, durch einen Volltreffer mit anderen Hausbewohnern im Keller verschüttet worden. Es gab Verletzte und eine Tote. Erst nach zwei Stunden kamen Helfer und gruben die Verschütteten aus. Die Erzählerin geriet in allergrößte Erregung, als sie auf die Tote zu sprechen kam, eine alte Frau. »Die hat an der Wand gesessen, genau vor einem Spiegel.« Den Spiegel hatten die Erbauer so niedrig angebracht, weil der Keller ursprünglich für die Kleinen des Kindergartens gedacht war, der sich in einer Baracke nebenan befand. Als dann aber alle Kinder aus Berlin evakuiert wurden, war der Kindergarten geschlossen und der Keller für die Hausbewohner freigegeben worden. »Und nun hat die alte Frau den Spiegel in tausend Splittern in den Rücken und den Hinterkopf gekriegt. Ganz still ist sie daran verblutet, ohne daß es im Dunkel und in der Aufregung einer gemerkt hat.« Die Erzählerin fuchtelte empört mit ihrem Suppenlöffel in der Luft herum: »Spiegel! Dolles Ding!«

Freilich ist das ein wunderlicher Tod. Vermutlich sollten sich die Kindlein, für die der Keller gebaut war, vor diesem Spiegel am Morgen nach den Bombennächten ihre Löckchen strählen. Gewiß hat man diesen Zierat ganz zu Beginn des Luftkrieges eingebaut, als wir den Luftschutz noch mit Komfort und Zuversicht betrieben.

Wir verwuschen den Nachmittag, rubbelten mit unseren runzligen und verquollenen Händen Blusen, Hosen und Mützen. Gegen 19 Uhr konnten wir uns heimlich durch ein Seitenpförtchen zur Straße weg verdrücken. Herrliches Gefühl von Freiheit, Feierabend und Schuleschwänzen.

Zu Hause haben wir, die Witwe, Herr Pauli und ich, den letzten Rest des Burgunders ausgetrunken, den ich seinerzeit aus der Schupokaserne geräubert habe. Morgen ist Sonntag, aber nicht für mich. Der Wiener hat uns eine Rede gehalten, des Inhalts, daß man uns, falls wir morgen nicht kämen, zwangsweise aus den Wohnungen holen werde, zur Weiterarbeit in die Fabrik.

## Sonntag, 27. Mai 1945

Langer, öder, müder Tag. Der längste Sonntag meines Lebens. Arbeit von 8 bis 20 Uhr, ununterbrochen auf dem grellbesonnten Gelände. Die Waschküche fiel heute aus. Unsere Russen haben Feiertag. Wir standen Kette über den Hof, die Sonne stach. Wir reichten Zinkbarren und scharfkantigen Zinkbruch von Hand zu Hand. Die Kette, wohl hundert Meter lang, war dünngliedrig. Bis zur nächsten Frau mußte man immer zwei, drei Schritte mit dem schweren Zeug gehen. Bald hatte ich von der Prallsonne Kopfschmerzen. Dazu einen wehen Rücken und die Hände wund noch von den Waschtagen her.

Ringsum blödes Getratsch, Streitereien. Schließlich eine Art Gesang. Endlos leierten die Frauen den Vers: »Scheint die liebe Sonne vom Himmel so heiß – sitzt der Bürgermeister am Bache und schei– –nt die liebe Sonne ...« Und so fort, monoton. So verbissen sich die Frauen ihre Wut über den gestohlenen Sonntag.

Manchmal kramte eine Große, Knochige, aus irgendwelchen Wäschetiefen eine ins Taschentuch geschlungene Armbanduhr heraus und nannte uns die Zeit. Die Stunden schlichen. Zwischendurch gab es einen hastigen Schlag Grütze.

Weiter in der schattenlosen Glut. Zink, Zink, und das hörte nicht auf. Gegen 16 Uhr war der erste Waggon gefüllt. Er glitzerte silbrig. Alle zusammen schoben wir ihn mit »Hau-ruck!« ein Stück gleisaufwärts, rollten dann den nächsten Güterwagen heran. Ein französischer Wagen aus Bordeaux mit dem mir so wohlbekannten Zeichen SNCF. Es stank daraus. Menschen hatten ihn als Abtritt benutzt. Die Frauen lachten. Eine rief: »Die Scheiße fährt mit nach Moskau.«

Weiter, Zink ohne Ende. Schließlich wurde es sogar unseren beiden Aufsehern langweilig. Wir kennen die zwei Soldaten schon ganz gut. Bei uns heißen sie »Teddy« und »Schielewipp«. Heute waren sie nicht sehr streng, haben zweimal zwischendurch das schöne deutsche Wort »Pause!« gerufen. Dabei hat Schielewipp sogar mit einem von unseren Mädeln einen Tanz riskiert, wozu wir anderen den Takt geklatscht haben. Gegen 17 Uhr waren sie plötzlich verschwunden. Feierabend für sie, leider nicht für uns. Mit einem Mal war es unheimlich still auf dem Grundstück. Kein Treiberruf, kein Geschwätz, kein Stöhnen, gar nichts mehr. Bloß das Schurren unserer Füße, und manchmal der dünne Ruf: »Achtung –!«, wenn eine der Frauen döste. Und dann natürlich immer wieder die Frage nach der Uhrzeit.

Aus dem Keller, wo auch den ganzen Tag Frauen standen, erging die Meldung, daß dort noch unabsehbare Massen von Zinkbarren lagerten. Gegen 19 Uhr kam das Gerücht auf, daß nun Feierabend sei – es stellte sich als Irrtum heraus. Weiter, Zink, Zink ... Endlich, gegen 20 Uhr erschien ein Russe und winkte uns in die Kantine. Wir schlangen die fette Suppe herunter und trotteten heim. Ich war müde zum Umfallen, meine Hände waren dunkelgrau. Nachher auf dem Waschwasser schwammen dicke graue Flocken. Legte mich lang hin, ließ mich von der Witwe mit Tee und Kuchen verwöhnen.

Seit gestern haben wir wieder elektrischen Strom. Vorbei die Kerzenzeit, vorbei das Klopfen an der Tür, vorbei die Stille. Das Radio wird vom Berliner Sender beschickt. Es bringt meistens Nachrichten und Enthüllungen, Blutgeruch, Leichen und Grausamkeit. In großen Lagern im Osten sollen Millionen Menschen verbrannt worden sein, meistens Juden. Aus ihrer Asche sollen die Kunstdünger hergestellt haben. Und was das Tollste ist: Alles das soll in dicken Büchern säuberlich notiert sein, eine Buchführung des Todes. Wir sind eben ein ordentliches Volk. Spätabends kam Beethoven, und damit kamen Tränen. Hab abgedreht. Man verträgt das jetzt nicht.

## Montag, 28. Mai 1945

Wieder Waschküche. Heute waren unsere Iwans besonders aufgekratzt. Sie kniffen und knutschten uns und wiederholten ihr deutsches Sprüchlein: »Speck, Eier, schlafen zu Chause«, wobei sie der besseren Verständlichkeit halber ihren Kopf wie Raffaelsche Engelein auf den Unterarm legten.

Speck, Eier, wir könnten sie gebrauchen. Doch fand das köstliche Angebot, soweit ich sehen konnte, nirgends Abnehmer. Vergewaltigungen am hellen Tage auf dem weithin offenen Gelände, bei so viel Menschengewimmel, dürften unmöglich sein. Überall ist Betrieb, nirgends fänden die Burschen einen stillen Winkel. Daher das »Schlafen zu Chause« – sie möchten mit heim genommen werden von willigen, speckbedürftigen Mädchen. Bestimmt gibt es deren genug unter uns hier in der Fabrik, doch die Angst wirkt bremsend.

Wieder wuschen wir Blusen, Hemden und Taschentücher. Eines erwies sich als Nachttischdeckchen – ein kleines, rotgesäumtes Rechteck mit der in Kreuzstich gestickten Aufschrift »Schlafe wohl«. Zum ersten Mal wusch ich vollgeschnodderte Schneuztücher fremder Menschen. Ekel vor dem feindlichen Rotz? Ja, mehr als vor den Unterhosen, ich hatte ein Würgen zu überwinden.

Meine Mitwäscherinnen empfanden offenbar nichts dergleichen, sie wuschen verbissen. Nun kenne ich die beiden schon ganz gut. Die kleine Gerti, neunzehn, zart und nachdenklich, beichtete mit halber Stimme allerlei Liebesmalheur. Von einem Freund, der sie verließ, von einem anderen, der gefallen ist … Ich steuerte sie auf die letzten Apriltage hin. Schließlich gestand sie mit gesenkten Wimpern, daß drei Russen sie aus dem Keller geholt und – erst nacheinander, dann durcheinander – auf einem Sofa in einer fremden Parterrewohnung besessen hätten. Diese jungen Burschen erwiesen sich nach vollzogener Tat als Witzbolde. Sie durchwühlten den fremden Küchenschrank und fanden – typisch für die derzeitigen deutschen Küchenschränke – bloß Marmelade und Kaffee-Ersatz darin. Die Marmelade löffelten sie unter Gelächter der kleinen Gerti aufs Kopfhaar, dann streuten sie freigebig von dem Kaffee-Ersatz darüber.

Ich starrte die Kleine an, als sie leise und schamvoll diese Geschichte auf ihr Waschbrett herunter erzählte; ich versuchte, mir das Schauerbild vorzustellen. Nie, nie könnte ein Autor dergleichen erfinden.

Um uns herum den ganzen Tag Treiberrufe: »Dawai, pustai, rabotta, skaree!« Los, hopp, ran, schneller! Sie haben es mit einem Mal alle brandeilig. Vielleicht hauen sie bald ab.

Ein Problem für uns Wäscherinnen ist das Klo. Wir benutzen einen schaurigen Ort, kaum kann man hineintreten. Am ersten Tag versuchten wir es erst mit Spülwasser. Aber die Rohre sind verstopft. Schlimm ist, daß uns die Russen dabei auflauern. Wir machen es jetzt so, daß wir zwei Wachen stellen, wenn die dritte den Ort aufsuchen muß: eine Wache an jedem Gang-Ende. Seife und Bürsten nehmen wir immer mit, da sowas sonst verschwindet.

Über Mittag hockten wir eine Stunde auf unseren umgekippten Schubladen in der Sonne, aßen fette Suppe und dösten. Dann wieder gewaschen, gewaschen. Naßgeschwitzt gingen wir gegen 19 Uhr nach Hause. Wieder konnten wir uns durch das Seitenpförtchen heimlich verkrümeln.

Zu Hause wohlige Körperwäsche, nettes Kleid, stiller Abend. Ich muß nachdenken. Groß ist unsere geistige Not. Wir warten auf ein Herzenswort, das uns anspricht und uns zurückholt ins Leben. Unsere Herzen sind leer gelaufen, es hungert uns nach Speise, nach dem, was die katholische Kirche »Manna Seelenbrot« nennt. Ich möchte wohl, wenn ich am nächsten Sonntag frei haben und wieder Gottesdienst sein sollte, eine Kirche aufsuchen – möchte sehen, ob die Menschen dort Seelenbrot finden. Unsereiner, der zu keiner Kirche gehört, quält sich in der Finsternis und allein. Die Zukunft liegt bleiern auf uns. Ich stemme mich dagegen, versuche, die Flamme in mir brennend zu erhalten. Wozu? Wofür? Was ist mir aufgegeben? Bin so hoffnungslos allein mit alldem.

## Dienstag, 29. Mai 1945

Wieder Waschtag, lang und heiß. Diesmal hagelte es förmlich Hosen und Blusen. Eine Bluse verschwand von der Leine, anscheinend eine besonders gute, Eigentum eines Offiziers. Niemand, nicht mal der Bestohlene, kam auf den Gedanken, daß eine von uns sich an dem Stück vergriffen haben könnte. Wohl gab es Geschrei unter den Männern; doch man merkte, daß sie den Diebstahl hinnahmen wie ein Naturereignis. Das Diebische liegt tief in ihnen drin. Als ich drüben war, bin ich, vor allem in der ersten Zeit, so ziemlich um alles Stehlbare bestohlen worden: Handtasche, Aktenmappe, Mantel, Handschuhe, Weckeruhr, zum Trocknen ins Bad gehängte Strümpfe. Einmal ist mir in einem Büro, in dem sich drei Angestellte befanden, eine kleine Schere gestohlen worden – genau in der Minute, in der ich mich zu einer Schublade hinunterbückte, um ein Photo herauszusuchen. Als Dieb kam nur eine der drei hier Anwesenden in Frage – lauter freundliche, manierliche Büro-Angestellte. Ich wagte kein Wort über den Diebstahl zu sagen, wühlte stumm auf dem Schreibtisch herum, hatte einen roten Kopf für den Dieb – während die drei im Büro ganz unbefangen ihre Arbeit weiter taten. Wer es gewesen sein könnte, weiß ich bis heute nicht. Ich weiß bloß, daß es damals für gewöhnliche Russen keine solchen Scheren zu kaufen gab. Bestimmt wächst das Klauen aus der Armut, es reißt ja jetzt auch bei uns ein. Aber die Russen haben eine ganz besondere, treuherzige und selbstverständliche Art bei ihrem Stibitzen. Das ist nun einmal so – was kannst du da machen?

Den ganzen Tag umbuhlten uns die Burschen wieder mit ihrem stereotypen Angebot: »Speck, Eier, schlafen zu Chause.« Einer wich mir nicht von der Seite, wies mir heimlich einen deutschen Zwanzigmarkschein, legte einen zweiten Zwanziger dazu, wenn ich mal eben schnell mit ihm dort drin in der Baracke... Das gleiche hat er vorher schon der kleinen Gerti geboten.

Heute wusch eine Russin an unserer Seite, die Frau oder Freundin eines Hauptmanns, eine hochbusige Blonde. Sie wusch kunstseidene Männerhemden und sang dazu auf Lalala einen deutschen Schlager, den sie wohl von einer Grammophonplatte hat. Gerti und meine andere Mitwäscherin, beide tonreine Sängerinnen, stimmten ein. Die Russin lächelte uns zu. Es wehte eine freundliche Luft.

Draußen schönstes Trockenwetterchen, Sonne und Wind. Die meisten Russen pennten irgendwo im Gelände. Niemand kam, uns zu kneifen und zu knutschen. Wir wuschen bloß so vor uns hin. Irgendwie gerieten wir auf Gedichte. Es zeigte sich, daß die kleine Gerti ihr halbes Schullesebuch auswendig weiß. Ich tat mit; und eine Weile tönte es über die Waschbütte von Mörike, Eichendorff, Lenau und Goethe. Gerti, mit gesenkten Wimpern: »Warte nur, balde – ruhest du auch.« Und, seufzend: »Wär's nur erst soweit.« Die andere Wäscherin schüttelte sich. Sie ist fast zweieinhalbmal so alt wie die kleine Gerti, hat aber nichts mit dem Sterben im Sinn. Ihre ständige Rede ist: »Es geht alles vorüber.«

Müde kam ich gegen 20 Uhr heim. Da stellte es sich heraus, daß »heim« nicht mehr stimmt. Unsere Zufallsfamilie ist geplatzt. Herr Pauli hat der Witwe angesichts des beinah geleerten Kartoffelkorbes den längst fälligen Krach gemacht und gefordert, daß man mich nicht länger hier mitessen und mitwohnen lassen solle. Tja, meine Aktien stehen niedrig, seit Nikolai sich in Luft aufgelöst hat und weit und breit keine neue »Anschlafe« in Sicht ist. Die Witwe würgte und druckste herum, als sie mich im Korridor abfing, um mir die Hiobsbotschaft zu versetzen. Einerseits mag sie mich. Die schlimmen Tage haben uns verbunden. Andererseits kennt sie Herrn Pauli länger als mich, fühlt sich ihm zugehörig, erhofft von ihm für die Zukunft eine gewisse Sicherstellung. Sie mag ihn nicht vergrämen.

Ich: »Gott sei Dank, daß ich weiß, woran ich bin. Mir hat schon seit langem kein Bissen mehr geschmeckt hier.

Ich war froh, daß ich die letzte Woche mein Essen bei den Russen hatte.«

Freilich weiß ich noch nicht, wovon ich die nächste Woche leben soll, wenn die Arbeit beim Russen zu Ende geht und ich allein oben in der Dachwohnung vor leeren Schränken sitze, angewiesen auf das bißchen Zuteilung, das wir kriegen sollen, aber immer noch nicht gekriegt haben. Ich packte mein Krämchen, meine paar Löffel und Lumpen, zockelte damit treppauf; schlafe aber noch ein letztes Mal in der Wohnung der Witwe, wo ich jetzt dies schreibe. Waisenkind muß wandern. Das Bitterste im Leben einer alleinstehenden Frau ist, daß sie immer wieder, sooft sie in eine Art von Familienleben gerät, nach einer Weile stört, zuviel ist, dem einen mißfällt, weil sie dem anderen gefällt, und am Ende um des lieben Friedens willen ausgestoßen wird. Nun doch Tränenschmiere auf dieser Schreibseite.

## Mittwoch, 30. Mai 1945

Der letzte Waschtag. Ab morgen sind wir frei, wir alle. Die Russen schnürten ihre Bündel, überall war Aufbruchstimmung. Drinnen unterm Waschkessel hatten sie eigenhändig Feuer gemacht; ein Offizier wollte baden. Die Mannschaften schrubbten sich im Freien, in Schüsseln, die sie auf Stühle gestellt hatten; mit nassen Handtüchern rubbelten sie sich die breiten Brustkästen blank.

Heute habe ich eine Eroberung gemacht: Mit Gesten und Deutschbrocken gaben mir unsere jungen Knutscher zu verstehen, daß »der da« sich in mich verliebt habe und bereit sei, alles für mich zu tun, wenn ich … »Der da« erwies sich als ein großer, breiter Soldat; ein Bauerngesicht mit treuherzigen Blauaugen, schon graue Schläfen. Er schaute verschämt weg, als ich zu ihm hinblickte, näherte sich dann schrittchenweise, nahm mir den schweren Wassereimer ab und trug ihn für mich zur Waschbütte. Ein ganz neues Muster! Auf den tollen Einfall ist bisher keiner gekommen. Dann, noch größere Überraschung, sagte er auf deutsch, ganz ohne russischen Akzent: »Morgen geht es fort, weit fort von hier.« »Hier« sagt er, nicht »chier«. Ich war gleich im Bilde. Ein Volksdeutscher. Er bestätigte das, ja, er ist an der Wolga daheim, Deutsch ist seine – leicht eingerostete – Muttersprache. Den ganzen Tag war er um mich herum, bevaterte mich mit freundlichen Äuglein. Den Knutschdreh hat er nicht, ist eher schüchtern, ein Bauer. Bloß immerzu der hundetreue Blick, in den er alles mögliche hineinzulegen versuchte. Solange er in meiner Nähe war, ließ das Gekneife und Geschiebe der Männer um unsere Waschbütte herum nach.

Wir plagten uns wieder redlich zu dritt. Die kleine Gerti war heute äußerst vergnügt, sang und trällerte in einem fort. Sie ist so froh, weil sie seit heute weiß, daß es kein kleiner Rußki geworden ist, damals auf dem Sofa. Wobei ich mir überlege, daß ich jetzt eine Woche überfällig bin. Trotzdem hab ich keinerlei Vorgefühle, glaube immer noch, daß ich durch mein innerliches »Nein« mich dagegen habe zusperren können.

Die glückliche Gerti hatte arge Schmerzen. Wir suchten sie ein bißchen zu schonen, wuschen ihr die Sachen weg. Der Tag war grau und schwül, die Stunden schlichen. Gegen Abend kamen die Russen einer nach dem anderen daher und holten sich die mittlerweile getrockneten Sachen. Einer drückte ein zierliches Damentaschentuch mit Häkelsaum ans Herz und sprach, die Augen schwärmerisch verdreht, bloß ein Wort: den Ortsnamen »Landsberg«. Auch so ein Romeo, wie mir deucht. Vielleicht wird auch Petka in seinen sibirischen Wäldern dereinst seine Holzfällerpratze aufs Herz drücken und mit ähnlich verdrehten Augen meinen Namen murmeln – falls er mich nicht noch nachträglich holzhackend verflucht.

Im Abreisegetümmel brachte uns der Koch heute kein Truppenessen. Wir mußten die Graupensuppe in der Kantine mitschlappern. Dort ging die Parole um, daß der uns vorige Woche zugesagte Lohn von acht Mark pro Tag niemals ausgezahlt werde, daß alles Geld von den Russen eingesteckt worden sei. Dazu eine zweite, noch wildere Parole: Im Radio sei gesagt worden, daß ein Mongolensturm sich über Berlin ergießen werde, daß selbst Stalin diese Horden nicht bändigen könne und ihnen drei Tage Plünder- und Schändefreiheit habe gewähren müssen und allen Frauen anrate, sich in den Häusern zu verstecken ... Der blanke Irrsinn, zweifellos. Aber die Frauen glauben's und schnattern und jammern durcheinander, bis unsere Dolmetscherin dazwischenfährt. Ein starkes Frauenzimmer, Dragonertyp. Sie duzt uns alle und tutet mit unseren Antreibern ins selbe Horn, obwohl sie keinen Auftrag dazu hat, sondern als Arbeiterin hergetrieben worden ist wie wir alle, bis sie dank ihrer paar Brocken Russisch (sie stammt aus dem polnischen Oberschlesien) zur Dolmetscherin aufgestiegen war. Was die sprachlich kann, kann ich lange. Ich bin aber heilfroh, daß ich nicht damit herausrückte. Ich hätte äußerst ungern Befehle und Treiberrufe übersetzt. Wir fürchten uns alle vor dieser Dolmetscherin. Sie hat spitze Eckzähne und einen grellen, boshaften Blick. So stelle ich mir Aufseherinnen im KZ vor.

Am Abend in der Kantine wurde uns die Entlassung kundgetan. Nach unserem Sold, so hieß es, sollten wir nächste Woche im Rathaus fragen, Zimmer soundso, Kasse. Vielleicht gibt es dort wirklich Lohn, vielleicht auch nicht. Wir müssen es abwarten. Ich habe der kleinen Gerti und meiner anderen Mitwäscherin die Hand gedrückt – vorsichtig, denn wir haben alle drei aufgewaschene Hände – und ihnen alles Gute auf den Weg gewünscht. Gerti will nach Schlesien zurück, wo ihre Eltern leben. Oder lebten. Man weiß ja nichts.

## Donnerstag, 31. Mai 1945

Heute fing mein selbständiges Hungerdasein in der Dachwohnung an. Ich glaube, mein Drauflosfuttern bei der Witwe geschah aus instinktiver Voraussicht. Ich wußte ja, es konnte nicht dauern. Drum hab ich so viel in mich hineingestopft, wie hineinging. Das kann mir jetzt keiner nehmen. Um so härter ist der Übergang von der Fettlebe zum Beinah-Nichts. Vorräte hab ich nicht. Zuteilungen gab es bisher fast keine. Bleibt das Brot, das wir pünktlich bekommen. Für mich sind es 300 Gramm pro Tag, sechs graue Roggenbrötchen, die ich leicht zum Frühstück schaffe. Allerdings mußte ich heute mangels Brötchen ein Tausendgramm-Brot nehmen. Hab ein Kreuz darüber gezeichnet, wie es Mutters fromme Mutter tat. Möge mir das Brot hier oben nie fehlen. Die drei Tagesdrittel habe ich mir mit Kerben in die Brotrinde markiert. Fett zum Draufstreichen ist keins da. Die Trockenkartoffel und der Rest Erbsmehl, mir von der Witwe in meinen Haushalt mitgegeben, reichen für zweimal Mittagessen. Für den Abend ist nichts Rechtes da außer Brennesseln. Das macht einen so matt. Jetzt, wo ich dies schreibe, hab ich ein Gefühl, als sei mein Kopf ein Luftballon, der gleich davonfliegen könnte. Und bücke ich mich, so wird mir schwindlig. Der Übergang ist zu kraß. Trotzdem freue ich mich, daß ich die paar fetten Wochen hatte. Davon bleibt mir Kraft. Einmal werden die Zuteilungen wohl in Gang kommen. Auf einen russischen Versorger kann ich nicht mehr rechnen. Damit ist es vorbei.

Hab heute den ganzen Tag in der Dachwohnung geschuftet. Ein Tag des völligen Schweigens und Alleinseins, der erste seit langem. Dabei hab ich entdeckt, daß inzwischen der Radio-Apparat des Wohnungsinhabers verschwunden ist. An der Stelle, wo er gestanden hat, sieht man im Kalk Händespuren; ja richtige Fingerabdrücke. Material für einen Sherlock Holmes. Ich schlußfolgerte, daß sich die Herren Dachdecker hier bereichert haben, will ihnen nun meinerseits aufs Dach steigen. Die Adresse kriege ich bei der Haushälterin unseres in Westdeutschland versackten Hauswirts. Sie spielt an seiner Statt im Hause Autorität und kassiert derzeit die Juni-Mieten ein. Die Mai-Mieten fallen von Amts wegen aus – der Monat Mai 1945 zählt bürgerlich nicht mit.

## Freitag, 1. Juni 1945

Aus den Balkonkästen sprießt kraus der Kerbel, rundblättrig der Borretsch. Ich freue mich am Morgen über das kleine grüne Leben. Zum Frühstück gab es drei Brotschnitten, bestrichen mit einem Kleister, den ich mir selbst aus Trockenhefe und Wasser gemischt habe. Schmalhans regiert.

Trotzdem bin ich zu einem großen Marsch aufgebrochen, diesmal nach Steglitz, zu einer jungen Sekretärin aus meiner ehemaligen Firma.

Berlin säubert sich. Die Kinder sehen wieder gewaschen aus. Überall sieht man Familienkarawanen mit Handwagen – Flüchtlinge aus Berlins Umgebung, die heimzu streben. Da und dort an den Mauern und Laternenpfählen kleben Zettel, welche die Schlesier und Ostpreußen zu Sammeltransporten in die Heimat aufrufen. In Richtung Westen soll es schwieriger sein, noch ist die Elbe unpassierbar. Dort haben Rußki und Ami sich getroffen, dort feiern sie, wie es im Radio hieß, noch immer Verbrüderung.

Unterwegs kam ich an langen Frauenketten vorbei, blau und grau zogen sie sich über Trümmerberge. Eimer wanderten von Hand zu Hand. Rückkehr zu den Pyramidenzeiten, bloß, daß wir nicht aufbauen, sondern abtragen.

Das Haus stand noch, sah aber stark durchgepustet aus. In der Wohnung Brandspuren und Mauerrisse. Die Tapeten hängen in Fetzen; doch in Hildes Zimmerchen Blumen in den Vasen. Ich redete, da Hilde sonderbar still blieb, hastig auf sie ein, suchte allerlei Komisches zusammen, um sie zum Lachen zu bringen. Bis sie selber zu reden anfing. Da schwieg ich betreten.

Hilde war im dunkelblauen Kleid, weil sie kein schwarzes hat. Am 26. April hat sie ihren einzigen Bruder verloren. Während Mutter und Schwester im Keller zurückblieben, ging er hinauf auf die Straße, um die Lage zu peilen. Ein Granatsplitter riß ihm die Schläfe auf. Deutsche fledderten den Toten. Andere trugen die entkleidete Leiche in ein nahes Kino. Erst zwei Tage später fand Hilde, die überall herumsuchte, dort den Bruder. Mutter und Tochter fuhren ihn auf einem Handwagen zum Volkspark, hoben mit dem Spaten ein flaches Grab aus und betteten den in seinen Regenmantel gehüllten Siebzehnjährigen hinein. Dort liegt er noch. Gerade war die Mutter hingegangen, Flieder auf die Grabstelle zu bringen.

Von den Russen haben weder Mutter noch Tochter etwas abbekommen. Die vier Treppen zu ihrer Wohnung schützten; zudem ist das Treppengeländer vom dritten Stock ab zerbrochen, man glaubt nicht, daß höher noch jemand haust. Hilde berichtete, daß bei ihnen im Keller in der Eile auch eine aufgeschossene Zwölfjährige »mit verschlissen« wurde. Zum Glück war ein Arzt in Reichweite, kam ihr nachher zu Hilfe. Einer anderen Frau im Haus wurde von einem durchbrausenden Russen ein dreckiges Taschentuch hinterlassen, in das allerlei Schmucksachen eingeknotet waren – ein Goldschatz, über dessen Fabelwert im Hause die tollsten Gerüchte umgehen.

Das alles erzählt Hilde ganz unbewegt. Sie hat ein anderes Gesicht bekommen, sieht aus wie versengt. Sie ist auf Lebenszeit gestempelt.

Zurück machte ich einen Umweg, um meine Freundin Gisela aufzusuchen. Immer noch hat sie die zwei verlassenen Breslauer Exstudentinnen bei sich. Drei schmutzige Mädchen; sie hatten am Morgen etliche Stunden lang in der Frauenkette Trümmer abtragen müssen. Die blonde Hertha lag mit glührotem Kopf auf dem Sofa. Die Ärztin, die nebenan wohnt, hat auf Eierstockentzündung diagnostiziert. Zudem ist Hertha mit hoher Wahrscheinlichkeit schwanger. Sie bricht am Morgen das bißchen Trockenbrot aus. Der Mongole, der sie aufbrach, hat sie viermal hintereinander gehabt.

Zu Mittag hatten die drei Frauen eine dünne Mehlsuppe. Ich mußte mitessen, um sie nicht zu kränken. Auch hatte ich argen Hunger. Gisela schnippelte uns Brennnesseln hinein, die in den Balkonkästen wild wachsen.

Heimzu, und hinauf in meine Dachwohnung. Bild unterwegs: Schwarzer Sarg, stark riechend, da geteert, auf einem Handwagen mit Strippe festgezurrt. Mann und Frau schoben; ein Kind hockte obendrauf. Anderes Bild: Ein Müllwagen der Stadt Berlin. Sechs Särge darauf; einer diente den Müllkutschern als Sitzbank. Sie frühstückten im Fahren, reichten eine Bierflasche herum, hoben sie reihum zum Mund.

## Samstag, 2. Juni 1945

Ich habe Besuch bei dem einen der Dachdecker gemacht und schlankweg an seiner Tür erklärt, daß ich gekommen sei, den Radio-Apparat, der aus meiner Dachwohnung verschwunden sei, wieder abzuholen. Zuerst tat der gute Mann ahnungslos: Er wisse von keinem Apparat, ich müsse mich irren.

Ich ließ einen schmutzigen Trick spielen: Zeigte ihm den alten Zettel vom Rathaus vor, auf dem zu lesen steht, daß ich dem Ortskommandanten als Dolmetscherin zugewiesen bin, und behauptete, daß mir jederzeit ein Russe zu eventueller Haussuchung zur Verfügung stünde. Worauf dem Mann die Erinnerung sogleich wiederkehrte: Ach ja, es könnte sein, daß sein Kollege, übrigens hier im gleichen Hause wohnhaft, den Apparat, der herrenlos herumgestanden, mitgenommen habe, um ihn sicherzustellen. Er hieß mich warten, kletterte eine Treppe höher und kehrte drei Minuten später mit dem – eingepackten, noch verschnürten – Apparat zurück. Sogar das Packpapier haben sie, wie ich gleich sah, aus der Dachwohnung genommen.

Die Macht als Druckmittel. Ich habe mit Hilfe eines Papierchens Macht vorgetäuscht. Der Trick zog prompt. Ich bin überzeugt, daß ich anders das Radio nicht zurückbekommen hätte. Trotzdem blieb ein klebriges Gefühl. Aber vermutlich bewegen sich mit Hilfe solcher Tricks die meisten Lebensmechanismen weiter – Ehen, Firmen, Staaten, Heere.

Über Mittag lag ich auf dem Balkon der Dachwohnung in der Sonne. Dabei schaute ich gradenwegs in das Fenster gegenüber. Eine Frau trat dort die Nähmaschine und steppte rote und blaue Streifen aneinander. Schnitt dann aus einem weißen Lappen Kreise heraus, zackte die Ränder zu Sternen. Stars and Stripes. Das soll eine amerikanische Flagge werden. Auf der Treppe hat mich die Grindige schon gefragt, wieviel Sterne die amerikanische Flagge haben müßte. Ich wußte nicht genau, ob 48 oder 49, verwies die Grindige auf das Lexikon der Witwe. Eine mühselige Flagge für deutsche Handnäherinnen, mühselig schon in den Farben; noch mühseliger im Muster. Wie einfach dagegen die russische Flagge: man braucht nur von den alten Hakenkreuzfahnen, die sich in jedem unverbombten Haushalt finden, das weißschwarze Hakenkreuzmotiv abzutrennen; auf das Rot gilt es dann in Gelb Hammer und Sichel und Stern aufzunähen. Ich sah rührend krumme Hämmerlein und verbogene Sicheln. Am besten gelingt die Trikolore; denn auch die Franzosen sind Sieger: Einfach blau und weiß und rot, drei Streifen senkrecht aneinandergesteppt, und fertig. Für das Rot nehmen die meisten Näherinnen Inletts oder Nazifahnenreste. Lakenreste für Weiß finden sich leicht. Problem ist auch hier das Blau. Ich sah, wie man Kinderkleider und Tischdecken dafür zerschnitt. Die Witwe hat für Hammer, Sichel, Sowjetstern eine alte gelbe Bluse geopfert. Nach ihrem Lexikon ist auch der britische Union Jack zusammengefummelt worden; nur, daß er nicht flattert, sondern wie ein Brett von der Fahnenstange absteht – steif durch etliche Meter Wäschelitze, die auf den Untergrund aus blauem Schürzenstoff aufgesteppt sind, um die roten Diagonal- und Kreuzstreifen festzuhalten.

Sowas ist auch nur in diesem Lande möglich. Ein Befehl erging – ich weiß nicht, woher –, daß mit den Fahnen der vier Sieger zu flaggen sei. Und siehe da, die deutsche Hausfrau zauberte aus dem Beinah-Nichts diese Fahnen. Wäre ich Andenkensammler aus Siegerland, so würde ich nachher herumgehen und diese wunderlichen Fetzen, so unterschiedlich in Farbe, Form und Stoff, als Kuriositäten einsammeln. Überall in unserer Straße kamen im Lauf des Nachmittags rührend schiefe, verschossene, puppenhafte Läppchen an den Häusern zum Vorschein.

Gegen 17 Uhr erschien unerwartet bei mir Ilse R., die ich vor beinah zwei Wochen in Charlottenburg besucht habe. Sie kam den weiten Weg daher, und sogar auf hohen Absätzen, da sie keine anderen Schuhe hat, feine Dame, die sie einmal war. Sie kam mit einem Plan. Ihr Mann kennt einen Ungarn, den es kurz vor dem Krieg nach Deutschland verschlagen hat. Der Ungar hat, so sagt sie, einen ganzen Packen US-Dollars. Damit will er etwas gründen. Am lohnendsten scheint ihm ein Verlag, in dem er Zeitungen, Zeitschriften und Bücher zu publizieren gedenkt. Denn, so behauptet er, alle alten Verlage seien tot, da sie ja mit den Nazis paktierten. Also gehört jetzt dies ganze Feld dem Ersten, der mit einer weißen Weste aufkreuzt und Papier auftreibt. Mich wollen sie dazu haben, weil ich Verlagstraining habe und einen Umbruch machen kann. Ich kenne den Ungarn nicht, hab nie zuvor von ihm gehört, halte das Ganze für Wind. Aber vielleicht irre ich mich. Jedenfalls habe ich zugesagt. Sobald die Firma steht, würde ich eine Arbeitsbescheinigung bekommen – und damit Karte II und 500 Gramm Brot am Tag statt 300 Gramm. Nicht auszudenken!

Während Ilse bei mir war, kam die Witwe hinzu. Wir schwatzten zu dritt wie ein Damenkränzchen. Bloß Kaffee und Kuchen fehlten, ich hatte nichts anzubieten. Trotzdem waren wir alle drei recht lustig, übertrafen einander in puncto Schändungshumor.

Stiller Abend für mich, verschönt durch das Radiogerät, das ich den Dachdeckern abkämpfte. Hab aber bald wieder abgedreht. Nach Jazz, Enthüllungen, Heinrich Heine und Humanität kamen Lobsprüche auf die Rote Armee, die mir denn doch allzu überzuckert waren. Die sollten lieber gar nichts sagen oder es offen aussprechen: »Strich drunter, und nun ein neues Blatt.«

## Sonntag, 3. Juni 1945

Stiller Morgen, heiße Sonne. Die armseligen, hausgemachten Fähnchen tupfen die Straße bunt. Ich püttjerte in der Wohnung herum, kochte auf der immer wieder versagenden elektrischen Heizplatte meine Graupensuppe. Noch zweimal Suppe, und die Graupen sind weg. Fett hab ich gar keins mehr; es gab noch keine Zuteilung. Doch sagte man mir im Laden, daß russisches Sonnenblumenöl im Anrollen sei. Und ich sah die weiten fettgoldenen Sonnenblumenfelder der Ukraine. Schön wär's ja.

Nach dem Essen folgte mein zweiter Marsch nach Charlottenburg, quer durch das dunstige, verödete Berlin. Meine Beine bewegen sich ganz mechanisch. Ich bin wie eine Gehmaschine.

Bei Ilse und ihrem Mann traf ich den Ungarn; wirklich ist er von wildem Gründungsdrang erfüllt. Ein schwärzlicher Typus mit viereckiger Stirn, in frisch geplättetem Hemd und so gut genährt aussehend, daß ich ihm seine Dollars glaube. Er hielt in ziemlich brüchigem Deutsch einen Vortrag darüber, daß er als erstes eine Tageszeitung zu gründen gedenke. Dies künftige Weltblatt möchte er *Die neue Tat* nennen. Bei uns ist eben jetzt alles neu. Wir diskutierten über Art und Richtung des Blattes. Ein Zeichner war auch dabei; er hat bereits den Zeitungskopf entworfen, sehr keck.

Außerdem will der Ungar mehrere Zeitschriften gründen, eine für Frauen, eine für die reifere Jugend – Blätter zur demokratischen Umerziehung. (Das Wort hat er aus dem Radio.) Ich fragte ihn, wie weit er in seinen Verhandlungen mit den Russen bereits gediehen sei. Worauf er meinte, damit habe es Zeit – erst gelte es, alles Papier aufzukaufen, das in Berlin übriggeblieben sei, um so von vornherein eine Konkurrenz auszuschalten.

Zweifellos hält sich der Ungar für den Ullstein und den Hearst der Zukunft. Er sieht Hochhäuser, wo wir Trümmer sehen, träumt von einem Mammutkonzern. So inspirierend wirkt eine Hosentasche voll US-Dollars.

Trotz meiner Zweifel und Bedenken hab ich mich sogleich mit dem Zeichner zusammengesetzt und Umbrüche für eine Zeitungs-Titelseite entworfen. Der Ungar wünscht Großformat und viele Photos. Was die Druckmaschine betrifft, so macht Ilses Mann als Ingenieur sich dafür stark. Er kennt eine Druckerei, die noch zur Hälfte unter lockerem Brandschutt liegt. Die im Schutt versteckten Maschinen seien, so meint er, bei fachmännischer Behandlung leicht wieder brauchbar zu machen. Ich erwiderte, daß die Freilegung wohl erst stattfinden könne, wenn die russischen Truppen abgezogen seien. Doch Herr R. sagte lächelnd, Maschinen wie diese seien den Siegern zu altmodisch; die hätten Fachleute dabei und seien überall nur auf das Beste und Neueste erpicht.

Ich kam gut heim, bin noch steif in den Beinen von dem schnellen Gehen. Doch fühle ich mich munter und wittere eine Chance.

Jetzt kommt es auf mich selber an. Morgen soll die planende Arbeit für die Zeitschriften beginnen. Als Büro dient uns einstweilen die Wohnung des Ingenieurs. Mein Mittagessen soll ich auch dort erhalten. Ilse hat ein Säckchen Erbsen durchgeschleust. Gut so.

Eine kleine Leckerei hab ich mir für den Abend ausgedacht. Vom Zuckerrest in der Tüte hab ich einen Teelöffel voll in ein kleines Glas gefüllt. Daraus tupfe ich nun mit der Zeigefingerspitze Süßigkeit auf, langsam und bedächtig; ich freue mich auf jedes Abschlecken und genieße die süßen Kristalle auf der Zunge mehr als je eine Schachtel Friedenspralinen.

## Montag, 4. Juni 1945

Früher Marsch nach Charlottenburg, Schwüle. Unsere Zeitschriften bekommen schon ein Gesicht. Ich stellte dafür Texte aus verbotenen Autoren zusammen, soweit sie in Greifweite vorhanden; in Herrn R.s Bücherei oder sonstwo im Hause. Maxim Gorki, Jack London, Jules Romains, Thomas Wolfe, auch ältere Autoren wie Maupassant, Dickens, Tolstoi. Fragt sich nur, wie man, soweit diese Autoren noch nicht frei sind, an die Verlagsrechte kommt, da noch keiner der alten Verlage wieder existiert. Den Ungarn stören solche Nichtigkeiten überhaupt nicht. Er ist fürs Abdrucken. »Wenn nachher einer kommt und fordert Geld, so zahlen wir eben.« Er klopft auf seine Hosentasche. Ein Fahrrad hat er bereits aufgetrieben, er stellt es dem »Verlag«, der einstweilen nur in der Luft besteht, großartig zur Verfügung.

Zu Mittag gab es tatsächlich Erbsensuppe, leider nicht ganz vorschriftsmäßig: Die Erbsen, so sagt Ilse, lassen sich einfach nicht weichkochen. Drum hat sie den ganzen Klumpatsch durch den Wolf gedreht. Es schmeckt rauh wie Sand, läßt sich aber herunterbringen. Dafür war ein Käntchen Speck in der Suppe mitgekocht, ich bekam die Schwarte, weil ich so viel marschieren muß. Müßte mich mal wieder wiegen, hab das Gefühl, daß ich schnell vom Fleisch falle. Alle Röcke schlabbern bereits.

Gegen 18 Uhr Heimmarsch. Die Straßen waren belebt von vielen müden kleinen Karawanen. Woher? Wohin? Ich weiß es nicht. Die meisten Gruppen zogen in Richtung Ost. Die Gefährte glichen einander: Armselige Handkarren, mit Säcken, Kisten, Koffern hoch beladen. Davor, oft in Stricke gespannt, eine Frau oder ein älterer Junge. Hinterdrein kleinere Kinder oder ein karrenschiebender Opa. Fast stets oben auf dem Gerümpel des Karrens noch Menschenwesen: ganz kleine, Kinder oder etwas Altes. Schrecklich sehen diese Alten, ob Mann oder Frau, zwischen dem Kram aus. Fahl, verfallen, schon halb gestorben, teilnahmslose Knochenbündel. Bei Nomadenvölkern, wie den Lappen oder den Indianern, sollen sich die hilflosen Alten früher selber an einem Ast erhängt oder sich im Schnee zum Sterben verkrochen haben. Das christliche Abendland schleppt sie mit, solange sie noch atmen. Viele wird man am Wegrand verscharren müssen.

»Ehret das Alter«, ja – aber nicht auf dem Fluchtkarren, da ist nicht Ort noch Zeit dazu. Hab über die soziale Stellung der Alten nachgedacht, über Wert und Würde derer, die lange lebten. Einstmals waren die Alten die Besitzenden, die über die Habe Herrschenden. In der besitzlosen Masse, zu der wir heute fast alle zählen, gilt das Alter nichts. Es ist nicht ehrwürdig, sondern bemitleidenswert. Doch scheint gerade diese bedrohte Lage die Alten anzustacheln und ihren Lebenstrieb zu schüren. Der desertierte Soldat bei uns im Haus erzählte der Witwe, daß er jeden Brocken Eßbares vor seiner greisen Schwiegermutter wegschließen muß. Sie stiehlt, was sie greifen kann, und verzehrt es heimlich; sie ißt der Tochter und dem Schwiegersohn bedenkenlos die Rationen weg. Sagt man ihr was, so zetert sie, man wolle sie wohl verhungern lassen, sie quasi umbringen, damit man ihre Wohnung erbe … So werden die würdigen Matronen zu Tieren, die sich gierig an ihren Lebensrest krallen.

## Dienstag, 5. Juni 1945

Schlecht geschlafen, Zahnschmerzen. Trotzdem bin ich früh aufgestanden und nach Charlottenburg marschiert. Heute ist wieder überall geflaggt. Zu Tausenden sollen die Alliierten auf dem Flughafen gelandet sein,

Engländer, Amerikaner, Franzosen. Ihnen zu Ehren flattern die putzigen, so ungleichen Fähnchen, Produkte des Wochenend-Fleißes der deutschen Frauen. Unterdes rollen die russischen Lastwagen weiter mit unseren Maschinen von dannen.

Ich trabe und trabe, bleibe die Gehmaschine. Immerhin marschiere ich rund 20 Kilometer pro Tag, bei knappster Nahrung. Die Arbeit macht Spaß. Jeden Tag heckt der Ungar etwas Neues aus. Irgendwo hat er gehört, daß vorerst nur für Schulbücher Papier zugeteilt werden soll. Also fügt er in sein Verlagsprogramm Schulbücher ein. Er tippt auf dringenden Bedarf für zeitgemäße deutsche Lesefibeln und russische Grammatiken, trug mir auf, mir in der Richtung den Kopf zu zerbrechen. Zwischendurch spendierte Ilse eine Tasse Bohnenkaffee. Ab 18 Uhr nahm ich den Heimweg unter die Schuhsohlen (die bereits papierdünn geworden sind). Unterwegs begegnete mir der erste wieder in Betrieb gesetzte deutsche Wagen, ein Bus, der alle halbe Stunde fährt; doch hoffnungslos überfüllt, nicht heranzukommen. Auch sah ich deutsche Schupos, neu in Dienst gestellt; eigentümlich schmächtige Büblein, bemüht, nicht aufzufallen.

Kam naßgeschwitzt mit brennenden Füßen heim. Auf der Treppe fing mich die Witwe ab, mit einer Überraschung: Nikolai war da, er hat nach mir gefragt! Nikolai? Ich mußte eine ganze Zeit nachdenken, bis ich mich wieder auf ihn besann, den Oberleutnant und Banken-Inspizienten aus vergangenen Zeiten; Nikolai, der kommen wollte und nicht kam. »Um acht will er nochmals nachfragen«, sagte die Witwe. »Er wird gleich oben bei dir klingeln. Freust du dich?«

»Je ne sais pas«, antwortete ich, in der Erinnerung an Nikolais französische Sprachkenntnisse. Ich wußte wirklich nicht, ob ich mich freuen sollte. Nachdem Nikolai sich bereits zweimal in Luft aufgelöst hatte, erschien mir sein leibhaftiges Kommen ganz unglaubhaft. Auch lag die Zeit zu weit zurück. Ich mochte nicht daran erinnert werden. Und ich war so müde.

Kaum hatte ich mich flüchtig gewaschen und mich, wie ich es nach diesem Gewaltmarsch stets tue, lang hingehauen, um eine Stunde zu schlafen, da ging die Klingel. Nikolai, wahrhaftig. Im Halbdunkel des Flurs tauschten wir französische Phrasen. Als ich ihn ins Zimmer bat und er mich im Hellen sah, erschrak er sichtlich: »Was ist denn? Wie sehen Sie aus?« Er fand mich abgemagert und elend, wollte wissen, wie das in so kurzer Zeit möglich sei. Tja, viel Arbeit und endlose Märsche bei viel Hunger und wenig Trockenbrot – dabei fällt man vom Fleische. Sonderbar, daß mir selber die Veränderung gar nicht so aufgefallen ist. Man hat keine Gelegenheit, sich zu wiegen; und in den Spiegel schaut man auch nur flüchtig. Aber daß es so arg sein soll?

Wir saßen einander am Rauchtisch gegenüber. Ich konnte bei meiner Müdigkeit das Gähnen nicht unterdrücken, fand keine Vokabeln mehr in meinem Kopf, war so dösig, daß ich gar nicht begriff, wovon Nikolai redete. Zwischendurch rappelte ich mich zusammen, gab mir Befehl, nett zu ihm zu sein; er selber war sehr freundlich, aber fremd. Offenbar hat er mit einem anderen Empfang gerechnet. Oder das bleiche Gespenst, in das ich mich verwandelt habe, gefiel ihm einfach nicht mehr. Schließlich kapierte ich, daß Nikolai auch diesmal nur gekommen war, um Abschied zu nehmen, daß er bereits außerhalb von Berlin steckt und heute nur auf einen Tag in Berlin zu tun hatte, zum letzten Mal, wie er sagte. Also brauchte ich ihm kein freundliches Gesicht zu zeigen, brauchte kein Interesse für ihn zu heucheln. Dabei verspürte ich die ganze Zeit über ein stilles Bedauern darüber, daß es mit Nikolai so gekommen ist. Er hat ein gutes Gesicht. Beim Abschied, im Hausflur, drückte er mir etwas in die Hand, flüsterte dazu: »En camerades, n'est-ce pas?« Es waren Geldscheine, über 200 Mark. Und er hat, außer ein paar halb vergähnten Redensarten meinerseits, nichts dafür gehabt. Gern würde ich mir für dies Geld etwas zu essen kaufen, und wenn es nur ein Abendbrot für heute wäre. Doch in solchen Zeiten hält jeder fest, was er hat. Da stirbt der Schwarze Markt.

## Mittwoch, 6. Juni 1945

Wieder ist es Abend, und die Gehmaschine ist heimgekehrt. Draußen rinnt der Regen. Drinnen, o Freude, rinnt nun auch in meiner Dachwohnung das Wasser aus der Leitung. Hab die Badewanne gefüllt und mich mit Wassergüssen überschüttet. Vorbei das mühselige Treppenklimmen mit den schweren Wassereimern.

Wieder ein strammer Arbeitstag. Ich war mit dem Ungarn unterwegs, wegen der Miete von Arbeitsräumen. Vorher waren wir auf dem Rathaus, wo der Ungar sich Papiere besorgte, Stempel und Unterschriften, die seine Pläne und seine Unbescholtenheit bezeugen sollen. Ich sah dort wunderliche Figuren: Tanzjünglinge; eine getauchte Jüdin, die von ihrer Nasenoperation erzählte; einen ältlichen Mann mit brandrotem Assyrerbart, Maler von »entarteten« Bildern. Sie kriechen aus allen Löchern; Typen, wie man sie seit Jahren nicht sah.

Mit Ilse und ihrem Mann nach einem Täßchen echtem Bohnenkaffee hitzige Diskussion: Soll Herr R. einem Angebot folgen und nach Moskau gehen? Man bietet ihm eine führende Stellung, gutes Geld… Aber Ilse wehrt sich mit Händen und Füßen, schon weil der Mann vorerst allein fahren müßte. Aber auch er will nicht heran. Er möchte weiter westliche Luft atmen, hat bei unserer

Verlagsplanerei Mut gefaßt und hofft, eines Tages doch wieder das alte Männerspiel um Geld und Macht und größere Autos mitspielen zu können.

Heute verhandeln die Alliierten miteinander. Das Radio spuckt Reden, läuft über von den schönen Sprüchen, mit denen unsere Exgegner einander feiern. Ich verstehe bloß, daß wir Deutschen im Eimer sind, Kolonie, preisgegeben. Ich kann nichts dran ändern, muß es schlucken; will versuchen, mein kleines Schiff durchzusteuern. Harte Arbeit, spärliches Brot – doch die alte Sonne am Himmel. Und vielleicht spricht das Herz noch einmal. Was hab ich alles gehabt in meinem Leben – überreichlich!

## Donnerstag, 7. Juni 1945

Heute hatte die Gehmaschine einen Tag Urlaub. Früh schon stand ich beim Gemüsefritzen an, nach Kürbis. Leider erwies sich das Zeug nachher als salzlakig – ich brachte es nicht herunter. Zum Glück bekam ich zwei Platten Trockengemüse, genannt »Drahtverhau«, und eine Tüte Trockenkartoffel. Dazu hab ich mir in den Vorgärten vor den Ruinen einen Beutel voll Brennesseln gezupft, pflückte vornehm mit meinen im Luftschutzgepäck geretteten Fischhaut-Handschuhen. Mit Gier hab ich das Grünzeug verschlungen, hab auch den grünen Kochsud ausgetrunken, fühlte mich richtig aufgefrischt.

Rechnete mir dann aus, daß ich nun mehr als zwei Wochen überfällig bin, und stiefelte sieben Häuser weiter, wo das Praxisschild einer Ärztin hängt, obwohl ich nie zuvor dort gewesen war, gar nicht wußte, ob sie bereits wieder praktiziert. Ich traf eine blonde Frau, nicht viel älter als ich, die in einer durchgepusteten Bude amtiert. Statt der Scheiben hat sie alte Röntgenfilme mit fremden

Brustkästen darauf in die Fensterrahmen eingefügt. Sie ließ sich auf kein Geplauder ein, sondern ging gleich aufs Ziel los. »Nein«, sagte sie nach der Untersuchung, »nichts festzustellen, alles in Ordnung.«

»Aber ich bin im Rückstand. Sowas kenn' ich sonst gar nicht.«

»Was glauben Sie, wie vielen es jetzt so geht. Ich bin auch im Rückstand. Das liegt an der Ernährung. Da spart der Körper mit Blutungen. Sehen Sie zu, daß Sie wieder was an die Rippen kriegen. Dann kommt auch der Turnus in Ordnung.«

Sie forderte 10 Mark, und ich gab sie ihr mit schlechtem Gewissen. Was kann sie schon groß damit anfangen? Zum Schluß riskierte ich die Frage, ob nicht auch tatsächlich von Russen geschwängerte Frauen daherkämen und um Hilfe bäten.

»Davon spricht man wohl besser nicht«, sagte sie herb und entließ mich.

Stiller Abend, ganz für mich. Windstöße fegen durch die leeren Fensterrahmen, wirbeln Staub ins Zimmer. Wo ziehe ich bloß hin, wenn eines Tages der Wohnungsinhaber heimkehren sollte? Fest steht jedenfalls, daß ohne mein Vorhandensein die Dachwohnung längst von Dachdeckern und anderen Landsleuten ausgeräumt wäre. Fremde Möbel verheizen sich besser als eigene.

## Freitag, 8. Juni 1945

Wieder war die Gehmaschine unterwegs. Heute wunderliches Erlebnis: Inzwischen ist probeweise ein Teilstück der S-Bahn wieder in Betrieb genommen worden. Ich sah oben auf dem Bahnsteig die roten und gelben Wagen stehen, klomm treppauf, löste für zwei von unseren alten Groschen eine Fahrkarte und stieg ein. Drinnen saßen die Leute so feierlich auf den Bänken. Sogleich rückten zwei zusammen und machten mir Platz. Es war eine Sausefahrt durch Sonne und Trümmerwüsten. All meine mühseligen, endlosen Gehminuten flogen an mir vorbei. Es tat mir ordentlich leid, daß ich schon so bald wieder aussteigen mußte. Die Fahrt war so nett, wie ein Geschenk.

Hab heute fleißig geschafft. Zusammen mit Ilse hab ich einen Aufriß für das erste Heft der geplanten Frauenzeitschrift gemacht. Bloß die Titel unserer Blätter stehen noch nicht fest; wir knobelten gemeinsam daran herum. Auf jeden Fall soll in jedem Titel das Wort »neu« vorkommen.

Seltsam traumhafter Tag, ich sah Menschen und Dinge wie durch Schleier. Heimweg auf wunden Füßen, bin schlapp vor Hunger. Bei Ilse gibt es jetzt nur noch einen Teller Erbsensuppe, für jeden zwei Suppenkellen voll, um den Vorrat zu strecken. Mir war, als ob alle Vorübergehenden aus hohlen Hungeraugen schauten. Morgen will ich wieder Brennesseln suchen. Ich peilte unterwegs schon jeden Flecken Grün darauf an.

Allerorten spürt man die Angst ums Brot, um Leben, Arbeit, Lohn, um den kommenden Tag. Bittere, bittere Niederlage.

## Samstag, 9. Juni 1945

Wieder ein Ruhetag für mich. Wir sind übereingekommen, daß ich, solange ich nicht mehr zu essen habe, nur jeden zweiten Tag den mühsamen 20-Kilometer-Marsch antreten soll.

In dem Geschäft, wo ich eingetragen bin, bekam ich auf Marken Grütze und Zucker; wieder zwei oder drei Mahlzeiten gesichert. Dazu hab ich mit meinen vornehm behandschuhten Händen einen ganzen Berg Brennesseltriebe gezupft, hab auch Melde und Löwenzahnblätter gesammelt.

Am Nachmittag war ich zum ersten Mal seit undenklichen Zeiten wieder beim Friseur. Hab mir ein Pfund Schmutz aus dem Haar waschen und Wasserwellen legen lassen. Der Friseur ist irgendwoher aufgetaucht, hat sich in den ziemlich durchgewühlten Laden eines verschollenen Kollegen gesetzt, den sie noch in letzter Minute zum Volkssturm geholt haben und dessen Familie nach Thüringen evakuiert sein soll. Ein Spiegel ist noch heil, eine verbeulte Haube noch halbwegs brauchbar. Völlig friedensmäßig war des Friseurs Redensweise: »Jawohl, gnä' Frau, gewiß doch, gern, gnä' Frau ...« Ich kam mir ganz fremd vor bei diesen beflissenen Redensarten. Die »gnä' Frau« ist gewissermaßen eine Binnenwährung, eine Münze, die nur unter uns gilt. Vor der Welt sind wir Trümmerweiber und Dreck.

## Sonntag, 10. Juni 1945

Das Radio meldet, daß die Kriegsverwaltung der Russen doch nach Berlin kommt und daß Rußland künftig bis an Bayern, Hannover und Holstein heranreicht; daß die Engländer Rhein und Ruhr bekommen und die Amerikaner Bayern. Verworrene Welt, zerschnittenes Land. Seit einem Monat haben wir nun Frieden.

Besinnlicher Vormittag bei Sonne und Musik. Ich las in Rilke, Goethe, Hauptmann. Tröstlich, daß auch die zu uns gehören und von unserer Art sind.

Um halb zwei Uhr mittags brach ich auf. Schwüler Marsch durch das noch immer leere, stumme Berlin nach Charlottenburg, wo wir wieder beisammensaßen und berieten. Ein neuer Mann, ein Druckfachmann, ist zu uns gestoßen. Nach seiner Meinung hat es gar keinen Sinn, die Papierbeschaffung an den Anfang zu stellen. Wer Papier hat, hält es fest, hält es sogar versteckt, da er Beschlagnahme fürchtet. Und ist er willens, davon abzugeben, dann fehlt uns ein Fahrzeug, fehlen Räume zur Unterbringung, bis der Druck beginnen kann. Denn der Wagenpark unseres Unternehmens beläuft sich zur Zeit nur auf zwei Fahrräder – was mehr ist, als die meisten Firmen jetzt haben. Der Druckfachmann meint, daß es vor allem darauf ankomme, den Behörden eine Lizenz, eine amtliche Papierzuteilung zu entreißen. Der Ingenieur hat bereits die Runde bei allen möglichen deutschen und russischen Ämtern gemacht, er berichtete einigermaßen niedergedrückt von all den Vertröstungen, die er dort eingeheimst hat. Einzig der Ungar strotzt vor Optimismus. Ein schlauer Hund ist er bestimmt. Als ich gesprächsweise erwähnte, daß im Keller meines früheren Arbeitgebers noch eine Kiste voll gerahmter Photos von Ritterkreuzträgern stehe, die als Preise bei irgendeinem Preisausschreiben gedacht waren, jedoch nicht mehr versandt werden konnten, da fragte er, sogleich hellwach: »Bilder? Mit Glas?«

»Ja, richtig gerahmt und verglast.«

»Das Glas holen wir uns«, ordnete er an. Er hat bereits Geschäftsräume irgendwo an der Hand, natürlich ohne Fensterscheiben, wie die meisten Räume in Berlin. Na, von mir aus mag er den Einbruch wagen. Ich will gern Schmiere stehen. Aber ich seh's noch nicht. Vermutlich ist das ganze Zeug längst weg.

Auf dem Heimweg besuchte ich Gisela. Wieder lag die blonde Hertha krank auf dem Sofa, diesmal jedoch nicht mit glührotem, sondern mit schneeweißem Gesicht. Sie hat, wie Gisela sagt, eine Fehlgeburt gehabt. Ich fragte nicht weiter. Gab nur jedem der drei Mädchen einen von den Bonbons, die unser Ungar mir »als Dank für den feinen Glastip« mit auf den Heimweg gegeben hatte. Gefüllte Mokkabohnen, sehr gut. Es war hübsch anzusehen, wie die verkrampften, verbitterten Gesichter der Mädchen sich lösten, als sie die süße Füllung der Bonbons schmeckten.

Hab mit Gisela über unsere Verlagspläne gesprochen. Sobald eine von unseren Planungen Gestalt annimmt, könnte Gisela dabei mittun. Sie blickte skeptisch drein. Sie kann sich nicht vorstellen, daß wir in unserem Lande nach unserem Sinn Druckschriften gestalten dürfen. Sie meinte, nur Blätter im Moskauer Sinn würden erlaubt sein, der nicht der ihre ist. Noch hat sie zuviel Scham, um vor mir das Wort »Gott« in den Mund zu nehmen; doch alles, was sie sagte, zielte dahin. Ich bin überzeugt, daß sie betet und Kraft daraus gewinnt. Zu essen hat sie nicht mehr als ich. Ihre Augen sind tief umschattet. Aber diese Augen leuchten, während meine nur blank sind. Man kann einander jetzt nicht helfen. Doch das bloße Vorhandensein anderer Hungernder um mich herum hält mich aufrecht.

## Montag, 11. Juni 1945

Wieder ein Tag für mich. Ich war auf der Polizei und versuchte, irgendeine amtliche Erlaubnis zur Ausbeutung des verlassenen Gartens zu erhalten, der hinter dem ausgebrannten Haus von Professor K. liegt, einem guten Bekannten aus vergangener Zeit. Ich legte einen Brief des alten Herrn vor, den dieser mir noch im März aus seinem märkischen Zufluchtsort geschickt hat und worin er mich bat, nach seinem Garten zu schauen. Man schickte mich von Pontius zu Pilatus. Niemand war zuständig. Überall Mief und kleines Gezänk in den mit Pappe verschalten dunklen Bürobuden. Nichts hat sich geändert.

Unterwegs zupfte ich mein Brennesselquantum. Ich war sehr matt, das Fett fehlt. Immer wogende Schleier vor den Augen und ein Gefühl des Schwebens und Leichterwerdens. Schon dies Aufschreiben jetzt ist eine Anstrengung, ist mir aber ein Trost in meiner Einsamkeit, eine Art Gespräch, ein Herzausschütten. Die Witwe hat mir von wilden Russenträumen erzählt, die sie jetzt noch träumt. Bei mir nichts dergleichen, wohl, weil ich alles aufs Papier gespien habe.

Schlimm steht es um die Kartoffeln. Man hat uns die Rationen bereits bis Ende Juli ausgehändigt, zwangsweise, wir mußten sie abholen. Warum, das riecht jeder: Die Knollen, jetzt erst aus den Mieten gebuddelt, gären und bestehen zur Hälfte aus stinkendem Matsch. Der Geruch in der Küche ist kaum auszuhalten; doch auf dem Balkon, so fürchte ich, faulen sie noch schneller. Wovon sollen wir im Juli leben? Dazu macht mir der Gasherd Kummer. Reicht der Gasdruck mal aus, so knallt es im Rohr wie von Schüssen. Und die elektrische Kochplatte, zusammengeflickt wie sie ist, will nicht mehr.

Das Brot muß ich vor mir selber bewachen. Bin schon um 100 Gramm auf die morgige Ration voraus, darf solche Vorgriffe nicht einreißen lassen.

## Dienstag, 12. Juni 1945

Wieder war die Gehmaschine in Charlottenburg. Mit flotten S-Bahnfahrten ist es nichts mehr. Gleich nach den ersten Versuchen ging etwas kaputt: die Bahn streikt wieder. Wir haben fleißig geschafft. Unsere Entwürfe und

Vorschläge sollen nun bei allen möglichen zuständigen Ämtern eingereicht werden.

Eine neue Erfahrung wurde mir unterwegs zuteil. Aus einem Rasenplatz wurden Leichen ausgehoben zwecks Umbettung auf einen Friedhof. Eine Leiche lag bereits auf dem Schutt. Ein lehmiges, längliches Bündel in Segeltuch. Der ausgrabende Mann, ein älterer Zivilist, wischte sich den Schweiß mit seinen Hemdärmeln und fächelte sich mit seiner Kappe Luft zu. Zum ersten Mal verspürte ich, wie Menschenaas riecht. In allen möglichen Schilderungen hab ich den Ausdruck »süßlicher Leichengeruch« gefunden. Ich finde das Beiwort »süßlich« ungenau und keineswegs ausreichend. Mir kommt dieser Dunst gar nicht wie ein Geruch vor; eher wie etwas Festes, Dickliches, wie ein Luftbrei, ein Brodem, der sich vor dem Gesicht und den Nüstern staut; der zu stockig und dicht ist, um eingeatmet zu werden. Es verschlägt einem die Luft. Es stößt einen zurück wie mit Fäusten.

Überhaupt stinkt Berlin jetzt sehr. Der Typhus geht um; die Ruhr läßt kaum jemanden aus. Herrn Pauli hat sie kräftig erwischt. Und die Grindige ist, wie ich abends hörte, abgeholt worden, sie soll in irgendeiner Typhusbaracke liegen. Überall fliegenverseuchte Müllfelder. Fliegen über Fliegen, blauschwarz und fett. Muß das ein Leben für die Biester sein! Jeder Kotkrümel ist eine summende, schwarzwimmelnde Kugel.

Eine Parole hat die Witwe gehört, sie geht derzeit in Berlin um: »Die strafen uns mit Hunger dafür, daß etliche Werwölfe in diesen Tagen auf Russen geschossen haben.« Ich glaube nicht daran. In unserer Gegend sieht man überhaupt keine Russen mehr, da wäre gar keine Beute für Werwölfe. Ich weiß nicht, wo die Iwans geblieben sind. Die Witwe behauptet, daß die eine der beiden in unserem Haus verbliebenen Jubelschwestern, Anja mit dem niedlichen Söhnchen, nach wie vor fleißig anschleppenden Russenbesuch bekomme. Wer weiß, ob das gutgeht. Ich sehe Anjas weiße Gurgel im Geiste schon aufgeschlitzt über der Sofalehne.

(Ende Juni an den Rand gekritzelt: Nicht Anja und nicht Gurgel, aber eine Inge, zwei Häuser weiter, nach einer Saufnacht mit vieren, Unbekannten, bisher nicht Entdeckten, am Morgen mit zerklopftem Schädel aufgefunden. Erschlagen mit einer – natürlich leeren – Bierflasche. Bestimmt nicht aus Bosheit oder Mordgier, sondern einfach so, vielleicht im Streit um die Reihenfolge. Oder diese Inge hat über ihre Besucher gelacht. Betrunkene Russen sind gefährlich, sie sehen rot, wüten gegen sich und gegen jeden, wenn gereizt.)

## Mittwoch, 13. Juni 1945

Ein Tag für mich. Ich suchte zusammen mit der Witwe Brennesseln und Melde. Wir streiften durch des Professors zerstörten, verwilderten Garten. Selbst wenn ich noch eine amtliche Erlaubnis zur Gartenbestellung erhielte – hier käme sie zu spät. Fremde Hände haben ganze Äste vom Kirschbaum abgeschlagen, haben die kaum erst gelben Kirschen abgepflückt. Hier wird nichts reifen, die Hungrigen ernten schon vorher.

Kälte, Sturm und Regen. Zum ersten Mal fuhr durch unsere Straße wieder die Straßenbahn. Ich fuhr gleich mit, stieg ein, bloß um zu fahren, überlegte mir aber unterwegs, daß ich gut zum Rathaus fahren und nachfragen könnte, ob wir tatsächlich für unsere Arbeit im Dienste der Russen, für die Woche auf dem Fabrikgelände, Lohn zu erwarten hätten. Wirklich fand ich meinen Namen dort in einer Liste wieder; säuberlich war jeder Arbeitstag vermerkt, für mich und für die anderen Frauen. Sogar

Abzüge für die Steuern waren eingetragen. Ausgezahlt erhalte ich 56 Mark – allerdings erst, wenn wieder Geld in der Stadtkasse ist. Der Angestellte forderte mich auf, nächste Woche nochmals nachzufragen. Immerhin wird doch wieder registriert und addiert und kassiert, da werde ich schon was kriegen.

Während ich in Sturm und Regen auf die Bahn für die Rückfahrt wartete, sprach ich mit einem Flüchtlingspaar. Mann und Frau, sind seit achtzehn Tagen unterwegs. Sie kamen aus der Tschechei, berichteten Böses. »Der Tscheche nimmt den Deutschen an der Grenze das Hemd ab und schlägt sie mit der Hundepeitsche«, sagt der Mann. Und darauf die Frau, müde: »Wir dürfen nicht klagen. Wir haben's ja selbst so gewollt.« Alle Oststraßen sollen von Flüchtlingen wimmeln.

Während der Heimfahrt sah ich Menschen aus einem Kino kommen. Sofort stieg ich aus, begab mich zur nächsten Vorstellung in den ziemlich leeren Saal. Ein Russenfilm, Titel *Sechs Uhr abends nach Kriegsende.* Seltsames Gefühl, nach all der selbsterlebten Kolportage wieder in einem Kino zu sitzen, sich etwas vorspielen zu lassen.

Unter dem Publikum noch Soldaten neben etlichen Dutzend Deutschen, Kindern zumeist. Kaum eine Frau; noch trauen sie sich nicht ins Dunkle unter all die Uniformen. Übrigens kümmerte sich keiner der Männer um uns Zivilisten, alle schauten zur Leinwand, lachten fleißig. Ich fraß den Film. Er strotzt vor lebensstarken Typen: breiten Mädchen, gesunden Männern. Ein Tonfilm, er lief in russischer Sprache, ich verstand, da er unter einfachen Menschen spielte, ziemlich viel. Zum Schluß zeigte er als Happy End ein Siegesfeuerwerk über den Türmen von Moskau. Dabei soll er bereits 1944 gedreht worden sein. Das haben unsere Herren doch nicht riskiert, trotz aller vorweg genommenen Siegesfanfaren.

Wieder bedrückt mich unser deutsches Unglück. Bin tieftraurig aus dem Kino gekommen und helfe mir, indem ich alles herbeirufe, was meinem Lebenstrieb das Feuer nimmt. Das Stückchen Shakespeare damals, aus meinem Pariser Notizbuch, als ich Oswald Spengler entdeckt und über seinen *Untergang des Abendlandes* betrübt war: »A tale told by an idiot, full of sound and fury, and signifying nothing.« Zwei verlorene Weltkriege sitzen uns verdammt tief im Gebein.

## Donnerstag, 14. Juni 1945

Wieder war die Gehmaschine in Charlottenburg. Wäre es nur soweit, daß unser Betrieb stünde und ich die Arbeiterkarte II bekäme, mit 500 Gramm Brot am Tag, damit ich mir ein bißchen davon für den Abend retten kann. So muß ich die sechs Roggenbrötchen, die ich mir allmorgendlich hole, immer gleich für mein Frühstück opfern. Das heißt, zwei nehme ich noch mit auf den Weg, esse sie an den beiden Rastpunkten, die ich mir gönne, würde sonst wohl schlappmachen. Trotz »Bratens« in Kaffee-Ersatz sind die faulig schmeckenden Kartoffeln schwer herunterzubringen. Ich müßte wieder welche aussortieren, das Häuflein schmilzt bedrohlich.

Im Korridor bei dem Ingenieur standen heute Dutzende von Telefon-Apparaten. In allen Häusern werden sie jetzt eingesammelt; wie es heißt, für die Russen. Berlin ohne Strippe! Es scheint, daß wir wieder zu Höhlenmenschen werden sollen.

Abends etwas Schönes: Endlich bekam ich in unserem Eckladen die für zwei Dekaden, 20 Tage, fällige Fettration von 20 mal 7 gleich 140 Gramm Sonnenblumenöl. Andächtig trug ich das Fläschchen, das ich die ganze Woche vergeblich leer mitgeführt hatte, nach Hause. Nun duftet es in meiner Küche wie in einer Moskauer »Stolowaja«, dem Speiserestaurant einfacher Leute.

## Freitag, 15. Juni 1945

Hab mir in aller Frühe meine sechs Tagesbrötchen geholt. Sie sind feucht und dunkel, früher gab es sowas nicht. Ein Brot zu kaufen, wage ich nicht mehr, würde mich vorzeitig am Quantum des nächsten Tages vergreifen.

Heute stieg der Einbruch in den Keller meines ehemaligen Brotgebers. Der Ungar, der Ingenieur und ich mogelten uns hintenherum durch die Waschküche in das Haus. Wir hatten die Kiste, die unberührt im Verschlag stand, schon aufgestemmt, als sich oben an der Kellertreppe die Frau unseres ehemaligen Prokuristen zeigte, der hier noch immer haust. Ich stotterte was von Akten und Papieren, die ich noch hier liegen hätte. Die beiden Männer machten sich hinter der Kiste ganz klein. Wir zerbrachen dann die Bilderrahmen, rissen die Bilder – Fotos mit Unterschrift von jungen Ritterkreuzträgern – heraus und stapelten die Verglasungen. Packpapier und Strippe hatten wir mitgebracht. Unbemerkt konnten wir durch den Hintereingang entwischen. Mir macht es nichts aus, wenn die Leute auf den Schaden kommen. Schließlich hab ich Kamera und Zubehör, die ich auf Wunsch des Chefs im Betrieb aufbewahrte, bei dessen Totalverbombung eingebüßt. Was sind dagegen die paar Scheiben? Wir stoben mit unserem Raub davon, so schnell wir konnten. Jeder schleppte sich mit einem schweren Scheibenstapel bis zu mir, wo die beiden Männer unsere kostbaren Firmenfahrräder untergestellt hatten. Vier Scheiben bekam ich als Provision ab, könnte ein Fenster meiner Dachwohnung damit verglasen, wenn ich Kitt hätte.

Ich las am Abend in der ziemlich willkürlich zusammengestoppelten Bücherei des Wohnungsinhabers herum. Fand Tolstois *Polikei* und las es zum xten Male. Ackerte mich durch einen Band Dramen von Aischylos und entdeckte dabei die *Perserklage.* Mit ihren Wehschreien der Besiegten paßte sie gut zu unserer Niederlage – und paßt doch gar nicht. Unser deutsches Unglück hat einen Beigeschmack von Ekel, Krankheit und Wahnsinn, ist mit nichts Historischem vergleichbar. Soeben kam durchs Radio wieder eine KZ-Reportage. Das Gräßlichste bei all dem ist die Ordnung und Sparsamkeit: Millionen Menschen als Dünger, Matratzenfüllung, Schmierseife, Filzmatte – dergleichen kannte Aischylos doch nicht.

## Von Samstag, 16. Juni, bis Freitag, 22. Juni 1945

Nichts mehr notiert. Und ich werde nichts mehr aufschreiben, die Zeit ist vorbei. Es war Samstag gegen fünf Uhr nachmittags, als es draußen klingelte. »Die Witwe«, so dachte ich. Doch es war Gerd, in Zivil, braun gebrannt, das Haar heller denn je. Wir sagten beide eine ganze Zeitlang gar nichts, starrten uns in dem dämmrigen Flur an wie zwei Gespenster.

»Wo kommst du her? Bist du entlassen?«

»Nee, ich bin versickert. Aber nun laß mich erst mal rein.« Er zerrte einen Hörnerschlitten hinter sich her, auf kleine Räder gestellt und mit einem Koffer und einem Sack beladen.

Ich war fiebrig vor Freude. Nein, von der Westfront kam Gerd nicht. Man hat seine Fla-Einheit noch in letzter Minute nach dem Osten geworfen. Nach einem feindlichen Volltreffer auf die eigene Stellung sind sie zu dritt seitab gegangen und haben sich in einer verlassenen Villa eingenistet, wo sie Anzüge, Schuhe, einen Ballen Tabak und genügend Eßbares fanden. Bis die Sache brenzlig wurde, als eine aus Russen und Polen gemischte Ortsbehörde die Einwohner durchkämmte. Zu dritt schlossen sich die Männer einem Trupp evakuierter Berliner an, trampten mit ihnen heimzu. Meine jetzige Adresse wußte Gerd, da er als letzte Feldpostnachricht die rotgeränderte Postkarte mit dem Bescheid über meine Ausbombung erhalten hatte. Freilich wähnte er auch die neue Unterkunft zerstört und mich werweißwo. Er ist ganz erstaunt ob meines unbeschädigten Vorhandenseins. Schüttelte den Kopf über meine Hungersnöte; behauptete, er werde nunmehr das Nötige heranschaffen. In dem Sack hat er tadellose Kartoffeln sowie einen Kanten Speck mitgebracht. Ich gab mich gleich ans Braten, lud auch die Witwe ein. Sie kennt Gerd aus meinen Erzählungen, begrüßte ihn, den sie nie zuvor gesehen, mit überschwenglicher Umarmung und brachte in ihrem Redeschwall schon bald den Daumen-und-Zeigefingertrick an: »Ukrainerfrau – so, du – so.«

Ich sah, daß Gerd befremdet war. Von Satz zu Satz gefror er mehr, markierte Müdigkeit. Wir umschlichen einander und sparten mit persönlichen Worten. Schlimm ist, daß Gerd nichts zu rauchen hat. Er hatte sich eingebildet, daß bei uns der Schwarzmarkt in alter Frische blühte.

Ich war nach dem ungewohnt fetten Essen heiß und übermütig. Fand mich trotzdem zur Nacht eiskalt in Gerds Armen wieder, war froh, als er mich ließ. Bin erst mal für den Mann verdorben.

Unregelmäßige Tage, unruhige Nächte. Allerlei Leute, die mit Gerd getreckt sind, kamen uns besuchen. Daher zwischen uns ständige Reibungen. Gerd wollte, daß die Gäste bewirtet würden. Ich wollte Kartoffeln und Speck möglichst aufsparen für uns beide. Saß ich stumm dabei, so schimpfte er. War ich aufgekratzt, gab ich Stories zum besten, wie wir sie in den letzten Wochen erlebt haben, so kam es nachher erst recht zum Streit. Gerd: »Ihr seid schamlos wie die Hündinnen geworden, ihr alle miteinander hier im Haus. Merkt ihr das denn nicht?« Er verzog angewidert sein Gesicht: »Es ist entsetzlich, mit euch umzugehen. Alle Maßstäbe sind euch abhanden gekommen.«

Was sollte ich antworten? Ich hab mich verkrochen und hab gebockt. Weinen konnte ich nicht, alles kam mir so sinnlos, so dumm vor.

Gerd, weißt du noch? Es war ein Dienstag, Ende August 1939, morgens gegen zehn, als du mich im Büro anriefst und mich batest, mir für den Rest des Tages freizunehmen, unbedingt, um einen Ausflug mit dir zu machen. Verblüfft fragte ich dich nach dem Warum und Wieso. Du hast etwas von Verreisenmüssen gemurmelt und nochmals gedrängt: »Komm, bitte komm.«

So zogen wir mitten am hellichten Werktag durch märkische Kiefernwälder. Es war heiß. Man roch das Harz. Wir strolchten um einen Waldsee herum und gerieten in Wolken von Schmetterlingen. Du nanntest sie mit Namen: Bläulinge und Zitronenfalter, Feuervogel, Tagpfauenauge, Schwalbenschwanz, und noch viele bunte mehr. Mitten auf dem Weg sonnte sich mit weitgespannten, leis bebenden Flügeln ein großer Falter, den du Trauermantel nanntest – sammetbraun mit gelb und blauen Säumen. Und als wir wenig später auf einem Baumstamm rasteten und du so still mit meinen Fingern spieltest, da fragte ich dich: »Hast du deine Einberufung in der Tasche?« – »Nicht in der Tasche«, sagtest du. Aber du hattest sie am gleichen Morgen bekommen, und wir spürten, daß dies Krieg hieß. In einem abseitigen Waldgasthaus haben wir übernachtet. Drei Tage später warst du fort, und wir hatten Krieg. Wir haben ihn beide überlebt. Ob zu unserem Glück?

Ich hab Gerd inzwischen meine Tagebuchhefte gegeben. (Es sind drei Kladden voll geworden.) Gerd setzte sich eine Weile darüber hin, gab mir dann die Hefte zurück, meinte, er könne sich nicht durchfinden durch mein Gekritzel und die vielen eingelegten Zettel mit den Steno-Zeichen und den Abkürzungen.

»Was soll das zum Beispiel heißen?« fragte er und deutete auf »Schdg.«

Ich mußte lachen: »Na, doch natürlich Schändung.« Er sah mich an, als ob ich verrückt sei, sagte nichts mehr.

Seit gestern ist er wieder fort. Mit einem Fla-Kameraden will er lostrampen, zu dessen Eltern in Pommern. Will Nahrungsmittel heranholen. Ich weiß nicht, ob er wiederkommt. Es ist schlimm, aber ich fühle mich erleichtert, konnte das stete Gieren nach Alkohol und Tabak nicht mehr ertragen.

Was sonst? Unsere Verlagspläne kleben am Fleck. Wir warten auf behördliche Antwort. Der Ungar zeigt die ersten Ermüdungserscheinungen, redet neuerdings von einem politischen Kabarett, das man jetzt unbedingt gründen müßte. Trotzdem sind wir weiterhin fleißig, schaffen an unseren Plänen und tun, was wir können, um der allgemeinen Lähmung zu widerstehen. Ich bin überzeugt, daß sich da und dort andere Grüppchen von Menschen rühren; doch in dieser Stadt der Inseln wissen sie nichts voneinander.

Politisch tut sich langsam was. Moskauer Emigranten-Heimkehrer treten hervor, sie besetzen die Schlüsselstellungen. Aus den Zeitungen ist nicht viel zu entnehmen – das heißt, wenn man überhaupt ein Exemplar davon erwischt; meistens lese ich die *Rundschau* am

Schwarzen Brett neben dem Kino, wo sie mit Heftzwecken fürs Volk angepinnt ist. Das Programm unserer neuen Stadtverwaltung ist eigenartig. Es scheint vom sowjetischen Wirtschaftssystem abzurücken, nennt sich demokratisch und versucht, alle »Antifaschisten« unter einen Hut zu bringen.

Seit einer Woche geht das Gerücht, daß die südlichen Stadtteile Berlins von den Amerikanern, die westlichen von den Engländern besetzt werden sollen. Die Witwe, durch Herrn Pauli erleuchtet, ist der Meinung, daß unser wirtschaftlicher Aufschwung vor der Tür stehe. Ich weiß es nicht; ich fürchte, für uns wird es keinen großen Unterschied machen, wer uns besetzt hält – nun, da unsere Sieger einander an der Elbe so herzlich umarmt haben. Warten wir es ab. Mich kann so leicht nichts mehr erschüttern.

Manchmal wundere ich mich darüber, daß ich nicht stärker leide unter dem Zerwürfnis mit Gerd, der mir doch sonst alles war. Mag sein, daß der Hunger die Gefühle dämpft. Ich hab so viel zu tun. Muß schauen, daß ich ein Stück Feuerstein finde für das Gas; denn die letzten Streichhölzer sind verbraucht. Ich muß die Regenpfützen in der Wohnung aufwischen; das Dach leckt wieder, es ist nur mit alten Brettern gedeckt worden. Ich muß herumlaufen und Grünzeug an den Straßenrändern suchen, muß anstehen nach Grütze. Ich habe keine Zeit für ein Seelenleben.

Gestern erlebte ich etwas Komisches: Vor unserem Haus hielt eine Karre mit einem alten Gaul davor, einem Tier aus Haut und Knochen. Lutz Lehmann, vier Jahre alt, kam an Mutters Hand daher, blieb vor dem Karren stehen und fragte mit träumerischer Stimme: »Mutti, kann man das Pferd essen?«

Gott weiß, was wir noch alles essen werden. Ich bin noch längst nicht am äußersten Rande der Lebensbedrohung angelangt, weiß nicht, wie weit es noch ist bis dahin. Ich weiß nur, daß ich überleben will – ganz gegen Sinn und Verstand, einfach wie ein Tier.

Ob Gerd noch an mich denkt?

Vielleicht finden wir doch wieder zueinander.

## Nachwort

Die Autorin, eine Deutsche, damals Anfang der Dreißig, begann am 20. April 1945 ein Tagebuch zu schreiben, das eine ungeheuerliche Aussage darstellt. In der Einleitung zu den *Confessions* von Jean-Jacques Rousseau, den *Bekenntnissen,* die zu ihrer Zeit als die kühnste Selbstbezichtigung galten, findet sich der Satz: »Ich beginne ein Unternehmen, von dem es kein Beispiel gibt und dessen Ausführer keine Nachahmer finden wird.« Kein Satz wäre besser geeignet, diesem Werke voranzustehen.

Als ich das Manuskript zum ersten Male in Händen hielt, drängten sich mir bald Vergleiche auf; mit anderen Tagebüchern, Bekenntnissen, großen Entblößungen. Nach wenigen Seiten nicht mehr mit den wollüstigen Exhibitionismen des Rousseau; doch flammten Erinnerungen auf an *Hunger,* das Buch des Norwegers Knut Hamsun; erschreckende Hinweise fanden sich auf die *Voyage au Bout de la Nuit* des Franzosen Louis-Ferdinand Céline; auch gab es hier Passagen, in denen pure Wirklichkeit ist, wovon Henry Miller träumte; schließlich fand ich auch eine Brücke zu den Bekenntnissen des leider fast vergessenen Norwegers Hans Jäger, zu *Kranke Liebe,* einem der schamlosesten und verzweifeltsten Bücher, die es gibt.

Doch die Beschwörung großer Namen soll nicht dazu dienen, eine literarische Rangbeziehung zu schaffen. Sie soll im Gegenteil die Einmaligkeit eines Buches betonen, das in schrecklichen Tagen und Nächten entstand – nicht als Literatur (wie die genannten *Bekenntnisse*), sondern als Selbsthilfe. Es läßt sich Gewisses nur vergessen, indem man es ausspricht.

Da es sich hier also um ein Dokument handelt, nicht um ein literarisches Erzeugnis, bei dessen Verfertigung der Autor mit einem Auge auf ein Publikum blickt, ist es nötig, einiges über die Authentizität zu sagen. Ich kenne die Autorin seit vielen Jahren. Sie kommt aus einem bürgerlichen Hause, eine Herkunft, die fünfzig Jahre zuvor ein junges Mädchen zur Heirat und zu sonst nichts geführt hätte. Sie erhielt eine vorzügliche Schulbildung und verriet bald Begabungen, die ihr frühe Selbständigkeit erlaubten. Zeichnend, photographierend und studierend durchzog sie ein gutes Stück Europa, nach Nord und Süd sowohl wie nach Ost und West. Erfahrung und Erlebnis hinderten sie, Kontakt zu den Organisationen des »Dritten Reiches« zu finden. An sich frei in ihren Entschlüssen, band sie jedoch eine übernommene Arbeit im letzten Kriegsjahr an Berlin – bis es zu spät war, Berlin zu verlassen. Als dann die rote Apokalypse über die Stadt hereinbrach, die damals trotz aller Evakuierungen noch vier Millionen Einwohner barg, begann die Autorin mit ihren Aufzeichnungen. Vom Freitag, dem 20. April 1945, bis zum Freitag, dem 22. Juni 1945, notierte sie in alte Schulhefte und auf losen Blättern, was ihr und den Bewohnern des Hauses, in das sie sich geflüchtet hatte, widerfuhr.

Während ich dies schreibe, habe ich diese Blätter vor mir. Ihre Lebendigkeit, wie sie sich in der Flüchtigkeit der kurzen Bleistiftnotiz zeigt, die Erregtheit, die sie da ausstrahlen, wo sich die Feder spreizte, ihr Gemisch von Kurzschrift, Normalschrift und Geheimschrift (es bedeutete äußerste Gefahr, ein solches Tagebuch zu führen), die schrecklichen Abkürzungen (immer wieder dieses VG = Vergewaltigung), das alles verliert sich wohl in der Neutralität der gedruckten Schrift. Doch ich meine, daß sich aus dem Duktus der Sprache ablesen läßt, was die gedruckte Schrift verschweigt.

Ich kenne das Haus, das hier beschrieben wird. Ich wohnte in der Nachbarschaft. So ergab es sich, daß ich auch mehr oder weniger gut einige der Bewohner dieses Hauses kennenlernte.

Auf der Suche nach verschollenen Freunden kam ich 1946 wieder nach Berlin. Ich besuchte dieses Haus. Auf der Treppe schon wurde ich von einer Flut von Erlebnissen überschüttet. Sie wurden mir nicht nur von Männern, sondern auch von Frauen und Mädchen mit solcher Bekennerwut nahegebracht, daß ich ums Haar so reagiert hätte wie der heimkehrende Freund, der gegen Ende des Tagebuchs erwähnt wird – hätte ich nicht selber auf anderen Schauplätzen genügend erlebt, um von der befreienden Kraft des Bekennens zu wissen.

Ein halbes Jahr später traf ich an anderem Orte die Autorin wieder. Aus Andeutungen erfuhr ich von der Existenz eines Tagebuches. Es währte ein weiteres halbes Jahr, bis ich es lesen durfte; und ich fand darin vieles minutiös berichtet, was ich aus den Schilderungen der anderen bereits wußte. Ich fand die Menschen, die ich kannte. Es dauerte mehr als fünf Jahre, bis ich die Autorin zu überzeugen vermochte, daß dieses Tagebuch publiziert werden muß; weil es einzigartig ist.

Aus all diesen Umständen ergibt sich: In diesem Buch wird nichts als die Wahrheit und noch einmal die Wahrheit beschrieben. Der bewährte Satz »Alle Personen und Ereignisse in diesem Buch sind erfunden, und wo eine Ähnlichkeit mit irgendeiner lebenden oder toten Person vorhanden zu sein scheint, ist dies rein zufällig« kann also nicht vorangestellt werden. Doch sind aus Gründen des

Taktes und der Politik sämtliche Namen und zahlreiche Details abgeändert.

Daß die Autorin anonym zu bleiben wünscht, braucht einem Leser des Buches wohl nicht begründet zu werden.

Die Lektüre weckt die zwiespältigsten Empfindungen. Es liegt das in der Person der Autorin. Am erschrekkendsten erscheint die Kälte, mit der sie aufzeichnet; bis man erschüttert bemerkt, daß hier keine künstliche Objektivierung stattgefunden hat (wie etwa durch die Literatur-Erfindung des »Kamera-Auges« von Dos Passos), sondern Kälte sich ausbreiten muß, weil die Empfindungen erfroren waren – erfroren vor Entsetzen. »Ich glaube, es war Verzweiflung, die meine Nerven stählte«, berichtet sehr nüchtern der Schiffersmann, der im Maelstrom entkam – in der Erzählung des Edgar Allan Poe. – So ist die Haltung der Autorin auch nicht fatalistisch zu nennen, obwohl ihr Charakter gewisse fatalistische Züge erkennen läßt. Eine vielleicht auftauchende Frage möchte ich aus Kenntnis des Milieus als unzulässig zurückweisen: Ob die Autorin sich in der einen oder anderen Situation hätte anders verhalten können? Mir steht es zu, hier zu sagen, was die Autorin nicht einmal andeutet: Dadurch, daß sie Russisch sprach, war sie für ein ganzes Haus voller Menschen der einzige Parlamentär. Im Krieg zwischen östlichen und westlichen Völkern war die weiße Flagge niemals echter Schutz, und mehr als ein freiwilliger Parlamentär starb zwischen den Fronten.

Wem überhaupt steht es zu, vor solchem Massenschicksal nach moralischem Maßstab zu suchen, der nur ans Individuum angelegt werden darf? Keinem Mann! – denn allzu viele waren es, die vor der Maschinenpistole zu Frau oder Tochter sagen mußten: »Nun geh schon mit!« Und wer nie vor einer Maschinenpistole stand, der soll hier schweigen. Aber auch keiner Frau! – sofern sie nicht einmal wenigstens im Strom eines Massenschicksals trieb. Aus der Sicherheit ist's allzuleicht, zu richten.

Befremdlich ist, daß das Buch ohne Haß ist. Aber da, wo alle Empfindungen erfroren, konnte auch kein Haß mehr lodern. Durch Sigmund Freud wissen wir (aber ich warne hier, sich durch gängige Vokabeln der Psychoanalyse die Tiefenlotung zu leicht zu machen), daß Triebe ihr Ziel verändern können, »dass sie einander ersetzen können, indem die Energie des einen Triebs auf einen andern übergeht«. Es wird keinem Leser verborgen bleiben, daß in den Bewohnern dieses Berliner Hauses ein Trieb alle andern überwucherte: der Hunger. Das aber ist der Trieb zum Überleben, zu welchem Preis auch immer.

Wichtig scheint mir noch, was mir im Jahre 1947 die Autorin einmal sagte: »Keins der Opfer kann das Erlittene gleich einer Dornenkrone tragen. Ich wenigstens hatte das Gefühl, daß mir da etwas geschah, was eine Rechnung ausglich.« Inmitten der Unmenschlichkeit nach Gerechtigkeit zu fahnden – dies scheint mir das bemerkenswerteste Merkmal dieses Dokuments zu sein, eines *document humain* und deshalb nicht eines *document politique.*

So entkam die Autorin den Strudeln mit dem heimlichen Triumph, daß sie aus den Tiefen des Maelstroms emporzusteigen vermochte, nicht weil ein physikalisches Gesetz half, sondern weil sie sich nicht aufgab, obwohl sie sich preisgeben musste.

C.W. Ceram, August 1954
(Kurt W. Marek)

## Inhalt